臺灣歷史與文化 研究輯刊

二 二 編

第 5 冊

競爭與共生：光復後的臺灣原住民族群關係
——以臺灣南投縣仁愛鄉為中心

周 慧 慧 著

花木蘭文化事業有限公司

國家圖書館出版品預行編目資料

競爭與共生：光復後的臺灣原住民族群關係——以臺灣南投縣
仁愛鄉為中心／周慧慧 著 -- 初版 -- 新北市：花木蘭文化事
業有限公司，2022〔民111〕
目 6+284 面；19×26 公分
（臺灣歷史與文化研究輯刊二二編；第 5 冊）
ISBN 978-986-518-985-3（精裝）
1.CST：臺灣原住民族 2.CST：族群問題 3.CST：南投縣仁愛鄉
733.08   111009905

ISBN-978-986-518-985-3

9 789865 189853

臺灣歷史與文化研究輯刊
二二編　第五冊　　　　　ISBN：978-986-518-985-3

競爭與共生：光復後的臺灣原住民族群關係
──以臺灣南投縣仁愛鄉為中心

作　　者　周慧慧
總 編 輯　杜潔祥
副總編輯　楊嘉樂
編輯主任　許郁翎
編　　輯　張雅淋、潘玟靜、劉子瑄　美術編輯　陳逸婷
出　　版　花木蘭文化事業有限公司
發 行 人　高小娟
聯絡地址　235　新北市中和區中安街七二號十三樓
　　　　　電話：02-2923-1455／傳真：02-2923-1452
網　　址　http://www.huamulan.tw 信箱 service@huamulans.com
印　　刷　普羅文化出版廣告事業
初　　版　2022 年 9 月
定　　價　二二編 9 冊（精裝）新台幣 26,000 元
版權所有・請勿翻印

競爭與共生：光復後的臺灣原住民族群關係
——以臺灣南投縣仁愛鄉為中心

周慧慧　著

作者簡介

周慧慧，女，民族學博士，曾先後在福建師範大學、廈門大學從事閩臺社會歷史與文化研究，現就職於三峽大學民族學院。先後在《福建民族》《中國社會經濟史研究》《北方民族大學學報》、《三峽大學學報》發表學術論文。參與國家社科基金重大項目 1 項（《臺灣原住民族群關係研究》，2014）；主持國家社科基金青年項目 1 項（《少數民族鄉規民約與鄉村治理現代化研究》，2018）；主持並完成國家民委民族研究項目 1 項（《兩岸少數民族交往交流交融與中華民族共同體構築研究》2019），相關成果《關於臺灣少數民族中華民族認同現狀的調研報告》榮獲「全國民族工作優秀調研報告」二等獎。

提　　要

　　族群關係一直是多族群社會需要面對和正視的問題，族群關係是否融洽也是衡量多民族社會是否安定和諧的重要指標。臺灣南投縣仁愛鄉是一個泰雅、賽德克與布農等多族群混居的地區，各族群文化殊異，且族群之下又有亞群，族群關係本就紛繁。1945 年光復以降，在臺灣地方當局新的族群政策和社會環境的影響下，原住民族群關係變得更為複雜多樣。

　　調查發現，第一，在文化方面，首先，各族群語言並行發展，儘管多語言的存在有礙族際交流，但漢語的習得與使用，方便了各族群在社會生活的溝通與交流。其次，基督宗教取代了各族群傳統的祖靈信仰，成為他們新的精神力量。雖然不同教派之間因爭搶信徒或教義分歧曾引發族群內部摩擦，但統一性的宗教認同的建構及強化幫助他們彌合歷史矛盾，促進族群間的融合。最後，隨著社會交往的日趨頻繁，族際通婚變得越來越普遍。族際婚姻關係的建立有助於打破族群間的文化偏見與隔閡，促進族群關係的改善。

　　第二，在經濟方面，市場經濟取代部落自給自足的傳統經濟，將個人、群體和外部社會密切連接在一起。在市場經濟環境下，個體之間和族群之間難免產生某些利益方面的競爭與糾紛，但隨著經濟交流與合作的日益增多，族群間的聯繫益發緊密。

　　第三，在政治方面，傳統的平等主義社會政治結構趨於解體，多元主體治理格局的形成和選舉制度的發展使族群間的權力博弈變得激烈。多數治理主體權責分明、分工明確，配合相對默契、融洽；少數則因角色衝突、資源競爭或觀念不合等原因相互排擠。在政治選舉中，當支持傾向趨於一致時，與候選人有關的人際關係網絡得到有效動員，實現了特定群體的利益共贏；而權力的失序競逐、政治資源分配不公等負面因素，則導致族群分裂與政治分層。

　　最後，在族群意識方面，臺灣原住民在社會運動中建構起來的泛族群意識受到質疑和挑戰，個體族群意識和多元族群認同意識隨之興起。雖然多元族群認同意識有助於促進族群間的相互理解與包容，但個體族群意識的過度膨脹卻使臺灣原住民社會面臨嚴重的分化危機。

　　研究表明，臺灣光復以來，仁愛鄉各原住民族群已在文化、經濟、政治及意識等多個領域開展頻繁互動，並形成了競爭衝突與和諧共生兩種關係形式。在這兩種關係形式之間，存在著一種相互牽引的張力。這一張力的「鐘擺」性特徵，使得地方社會秩序在穩定有序與躁動無序

這兩種極端狀態之間搖擺,族群關係呈現出動態的樣貌。就目前而論,各族群間還存在著各種紛爭與矛盾,但這只是局部的、階段性的和可調和的,和諧共生仍構成了當前仁愛鄉原住民族群關係的主流。當然,以「共生理論」的標準來衡量,這種共生尚處在較低級階段,一體化共生才應是族群共生的高級階段。「中華民族多元一體格局」是一體化共生關係的集中體現,是社會長期穩定發展的重要保障。由於個體族群意識的蔓延,臺灣原住民社會正面臨族群分化的挑戰,從而嚴重阻礙一體化共生關係的形成。展望未來,臺灣原住民族群應朝著「多元統一體」的方向發展,重視族群社會的整合和統一,避免族群分化的加劇。

本書為（中國）國家社會科學基金
重大項目「臺灣原住民族群關係研究」
（14ZDB113）項目成果

目

次

表目次

緒　言

第一節　選題緣由及意義

一、選題緣由

　　已故民族學、人類學家林惠祥在廈門大學工作期間，曾前往臺灣原住民地區開始實地考察，為後人留下了極為珍貴的研究成果，且開創了中國大陸臺灣原住民研究的先河。而後，廈門大學的陳國強、郭志超等學者秉承林惠祥開創的學術傳統，繼續深化對臺灣原住民社會歷史文化的研究，取得了豐碩的研究成果。廈門大學在臺灣原住民研究上佔有天時與地利，惟林惠祥之後就少有研究者再踏上臺灣原住民的田野，不得不說是一件憾事。業師以為，作為年輕一輩，我們有義務將臺灣原住民研究的學術傳統傳承下去，保持廈門大學的人類學、民族學研究特色，在前賢積累的研究基礎上，進行更為細緻、更為深入的調查與研究。此為本研究選題之首因。

　　除廈門大學外，中央民族大學、中國社會科學院等學術單位都涉及對臺灣原住民的研究。梳理中國大陸對臺灣原住民的研究發現，早期學者多將關注的重點放置在民族歷史的書寫，近年來學者們在臺灣原住民族群政策、族群政治與族群社會經濟變遷上的研究成果較為顯著。就大陸對臺灣原住民的研究旨趣而言，學者們多注重宏觀歷史、政治、經濟與文化的書寫，較少關注微觀族群社會文化事項的「深描」，而對區域族群關係的考察就更為少見。族群關係作為人類學、民族學重要的研究課題之一，近年來頗受學者們的青

睞，國內外學者對中國大陸少數民族族群關係的研究著述頗為豐富，但卻「冷落」了臺灣原住民族群關係。囿於政治等因素，大陸學者長期以來無法赴臺灣原住民地區開展長時段的田野考察，由此也阻滯了大陸學界對臺灣原住民的研究腳步。日本學者與臺灣學者在原住民的研究上積累了豐富的田野報告與記錄，卻也鮮有學者對區域民族社會的族群互動給予過多關注。筆者不揣淺陋，希望延伸學者對臺灣原住民的研究面向，以期對臺灣原住民族群關係的區域研究有所思考，這是本文選題的第二層緣由。

業師以為，林惠祥赴臺開展實地調查的精神值得敬佩，而近年來廈門大學再無更為系統的田野調查成果。而由廈門大學人類學研究中心研究團隊承擔的國家社科基金重大課題「臺灣原住民族群關係研究」，重新開啟了廈門大學臺灣原住民實地調查的征程，在時隔數十年後繼續傳承林的學術研究精神。在該課題中，廈門大學人類學研究中心攜手雲南大學、安徽大學，並聯合臺灣政治大學、「中央研究院」等臺灣學術機構，共同開展課題研究，這為筆者赴臺開展實地調查提供了良好的學術平臺及現實條件。此為開展本課題的第三層原因。

2014 年 7 月，筆者第一次赴臺開展為期兩周的臺灣原住民實地考察。此次感受最深的是，臺灣原住民雖有官方認定的民族分類，但各民族內部支系、方言群或亞群的分布使族群關係顯得益形複雜。若要對臺灣原住民族群關係進行細緻、完整梳理，實非易事，一時不知如何下手。民族學家金炳鎬曾指出：「我國學術界對我國分地區的社會發展的具體研究不夠，特別是民族問題方面的亞宏觀研究不夠。」〔註1〕基於這樣的考慮和理解，筆者有意將調查與研究的焦點放在地區民族問題的亞宏觀研究上，最終在業師及臺灣相關研究學者的指導與鼓勵下，選擇臺灣中部的一個山地原住民鄉作為個案研究的對象。山地鄉是臺灣原住民社會一個重要的地理空間，在這個區域社會內，族群關係的現狀、特徵與未來發展趨向是本研究著重考察的議題。

二、研究意義

族群關係是當代民族學、人類學等學科關心的課題之一。族群關係的梳理與描繪，既能夠反映區域民族社會的現實發展，又能夠反映族群政策在地方社會的實際落實，進而為政府調節族群政策提供參考。

〔註 1〕金炳鎬：《中國北方農業問題特點》，《黑龍江民族叢刊》1992 年第 2 期。

南投縣仁愛鄉主要分布著泰雅、賽德克及布農三支原住民族群，各族群文化殊異，且各族群之下又有亞群或方言群，族群關係本就紛繁。自 1945 年光復以降，現代化的不斷推進逐漸推翻了各族群之間的文化與認知藩籬，使得不同人群的接觸越來越頻繁，人們在政治、經濟與文化等各個層面的交流日漸深入。族群成員一方面為適應社會變遷，需要不斷調整傳統社會制度與組織架構，另一方面為了保障族群權益，又需要利用各種途徑凝聚族群意識，並與其他族群展開互動。在這個不斷調適的過程中，族群內部及族際關係不可避免受其影響而發生變化。族群關係是動態發展的過程，其所呈現出的形式也是多樣的。

本研究試圖通過對臺灣光復以來仁愛鄉原住民族群關係的考察，檢視族群政策、認識仁愛鄉社會發展，對原住民族群關係的發展形勢及未來發展做出討論，並就未來族群關係的正向發展提出應對思路。

第二節　學術史回顧

一、泰雅、賽德克及布農族群關係的研究

在臺灣原住民的研究上，日本、中國臺灣及大陸學者都積累了相當豐富的學術成果，其中圍繞泰雅、賽德克及布農的族群關係展開調查的成果大致可分為以下五類。

（一）傳統社會組織與族群關係研究

日據時期，日本殖民政府為有效地施行殖民統治，曾委派人類學等專業領域的研究人員或相關研究室對臺灣原住民進行了大量的實地考察，並先後出版了大量調查報告等研究成果。臺灣光復後，臺灣學者為搶救原住民文化，對各地原住民部落進行了深入的田野調查，同樣積累了大量的研究著述。大陸學者在臺灣原住民史的書寫中也有對各族群社會文化的詳細敘述。在這些成果中，有不少學者針對泰雅、賽德克及布農三族群傳統社會組織中的親屬關係、經濟關係與政治關係等方面進行了討論。

泰雅與賽德克在社會文化上有諸多相似之處。血族團體是泰雅、賽德克社會組織與親屬關係研究中的一個重要方面。日本學者佐山融吉、小島由道與馬淵東一，臺灣學者陳紹馨、芮逸夫、李亦園、衛惠林、余光弘、許木柱、

阮昌銳及廖守臣，大陸學者陳國強、林佳煌與張崇根等人在各自的調查或研究中都發現，泰雅、賽德克的父系血族團體是構成其部落的基本單位，它是一個兼具祭祀、狩獵、共食及共罪等多功能的社會團體。衛惠林認為，在泰雅人社會裏，血族團是父系世系群，是最結實的命運共同團體的組合。廖守臣在其研究中也明確指出，血族團體是維繫泰雅部落各家族間一切規範的社會團體，諸凡一切行為規範與價值判斷都端賴於此。在這些研究中，學者們同樣強調了 Gaga〔註2〕對於維持血族團體內部秩序的重要意義。余光弘認為，Gaga 的意涵既包括了一般習俗，還包括法律、道德、禁忌儀式及禮俗規範等含義，族群成員只有嚴格遵守 Gaga 才會得到祖先的佑護，否則將遭致禍害。衛惠林認為，Gaga 是建立在「祖靈的禁忌」與「社會傳統習慣禁令」兩個原則上的，破壞祖靈禁忌時，祖靈會降災禍於全血族團體的人。而當社會禁令遭到違反時，社會將不得安寧。〔註3〕

在有關泰雅、賽德克經濟社會的研究中，學者們一致認為互助共享觀念在早期經濟生產中具有重要作用。李亦園認為，泰雅人共勞團體的活動多表現在婚姻行為、農耕及營造房屋三個方面，這些活動既可以滿足金錢或勞力

〔註2〕賽德克德魯固語與德固達雅語稱為 Gaya，都達稱為 Waya，泰雅語稱為 Gaga，雖發音不同，但內涵上並無差別。為書寫方便，下文統一採用 Gaga 一詞。

〔註3〕臺灣總督府臨時臺灣舊慣調查會：《番族慣習調查報告書第一卷（泰雅族）》，「中央研究院」民族學研究所編譯，「中央研究院」民族學研究所 1996 年版；《蕃族調查報告書第四冊（（賽德克族與太魯閣族）》，「中央研究院」民族學研究所 2011 年版；《蕃族調查報告書第五冊（泰雅族前篇）》，「中央研究院」民族學研究所 2012 年版；《蕃族調查報告書第七冊（泰雅族後篇）》，「中央研究院」民族學研究所 2012 版。陳紹馨等：《瑞岩民族學初步調查報告》，文獻專刊（第 2 號），臺北文獻委員會 1950 年版。芮逸夫：《瑞岩泰耶魯族的親屬制初探》，《臺灣文化》1950 年第 6 卷第 3／4 期（合刊）。李亦園等：《南澳的泰雅人——民族學田野調查與研究》上，《中央研究院民族學研究所專刊甲種之五》，「中央研究院」民族學研究所 1963 年版；《南澳的泰雅人——民族學田野調查與研究》下，《中央研究院民族學研究所專刊甲種之六》，「中央研究院」民族學研究所 1964 年版。衛惠林：《泰雅族的部落制度》，《臺灣文獻》1958 年第 9 卷第 3 期；《泰雅族的父系世系群與雙系血親群》，《臺灣文獻》1963 年第 14 卷第 3 期。許木柱：《太魯閣群泰雅人的文化與習俗》，「內政部營建署」1989 年版。阮昌銳：《臺灣的原住民——古越文化的泰雅傳人》，臺灣省立博物館 1996 年版。廖守臣：《泰雅族的社會組織》，私立慈濟醫學人文社會學院原住民健康研究室專刊 1998 年版。陳國強、林佳煌：《高山族文化》，學林出版社 1988 年版；張崇根：《臺灣歷史與高山族文化》，青海人民出版社 1992 年版。

之所需，又可以加強共勞團體成員之間的關係。廖守臣指出，泰雅與賽德克社會有「共勞團體」與「共食團體」之分，前者主要用來解決傳統社會時期的勞動力不足問題，後者則主要用來強化近親、姻親之間的親密關係，兩個團體並存體現出傳統泰雅經濟社會中互助與共享思想。〔註4〕

　　學者的研究表明，泰雅與賽德克部落是平權社會，部落內部政治是相對穩定的，對外的政治關係則表現為結盟與衝突兩種模式。衛惠林認為，雖然早期每個部落都有自己的領袖，但部落領袖是依照個人能力民主推選產生的，不足以產生社會階層的分化。〔註5〕郭明正對賽德克人政治社會的描述與衛惠林的觀點基本一致，他指出，賽德克部落領導人一般為推舉產生，只有公正無私、智勇兼備及才德兼備的族人才能夠勝任，部落領導人的改選必須通過民主決議完成。〔註6〕在對外的政治交往中，既有部落結盟，又有部落對抗。李亦園、廖守臣等人認為，早期，泰雅、賽德克社會的部落之間非聯盟即仇敵。部落結盟是一種軍事聯盟組織，互為聯盟的部落有相互協助抵抗外敵的義務。部落對抗可體現為戰爭、出草（獵首）兩種形式。〔註7〕

　　關於布農社會，早期，日本學者左山融吉、小島由道、馬淵東一及臺灣學者衛惠林、丘其謙等人均認為布農是父系氏族社會，因而尤其強調父系氏族組織在布農社會秩序維持中的重要性。〔註8〕但黃應貴通過對東埔社布農人的調查發現，布農部落具有相互矛盾的特質，一方面傾向於依父系繼嗣原則來組織，因而強調與生俱來的身份資格、階序性秩序與集體向心力，但另

〔註4〕廖守臣：《泰雅族的社會組織》，私立慈濟醫學人文社會學院原住民健康研究
　　　　室專刊1998年版。

〔註5〕衛惠林：《泰雅族的部落制度》，《臺灣文獻》1958年第9卷第3期。

〔註6〕郭明正：《又見真相：賽德克族與霧社事件》，遠流出版社2012年版。

〔註7〕李亦園等：《南澳的泰雅人——民族學田野調查與研究》（上、下），「中央研
　　　　究院」民族學研究所1963～1964版。廖守臣：《泰雅族的社會組織》，私立慈
　　　　濟醫學人文社會學院原住民健康研究室專刊1998年版。

〔註8〕臺灣總督府臨時臺灣舊慣調查會：《蕃族調查報告書第六冊（布農族前篇）》，
　　　　「中央研究院」民族學研究所編譯，「中央研究院」民族學研究所2008年版。
　　　　馬淵東一：《臺灣中部土著族的社會組織》，林衡立譯，黃應貴編：《臺灣土著
　　　　社會文化研究論文集》，聯經出版社1986年版，第421～444頁。衛惠林：《臺
　　　　灣土著社會的部落組織與權威制度》，（臺灣大學）《考古人類學刊》1965年第
　　　　25／26期（合刊）；臺灣省文獻委員會編：《臺灣省通志》卷八《同胄志（中）
　　　　第五冊》，臺灣省文獻委員會1972年版。丘其謙：《布農族卡社群的社會組
　　　　織》，《中央研究院民族學研究所專刊之七》1966年版。

一方面，其山田燒墾的生計方式使他們趨於不斷前移與分裂，並強調個人能力或後天努力，以及人與人之間的平等競爭關係。〔註9〕

　　與泰雅、賽德克相似，布農的經濟關係同樣體現出互惠共享的總體特徵，其中黃應貴的研究最具代表性。黃應貴在《共享與經濟：東埔社與梅山的例子》中指出，傳統布農人的經濟活動不只是在於生產消費，它更充滿共享的社會文化特性，這一特性體現在獵物分享、勞力互助等經濟行為中。在《作物、經濟與社會：東埔社布農人的例子》一文中，黃應貴指出，作為儀式性作物的小米，平常由一家之成員來享用，但當每家舉行儀式時，各家小米所釀的酒卻是由全聚落成員所共享。而當有聚落成員的收成歉收時，豐收者也往往會拿出多餘的糧食來幫助他人。同時，作者還強調一個人收穫上的成功，也是透過他與聚落成員共享其成果的方式來表現。〔註10〕

　　在政治層面上，大多數學者們都強調布農人的平等主義傾向，並認為個人能力與社會影響力是布農人推選部落領袖的主要參考條件。〔註11〕但楊淑媛在《臺灣高地的政治體系初探：以布農人的研究為例》一文中認為，布農人的傳統政治體系呈現出在平等性與階序性制度之間的擺盪，不同族群之間的敵對關係與獵首戰爭，則是影響這種擺盪的最主要因素。〔註12〕布農的對外政治關係與泰雅、賽德克極為相似，同樣既有部落結盟，又有部落對立。〔註13〕

　　另外，從日人的一些綜合性調查報告中，我們亦可梳理出早期泰雅、賽

〔註9〕黃應貴：《東埔社布農人的社會生活》，「中央研究院」民族學研究所1992年版。

〔註10〕黃應貴：《共享與經濟：東埔社與梅山的例子》，（臺灣大學）《考古人類學刊》1989年第46期；《作物、經濟與社會：東埔社布農人的例子》，《中央研究院民族學研究所集刊》1993年第75期。

〔註11〕馬淵東一：《臺灣中部土著族的社會組織》，林衡立譯，黃應貴編：《臺灣土著社會文化研究論文集》，第421～444頁。衛惠林：《臺灣土著社會的部落組織與權威制度》，（臺灣大學）《考古人類學刊》1965年第25／26期（合刊）。黃應貴：《臺灣土著族的兩種社會類型及其意義》，黃應貴編：《臺灣土著社會文化研究論文集》，第3～43頁。

〔註12〕楊淑媛：《臺灣高地的政治體系初探：以布農人的研究為例》，《臺灣人類學刊》2005年第3期第1卷。

〔註13〕臺灣省文獻委員會編：《臺灣省通志》卷八《同胄志（中）第五冊》，臺灣省文獻委員會1972年版。田哲益：《臺灣古代布農族的社會與文化》（上、下），南投縣立文化中心1996年版。霍斯陸曼·伐伐：《中央山脈的守護者——布農族》，高雄縣政府1996年版。

德克及布農三族群之間的互動往來形態。20 世紀 30 年代，為了掌握臺灣山地原住民的衣食住行及農耕情形，臺灣總督府「理蕃課」特於 1931～1936 年間舉行蕃地開發調查。平澤龜一郎、瀨川孝吉等人參與了此項調查事業，並將調查成果彙編為《高砂族調查書》（共六冊）。其中第五冊《高砂族調查報告書・蕃社概況》對當時的臺北州、新竹州、臺中州、臺南州、高雄州、臺東廳及花蓮港廳各泰雅、賽德克及布農蕃社與他社的關係作了概要介紹（其中臺中州能高郡即今仁愛鄉境的族群關係概況詳見附錄二）。從該報告書可知，血緣或姓氏是決定部落間關係親疏的重要因素。歷史上，泰雅、賽德克與布農諸部落之間因無血緣關係，常常因資源競爭處於仇敵關係狀態。〔註 14〕

（二）人口遷徙與族群互動研究

從日據時期開始，學者們一直特別關注臺灣原住民的人口遷徙與族群互動情況。1928～1932 年，日本學者移川子之藏、宮本延人和馬淵東一等人訪問了臺灣 291 個原住民部落，製作出 309 個系譜。經過長達五年的田野調查及兩年的整理，終於完成《臺灣原住民族系統所屬之研究》。該著的「本文篇」詳實記載了各部落的口傳歷史及氏族源起，「資料篇」則是根據各族群頭目或氏族大家長的口述整理而來的族譜資料。研究者在詳述泰雅、布農等九族群及各亞群的地域、神話傳說的同時，更將部落、氏族和族群間互動、遷徙的情形動態地呈現出來。但遺憾的是，這些資料較為零散，無法完整、清晰地呈現泰雅、賽德克及布農三族群的互動脈絡。〔註 15〕馬淵東一在其研究中將分散的調查資料整合起來，對臺灣原住民各族群的遷徙與移動路線作了詳細描述，其相關研究成果後被楊南郡譯成中文，彙集成《臺灣原住民族移動與分布》一書。馬淵東一認為，泰雅、賽德克及布農早期因人口擴展、耕地不足、疾病及自然災害等原因而頻繁地遷徙與移動。在遷徙過程中，各族群內部及各族群之間為爭奪土地、獵場等資源相互擠壓，摩擦與衝突較為常見，也有部分部落為對抗共同的敵人而暫時結為盟友。〔註 16〕

　　臺灣光復後，泰雅、賽德克及布農的相關研究者繼續關注族群的遷徙與

〔註 14〕臺灣總督府警務局理蕃課：《高砂族調查書・蕃社概況》，「中央研究院」民族學研究所編譯，「中央研究院」民族學研究所 2011 年版。

〔註 15〕臺北帝國大學土俗・人種學研究室調查：《臺灣原住民族系統所屬之研究》（兩冊），楊南郡譯注，「原住民族委員會」、南天書局 2011 年版。

〔註 16〕馬淵東一：《臺灣原住民族移動與分布》，楊南郡譯注，「原住民族委員會」、南天書局 2014 年版。

移動，他們通過實地訪談，搜集到大量的口述材料，再結合日據時期的民族志資料，進而整理出更為詳細的族群遷徙史。廖守臣的《泰雅族東賽德克群的部落遷徙與分布》（上、下）、《泰雅族的文化：部落遷徙與拓展》及余光弘的《臺灣原住民史》（泰雅族史篇）細緻描繪了今泰雅、賽德克及太魯閣的歷史遷徙過程。這些研究指出，人口擴張、土地不足、疾病或自然災害是導致早期人口頻繁遷徙的主要原因。在人口遷徙中，族群社會不斷地發生裂變，資源競爭與衝突更是頻繁發生。海樹兒・犮剌拉菲的《布農族部落起源及部落遷移史》、《臺灣原住民史》（布農族史篇）是研究布農歷史發展的兩部重要專著。在這兩部著作中，研究者結合口述資料與歷史文獻，就布農卓社、郡社、卡社、丹社、巒社及蘭社的起源、發展與分布情況進行了詳細介紹。作者認為，人口遷徙不可避免地導致族群社會的一再分化，而通過梳理各社群的遷徙路線，便可推測出彼此的親疏關係。〔註17〕在這些有關泰雅、賽德克與布農遷徙發展研究結果中，學者們不僅展示出各原住民部落不同歷史時期的遷徙路線，還描繪出遷徙移動中各族群之間競爭衝突與結盟聯合的現象，這是瞭解早期原住民社會互動情況的重要參考資料。

部落生命史，是瞭解族群人口遷徙與族群互動的一類特殊材料。2002～2005年，簡鴻模、伊婉・貝林等人經過多年的田野訪談，終於將與賽德克部落生命史及口述歷史的研究成果付梓，這些研究成果包括《眉溪部落生命史》、《清流部落生命史》、《中原部落生命史》與《從杜魯灣〔註18〕東遷花蓮Tgdaya部落生命史》。調查者致力於家族歷史記憶的整理，記錄了德固達雅群的家族譜系生命史與部落遷移史。對於生命史的梳理，能夠使部落內部的親族關係及部落歷史明朗化。〔註19〕

〔註17〕廖守臣：《泰雅族東賽德克群的部落遷徙與分布》上，《中央研究院民族學研究所集刊》1977年第44期；《泰雅族東賽德克群的部落遷徙與分布》下，《中央研究院民族學研究所集刊》1978年第45期；《泰雅族的文化：部落遷徙與拓展》，世界新聞專科學校觀光倡導科1984年版。余光弘：《臺灣原住民史》（泰雅族史篇），臺灣文獻館2002年版。海樹兒・犮剌拉菲：《布農族：部落起源及部落遷移史》，「原住民族委員會」、臺灣文獻館2006年版。葉家寧：《臺灣原住民史》（布農族史篇），臺灣文獻館2002年版。

〔註18〕杜魯灣：又稱塔羅灣，位於今仁愛鄉合作村。

〔註19〕簡鴻模、依婉・貝林、郭明正：《清流部落生命史》，永望文化2002年版；簡鴻模、依婉・貝林：《眉溪部落生命史》，永望文化2002年版；《中原部落生命史》，永望文化2003年版。簡鴻模：《從杜魯灣東遷花蓮Tgdaya部落生命史》，永望文化2005年版。

　　另外臺灣學者葉高華就日本集團移住政策對泰雅、布農族群關係的影響進行了集中探討，相關研究成果主要有：《分而治之：1931～1945 年布農族與泛泰雅族群〔註 20〕的社會網絡與集團移住》與《日本時代集團移住對原住民社會網絡的影響：新高郡的案例》等。〔註 21〕葉高華認為，將部落分割並移至地形阻隔的兩地，可能導致部落內部關係分化；將親密往來的部落分離到地形阻隔的兩地，則可能導致部落之間的關係分化。

（三）社會變遷與族群互動研究

　　從 20 世紀 60 年代開始，臺灣原住民社會的政治、經濟與文化等各方面都發生了重大的轉變，因而有學者開始關注原住民族群關係在社會調適過程中的發展狀況。李亦園主持的《山地行政政策之研究與評估報告》較為全面地探討了國民黨政府山地行政政策在基本內容設計、行政系統、政治社會、教育文化、生活改進、經濟與財政、衛生保健及治安管制等方面的得失，並通過調查山地社會的變遷，檢視與評估臺灣光復後的山地政策是否適合山地原住民的實際需求。李亦園最後提出處理山地行政的關鍵在於在對待少數民族的態度上如何能不悖現代化的經濟理性。〔註 22〕《臺灣原住民政策變遷與社會發展》以李亦園的政策評估為基點，旨在檢視 20 世紀 80 年代至 21 世紀初原住民社會政策的實施效應。〔註 23〕其中有研究者從全球化看社會內部的人群疏離，並嘗試從多元文化與永續發展的角度探討原住民社會的變遷，也有研究從原住民就業狀況入手探討就業政策，從中窺探民族就業分層的情況。陳茂泰在《臺灣原住民的族群標識與政治參與》一文中對文化適應理論作了深入探討，他指出，文化具備高度適應性，這種適應性說明不同文化在接觸

〔註 20〕泛泰雅：指今泰雅、賽德克與太魯閣。

〔註 21〕胡曉俠：《日據時期理蕃事業下的原住民集團移住之研究》，碩士學位論文，臺灣中原大學 1996 年。李敏慧：《日治時期臺灣山地部落的集團移住與社會重建：以卑南溪流域布農族為例》，碩士學位論文，臺灣師範大學 1997 年。林澤富：《日治時期南投地區布農族的集團移住》，碩士學位論文，臺灣成功大學 1998 年。葉高華：《日本時代集團移住對原住民社會網絡的影響：新高郡的案例》，《臺灣文獻》2013 年第 64 期第 1 卷；《分而治之：1931～1945 年布農族與泛泰雅族群的社會網絡與集團移住》，《臺灣史研究》2016 年第 23 期第 4 卷。

〔註 22〕李亦園：《山地行政政策之研究與評估報告》，「中央研究院」民族學研究所 1983 年版，第 181 頁。

〔註 23〕黃樹民、章英華主編：《臺灣原住民政策變遷與社會發展》，「中央研究院」民族學研究所 2010 年版。

時，通常會採取調適的方式，而非全然的同化或隔離。異文化通過合法認可及接納文化與群體差異，從而達到社會整合，這是文化接觸過程中的一種常態。族群間的接觸、相依或敵視能夠改變他們之間的社會邊界，重塑文化標識的內涵，文化差異在這個過程中可以不受影響的持續下來，臺灣原住民的社會運動即是族群標識在社會實踐中的運用實例。〔註24〕

以上研究成果都是綜合性的調查報告，雖全面分析了20世紀40年代至21世紀初臺灣原住民社會政治、經濟及文化等各個方面的變遷與發展，但卻缺乏個案研究，無法凸顯出不同族群之間的特點與差異。陳茂泰、陳姿吟、張進昌、許雅如、黃應貴及郭文般等人的個案研究彌補了上述不足。

陳茂泰通過考察仁愛鄉道澤及卡母界這兩個泰雅社群的農業經濟變遷，發現傳統血族團體的裂變對部落經濟發展具有重要影響。隨著市場經濟的發展，血族團體越分散，其成員的經濟利益競爭越激烈，部落的經濟發展就會相對較遲緩；反之，血族團體若保持原有的聚合性，則其成員容易在經濟發展規劃上達成一致，部落的經濟發展就相對較快。〔註25〕陳姿吟以賽德克春陽部落為中心，探討了「9‧21地震」（1999）後，大量資源湧入造成部落組織間的信任危機。作者指出，當與利益有涉時，容易引發組織間的對立，而權力結構的分散等增加了彼此間的不信任感。張進昌在其研究中梳理了1896年以前、1897～1945年、1946～1998年三個時間段賽德克清流部落社區發展的樣貌。作者肯定了部落集體感或共同參與感對於社區營造的推動作用，同時也指出在發展初期階段，清流部落仍面臨著族群及自我認同的匱乏、部落核心價值的渙散、社區與私人在權力利益上的衝突、部落精英的疏離冷漠及士大夫心態等諸多問題，這些問題若不及時解決，將影響部落的繁榮發展。〔註26〕許雅如在其調查中試圖從語言切入，探討南投縣平靜部落、平和部落以及春陽部落中不同身份、不同世代的Toda人（賽德克的一個亞群），如何從個人語言的論述與實踐，建構起多元的「賽德克」族群認同。作者指出，「Toda」對於「我群」的各種不同論述背後反映的是個人族群認同的差異性。

〔註24〕陳茂泰：《臺灣原住民的族群標幟與政治參與》，張茂桂等：《省籍、族群與國家認同》，業強出版社1993年版，第61～186頁。

〔註25〕陳茂泰：《從旱田到果園：道澤群與卡母界農業經濟變遷的調試》，《中央研究院民族學研究所集刊》1973年第36期。

〔註26〕張進昌：《賽德克清流部落社區營造策略之研究》，碩士學位論文，臺灣暨南大學2011年。

而這些差異性認同下折射出的部落與各社之間既分又合的微妙關係，實為賽德克在外在歷史與內在群體發展因素的交會下所形成的特有人群分類與互動方式。〔註27〕

　　黃應貴在《經濟適應與發展：一個臺灣中部高山族聚落的研究》一文中考察了一個布農與鄒混居聚落經濟變遷的過程。作者認為，土地私有觀念及貨幣觀念瓦解了傳統布農社會互惠性經濟體制，部落原有的經濟互助團體失去了其重要性。〔註28〕黃應貴還以東埔社為研究對象，就布農社會的土地制度、社會階層等方面的變遷與發展作了深入討論。在《東埔社土地制度之演變：一個臺灣中部布農族聚落的研究》一文中，他指出，市場經濟不但加速了布農部落的農業商業化及家庭私有化，更促使土地成為投資與買賣的商品，使土地出現集中現象，從而造成部落成員之間的貧富差距。《布農族社會階層之演變：一個聚落的個案研究》一文則從布農的社會經濟變遷入手，探討了富農、自耕農及半自耕農三個新經濟階層的形成過程。黃應貴指出，由於政治宗教領袖與富農、自耕農身份的重疊，更由於地方領導人的干預，經濟階層之間的利益衝突越來越深。〔註29〕

　　黃應貴的《文明之路》（三卷）是一部微型社會的宏觀歷史考察著作，實現了本體論與知識論的連結，秉持了人類「大歷史」與地方社會「小歷史」相結合的歷史觀，且具有關注時代精神與全人類社會文化整體發展的視野。〔註30〕作者從人類學視野出發，將歷史文獻與田野資料相結合，呈現了一個布農部落在 1895～1945、1946～1999 及 1999 迄今三個不同歷史階段的社會變遷與調適歷程。黃應貴在研究中強調新環境對布農社會關係的影響，指出內部派系的政治衝突成為阻礙東埔社人整合與進步的阻力。

〔註27〕許雅如：《從南投縣 Toda（都達）母語實踐與傳承探討賽德克族的族群認同》，碩士學位論文，臺灣清華大學 2012 年。

〔註28〕黃應貴：《經濟適應與發展：一個臺灣中部高山族聚落的研究》，《中央研究院民族學研究所集刊》1975 年第 36 期。

〔註29〕黃應貴：《東埔社土地制度之演變：一個臺灣中部布農族聚落的研究》，《中央研究院民族學研究所集刊》1982 年第 52 期；《布農族社會階層之演變：一個聚落的個案研究》，陳昭南等編：《社會科學整合論文集》，「中央研究院」三民主義研究所 1982 年版，第 331～349 頁；《東埔社的宗教變遷：一個布農族聚落的個案研究》，《中央研究院民族學研究所集刊》1983 年第 53 期。

〔註30〕陳文德：《臺灣南島社會文化研究的里程碑：〈「文明之路」〉的評論》，（臺灣大學）《考古人類學刊》2013 年第 78 期。

另外，他還認為，在當今社會，族群被賦予政治及經濟利益，從而成為文化產業及地方產業的一環。〔註31〕

郭文般的《臺灣光復後基督宗教在山地社會的發展》一文討論了20世紀50年代泰雅、布農、排灣及阿美等山地臺灣原住民皈依基督宗教的原因、過程與特徵。作者假設了族群的傳統社會結構具有相當程度的「普同性」，而這個特性在宗教信仰改變過程中是相對恆定的。各族群在傳統宗教信仰、社會經濟發展程度等方面的差異性促使基督宗教信徒的信仰強度和教會參與程度的不同。作者經過研究發現，在影響泰雅、布農等山地原住民宗教行為的因素中，宗派因素的影響力強於族群因素，族群因素又強於個人及家庭背景因素。〔註32〕

對於社會變遷的考察和研究，不僅能夠動態把握區域社會關係的發展脈絡，也能夠檢視族群政策的實施效果及政府與地方社會的互動情況。

（四）歷史事件與族群關係研究

霧社事件對於泰雅、賽德克及布農群關係的影響極為深遠。20世紀80年代以來，學術界及地方文史工作者對霧社事件中族群關係的研究越來越深入，其中鄧相揚、郭明正、姑目·荅芭絲、邱建堂及林文德等人的研究較具代表性。

鄧相揚對霧社事件的研究成果集中體現在《霧社事件》與《風中緋櫻》等著作中。《霧社事件》以口述資料結合史料，對霧社事件的始末進行了梳理，對日本「以蕃制蕃」政策下的族群關係也作了詳細介紹。他認為，霧社山地泰雅、賽德克及布農三族群的仇隙，以及賽德克內部德固達雅、德魯固及都達三方言群〔註33〕之間的隔閡，因日本殖民者的挑撥而加劇，從而導致了自相殘殺的悲劇。長期以來，外界對於霧社事件中的人物有許多片面的評價和認知。鄧相揚在《風中緋櫻》中從歷史現實與族群傳統兩方面入手，給予花岡一郎與花岡二郎這兩位備受爭議的歷史人物以客觀評價，以期霧社地區的原住民及外界各地人士能夠跨越族群矛盾，客觀、真實地解讀歷史。作者認

〔註31〕黃應貴：《文明之路》（三卷），「中央研究院」民族學研究所2012年版。

〔註32〕郭文般：《臺灣光復後基督宗教在山地社會之發展》，碩士學位論文，臺灣大學1985年。

〔註33〕關於賽德克及泰雅、布農亞群或方言群的分類情況詳見本節之「族群識別與分類」相關內容。

為，日本的教化與賽德克社會的傳統交織在一起，使得花岡一郎與花岡二郎二人形成了介於統治者與「我族」之間的認同矛盾，最終導致了花岡兄弟二人在霧社事件中自殺的悲劇。因此，對於歷史人物的評價，不應站在族群衝突的角度或只從結果出發，而應回歸歷史現場，並結合人物本身的成長歷程，盡可能做到全面真實。〔註34〕

《部落記憶──霧社事件的口述歷史》以記錄與霧社事件有關的口述材料為主。該研究從族群主位的視角再現了歷史現場，不僅融入了各階層族人的觀點，也將女性的觀點納入其中。作者認為，此研究是一個將部落記憶推向歷史主體的契機，進而翻轉歷史檔案中主體失落的命運。作者本身是一名神職工作者，因而其在研究中倡導從基督教神學的立場對霧社事件的族群衝突進行反思，並認為基督宗教對於緩和族群矛盾具有重要的作用。〔註35〕

郭明正、邱建堂等人本身是霧社事件的幸存者後裔，隨著學術界對霧社事件的關注，他們也開始進行「在地」研究。郭明正通過走訪部落，採訪耆老，以問答的方式將調查資料彙集成《又見真相：賽德克族與霧社事件》一書。郭明正在調查中收集到不同部落、不同家族對霧社事件的記憶，呈現出霧社事件的多樣面貌。郭明正認為，在霧社事件中，日本人嚴重踐踏了賽德克人的禁忌規範，並肆意挑撥族群之間的關係，進而導致賽德克內部及賽德克人與泰雅、布農人之間的關係破裂。但是，族人不應一直銘記仇恨，而應借助祖靈與基督教信仰進行和解。〔註36〕邱建堂在《臺灣原住民族餘生後裔眼中的霧社事件》一文中指出，在傳統習慣法 Gaga 的約束和規範下，賽德克各方言群相處相對融洽，互相通婚，關係密切，但日人「以蕃制蕃」的伎倆破壞了族群相處的生態，以至於相互殘殺。他在文章中強調，至今族人仍相信那是日人威逼唆使所致，本族三個方言群在日人離開後，忘卻過去受日人操弄所發生的不愉快事件，依然通婚頻繁，並攜手共創未來。〔註37〕主位的調查與研究為我們全面認識歷史事實提供了重要線索，可以避免陷入片面認知

〔註34〕鄧相揚：《霧社事件》，玉山出版社 1998 年版；《風中緋櫻》，玉山出版社 2000
　　　　年版。

〔註35〕姑目‧荅芭絲：《部落記憶──霧社事件的口述歷史》（I、II），翰蘆圖書出版
　　　　社 2004 年版。

〔註36〕郭明正：《又見真相：賽德克族與霧社事件》，遠流出版社 2012 年版。

〔註37〕邱建堂：《臺灣原住民族餘生後裔眼中的霧社事件》，發表於「日本臺灣學會
　　　　第 11 回學術大會『臺灣原民族にとっての霧社事件』研討會」2009 年版。

的陷阱。

　　林文德較為全面地梳理了霧社事件對賽德克三方言群關係的影響，他的研究發現，霧社事件是阻礙當代賽德克三方言群良好互動的主要因素之一。日據時期造成「味方蕃」〔註38〕與「抗日蕃」的矛盾與衝突。到了國民黨政府時期，隨著「抗日史觀」意識形態的操弄，最終發展成「親日」與「抗日」的「賽德克二元論」的論戰，從而造成三族群內部的認同危機以及外部的認知曲解。雖然基督教派的傳入對於修補三族群互動關係起到關鍵性作用，然而此互動關係的修補僅止於各教派之內。〔註39〕

（五）族群認同與族群意識研究

1. 族群識別與分類

　　1900年，伊能嘉矩等人首次對臺灣原住民進行了全面的學術分類，確認了泰雅、布農、鄒、排灣、魯凱、卑南及阿美等七支「生蕃」和平埔一支「熟蕃」。〔註40〕1910年，鳥居龍藏將臺灣「生蕃」分類體系修正為泰雅、布農、鄒、邵、魯凱、排灣、卑南、阿美及雅美九族群。〔註41〕1912年，森丑之助在鳥居氏的分類基礎上又將臺灣原住民並為六支，其將魯凱、排灣及卑南三群統稱為排灣，並將邵視為平埔族群的一支。〔註42〕後移川子之藏等人在《臺灣原住民族所屬系統之研究》中對森丑之助的族群分類進行了修正，並肯定了鳥居氏先前的「九族群分類法」，此後，九族群分類建成定制，其影響力一直延續至今。〔註43〕在這些族群分類中，泰雅與布農一直被視作獨立的族群存在，而今賽德克則作為一個亞族與泰雅亞族一同包含在泰雅內。淺井惠倫

〔註38〕「味方蕃」為「親日派」、「友蕃」之意。在霧社事件中，日人利用霧社山地各社群間的舊恨，並以賞金和槍枝彈藥為誘餌，威逼利誘賽德克都達、德魯固群及泰雅的萬大、馬力巴、白狗等群，組成「味方蕃」襲擊隊，協助其討伐起義者。

〔註39〕林文德：《霧社事件影響三群族群關係研究》，碩士學位論文，臺灣政治大學2008年。

〔註40〕伊能嘉矩、粟野傳之丞：《臺灣蕃人事情》，臺灣總督府1900年版，轉引自馬淵東一：《臺灣原住民族移動與分布》，楊南郡譯注，第5～6頁。

〔註41〕鳥居龍藏：《探險臺灣：鳥居龍藏的臺灣人類學之旅》，楊南郡譯注，遠流出版社1996年版，第34頁。

〔註42〕森丑之助：《臺灣蕃族志》，南天書局1979年版，轉引自馬淵東一：《臺灣原住民族移動與分布》，楊南郡譯注2014年版，第11頁。

〔註43〕臺北帝國大學土俗·人種學研究室調查：《臺灣原住民族系統所屬之研究》（本文篇），楊南郡譯注，第1頁。

對臺灣原住民的分類與移川氏較為接近，其較大的貢獻在於對原住民方言群的細緻劃分。淺井惠倫將泰雅分為兩個亞族七個方言群：泰雅亞族，含大溪、大湖、汶水、白狗及萬大等方言群；賽德克亞族，含太魯閣方言與霧社方言群。布農則被淺井惠倫劃分為北部、中部與南部三個方言群。〔註 44〕鹿野忠雄在後來的研究中採用了與淺井氏頗為相似的多層分類，且其族群分類更為細緻與複雜，涉及種族、語言與文化等多種依據。鹿野忠雄仍將泰雅人分成泰雅亞族和賽德克亞族兩大部分，泰雅亞族下又分出四個大群，共含 22 個亞群，分別為司加耶武群（含溪頭、南澳兩亞群）、大嵙崁群（含屈尺、大嵙崁前山、馬里闊丸、金那基、前山馬里闊丸、馬武督、梅卡朗、上坪前山及後山等亞群）、大湖群（內含鹿場、汶水、大湖及北勢等亞群）；賽考列克群（內含白狗、馬巴阿拉、馬力巴、薩拉矛、斯卡瑤、南勢及萬大等亞群）；賽德克亞族下分兩個大群，共含六個亞群，分別為：西賽德克群（內含霧社、道澤及德魯固等亞群）、東賽德克群（含太魯閣、東勢及木瓜等亞群）。布農此時被劃分為三個大群，共含五個亞群，分別為北布農群（含卓北、卡社兩亞群）、中布農群（含丹、巒兩亞群）及南布農群（含郡一個亞群）。〔註 45〕鹿野氏對臺灣原住民進行分類的參照基礎雖廣，但卻仍不夠清晰，未指出各族群之間的文化類緣關係。〔註 46〕

在集體稱謂上，日本人沿用了清朝時期的「生蕃」一稱，並繼續以「生蕃」特指居住在山地、教化程度較低的原住民。1935 年，經過數十年的撫育教化，日本殖民者摒棄帶有歧視之意的「生蕃」稱謂，而改用「高砂族」稱呼今臺灣原住民。當時的「高砂族」即包括泰雅、布農在內的九群，賽德克仍作為泰雅的一個亞族。

日本學者對泰雅、賽德克與布農的學術識別與分類表明，其已經對各族群之間的文化差異有較為清晰的認知，但學者以體質特徵、語言與文化特徵

〔註 44〕 Asai Erin.（淺井惠倫），A Study of the Yami Language and Indonesian Language Spoken on Botel Tobago Island.Leiden:J. Ginsberg，1936，轉引自臺灣省文獻委員會編：《臺灣省通志》卷八《同冑志（上）第一冊》，臺灣省文獻委員會 1972 年版，第 7～8 頁。

〔註 45〕 鹿野忠雄：《臺灣考古學民族學概觀》，宋文薰譯，臺灣省文獻委員會 1955 年版，第 134～166 頁。

〔註 46〕 臺灣省文獻委員會編：《臺灣省通志》卷八《同冑志（上）第一冊》，臺灣省文獻委員會 1972 年版，第 8 頁。關於此處的族群名稱，筆者未完全參照衛惠林等人的翻譯，而是採用當今學術界普遍使用的譯法。

等作為識別的依據，看似是一種比較「科學」、「客觀」的方法，卻忽略了原住民的主體認識。換言之，日本學者的族群識別與分類是一種「客位」的研究，忽視了「主位」認知，因而不免造成日後部分原住民在族群認同上的歧異。其中，日本學者對泰雅與賽德克的識別與分類引起後人的種種質疑，也導致後來太魯閣與賽德克的「正名運動」。

　　臺灣光復後，臺灣學者們在肯定日本學者的族群識別與分類基礎上，對泰雅、布農內部又有了更為精確的分類。1951 年，臺灣大學衛惠林等人參照前人的論著，在綜合修正後，仍把泰雅與賽德克仍視為一族——泰雅，又將泰雅亞族分為賽考列克群和澤敖列群兩部分，賽德克亞族分為東賽德克群和西賽德克群兩部分；布農則分為卓社、卡社、丹社、巒社及郡社五群。衛惠林並指出，第一等級的族群分類是以地緣文化類型為基礎的，第二級單位以自然民族群，有種族、語言及文化三重基礎；第三級單位為第二級之次級單位，性質大致相同；第四級單位為方言群與社群。〔註47〕諸多學者在後來的研究中肯定與認可了衛惠林對泰雅、賽德克及布農的分類，如丘其謙的《布農族卡社群的巫術》，余光弘的《東賽德克泰雅人的兩性關係》、黃長興的《東賽德克群的狩獵文化》及楊曉恩的《泰雅族西賽德克群傳統歌謠之研究》等。〔註48〕

　　1963 年，李亦園等人為更方便說明泰雅人在廣大區域內的遷移雜居情形，以衛惠林的分類為基礎，又比照移川子之藏等的資料，對泰雅人再次進行了細緻劃分。李亦園等人保留了衛惠林的分類，再在泰雅亞族賽考列克群下分出三個亞群（馬卡納基、馬力巴及馬里闊丸）、澤敖列群下分出四個亞群（馬巴阿拉、馬巴諾、莫拿波及莫里拉）；賽德克亞族西賽德克群可再分出霧社、都達及德魯固等亞群，東賽德克群則再細分為太魯閣〔註49〕、陶賽及木瓜等亞群。〔註50〕之後，雖仍有陳其祿等學者繼續對原住民的分類進行研究，但

〔註47〕何聯奎、衛惠林：《臺灣風土志》下，中華書局 1956 年版。
〔註48〕丘其謙：《布農族卡社群的巫術》，《中央研究院民族學研究所集刊》1964 年第 17 期。余光弘：《東賽德克泰雅人的兩性關係》，《中央研究院民族學研究所集刊》1979 年第 48 期。黃長興：《東賽德克群的狩獵文化》，《民族學研究所資料彙編》2000 年第 15 期。楊曉恩：《泰雅族西賽德克群傳統歌謠之研究》，碩士學位論文，臺北藝術大學 2002 年。
〔註49〕東賽德克的太魯閣亞群原屬西賽德克德魯固亞群，後因移居花蓮，語言發生變異，因而德魯固變為太魯閣。
〔註50〕李亦園等：《南澳的泰雅人——民族學田野調查與研究》上，第 7 頁。

卻無實質性的進展，多數學者關於臺灣原住民族群的分類認知仍參考李亦園
等人的研究。

2. 圍繞泰雅、太魯閣與賽德克族群認同展開的討論

20 世紀 80 年代，臺灣的政治環境變得相對寬鬆，多元主義文化思潮隨
之湧入，原住民開始重新審視自我的族群身份與地位。在新的政治環境影響
下，太魯閣（2008）與賽德克（2012）的先後「正名」，泰雅人被一分為三，
臺灣學術界也圍繞泰雅、太魯閣與賽德克的族群認同展開了一場討論。

郭明正主編的《賽德克「正名」運動》彙集了多位賽德克人及臺灣學者
對賽德克「正名」運動的論述，反映了一個族群為了知道「我是誰」所歷經的
艱難過程。在這些研究中，多數研究者表達了對族群正名的擔心與建議。如
郭明正認為，賽德克人肯定不是泰雅人，但面對族群正名，賽德克內部不應
分裂，而應以開放、寬容和合一的心，來共同建構賽德克三個方言群都可以
接受和認同的族群名稱與族群的自我認同。施正鋒提出，族名的確立有整合
內部多元的功能，但有時「異中求同」的迫切感卻會造成族群分裂。因而，施
正鋒建議族群領袖應以將心比心的態度來體會族群內部的歧異。〔註51〕

沈俊祥在其研究中專門探討了太魯閣人如何脫離賽德克認同，而建構出
太魯閣認同的過程。他認為，原生論、客觀特徵論以及其他本質論與非本質
論的論述都無法歸屬太魯閣人的族群分類，地方或空間才是影響太魯閣人認
同的主要因素。該研究指出，太魯閣人從仁愛鄉祖居地經過空間移動，進入
到花蓮這個特殊的地方環境，隨著時間的推移，原生的文化內涵與認同發生
改變，新的空間與地方認同逐漸形成。〔註52〕

馬騰嶽對泰雅人的分化原因進行了深入研究，他認為，除了「泰雅人」
內部的社會文化邏輯因素外，政府、地方行政體系、改宗及政治經濟等因素
是影響泰雅民族分裂運動的外部脈絡力量。〔註53〕馬騰嶽在後來的研究中
同樣以泰雅人的分裂為例，對族群建構理論作了更為深刻的反思，他指出：
在傳統的政府治理中，族群客觀論是族群識別與認定的主要依據，然而隨
著世界政治形態與政府治理的變遷，族群主觀論在實務與學術研究上逐漸

〔註51〕郭明正主編：《賽德克正名運動》，東華大學原住民民族學院 2008 年版。
〔註52〕沈俊祥：《空間與認同——太魯閣人認同建構的歷程》，東華大學原住民民族
　　　學院 2008 年版。
〔註53〕馬騰嶽：《分裂的民族與破碎的臉：「泰雅族」民族認同的建構與分裂》，碩士
　　　學位論文，臺灣清華大學 2003 年。

受到重視。〔註 54〕

　　歸納而言，目前學術界關於臺灣原住民族群關係的研究現狀可概括為以下三點：

　　（1）關於原住民群的民族志書寫、專書研究不乏多見，對於族群關係的討論多散於這些調查報告或研究論述中，且大都僅能從社會組織、文化制度等方面窺見族群內部的關係特徵。至於不同原住民族群之間的互動往來，雖也能從前人對族群遷徙、歷史事件及社會變遷等相關的調查研究中抽離出一些碎片，卻多是泛泛之談，既未能結構性地展現各族群社會互動與交往的全貌，更未對族際關係的歷史與現實走向作出歷時性分析。

　　（2）系統的區域族群關係研究尚未形成。以往的研究往往側重於單一族群的宏觀或微觀研究，或者依賴歷史文獻進行族群史建構。這些研究雖客觀反映出一些族群關係發展的問題和影響因素，但對原住民社會的區域性研究尚且少見，更遑論對區域族群關係的考察。

　　（3）對於原住民族群意識的建構與反思是當代臺灣原住民族群研究的重要論題。原住民社會運動的興起與發展引發了學術界對原住民族群意識的討論與思考，其中包括對原住民個體族群意識與多元族群認同的探討，也包括對主觀—客觀兩條不同族群認同路徑的重新思考。就目前的研究趨勢來看，對於原住民族群意識的建構與反思將繼續受到學術界的關注。

　　鑒於此，本文將在前人與時賢已有的研究成果基礎上，以原住民的區域族群關係為主題，探討在特定區域社會內，不同原住民族群在哪些層面友好往來，又在哪些領域內鬥爭衝突，並嘗試剖析區域族群關係發展的特徵、影響因素及其未來發展趨向，期望能夠為大陸對臺灣原住民的研究作出一些貢獻。本文選擇以臺灣中部的南投縣仁愛鄉為研究區域，重點考察 1945 以來該區域原住民的族群關係面貌。

　　仁愛鄉是一個多族群聚集的山地鄉，目前共有 16 行政村，其中 15 個為原住民村，1 個為漢人村〔註 55〕，泰雅、賽德克及布農三支族群聚居於此，具

〔註 54〕馬騰嶽：《從臺灣泰雅人的建構與分化看民族客觀論與主觀論之差異與發展》，《西南民族大學學報》（人文社會科學版）2016 年第 6 期。

〔註 55〕這個漢人村名為「榮興村」，因族際通婚，這裡同樣居住著來自不同原住民族群的成員，但由於人口較少，且這些原住民來自臺灣不同地方，而本文的研究對象以仁愛鄉世居原住民族群為主，故未將榮興村的漢人及原住民列入本研究的範圍。

有開展區域原住民族群關係研究的有利條件。首先，以「霧社事件」為中心的歷史事件對仁愛鄉原住民族群關係的影響巨大。歷史上的族群關係對之後的區域族群社會發展有何影響，這是族群關係考察的一個重要方面，也是本研究的一個關注點。其次，泰雅、賽德克及布農為仁愛鄉世居族群，它們長期在此地繁衍生息。1945 年以來，彼此在政治、經濟及文化等各方面都有頻繁的互動往來，這為剖析族群關係提供了豐富素材。再次，從區域位置上看，仁愛鄉雖為山地鄉，但其與埔里鎮、臺中市等地接壤，這一地理條件有利於開展族群社會城鎮化、市場化的分析討論。族群的城鎮化、市場化與社會流動密切相關，這一層面的研究使本文對仁愛鄉族群關係實現了靜態與動態的結合。最後，自賽德克脫離泰雅，成功獨立一群，該地區泰雅人與賽德克人的關係就陷入一種尷尬的境遇。兩族之間的身份認同如何轉變，新族群的誕生又如何影響地區族群社會的發展？帶著這些疑問，我試圖前去一探究竟。

二、民族「共生理論」的借鑒

民族共生理論由生物學的「共生」概念衍生而來，是近年來探討族群關係的一個新視角。

民族共生，具體是指多民族社會內各族群通過政治、經濟、文化的密切合作而建立起來的共同繁榮、共同發展及共同優化的民族發展模式，其基本出發點是民族之間平等、互惠合作，根本目的是各民族政治、經濟、文化和環境等綜合效益的最大化，最終目標是促進民族主體和多民族共同體的同步優化，核心是共存和共贏。簡言之，民族共生是一種以「民族平等」為中軸，以「互惠合作」為紐帶，以「成功共享」為節點，以共生單元和共生系統的「共同優化」為目標的關係範式。〔註56〕民族共生既追求民族本身的自力更生，又強調民族共同體在共生系統內與其他民族密切的合作與交流。

民族關係作為一種共生關係，其影響因素包括民族共生單元、民族共生度、民族共生環境、民族共生力以及民族共生界面。民族共生單元即民族主體，是指構成共生系統或共生關係的基本能量生產和交換單位，它是形成共生系統的基本物質條件。在描述民族共生單元時既要考慮到民族的外部特徵，如居住格局、服飾與風俗習慣等，又要強調民族單元的內在特徵，如民族的情感、意識與思維模式等。民族共生單元的內外部特徵共同反映民族主體的

〔註56〕袁年興：《民族共生關係邏輯結構及量化評價研究》，《前沿》2009 年第 4 期。

性質，前者可稱為「質參量」，後者則被稱為「象參量」。共生度是指反映共生單元質參量相互影響的程度和變化的關聯度，反映兩個單元質參量能量相互影響的程度，用來衡量共生單元或共生系統之間源於各自內在屬性而相互影響的程度。民族共生環境指除共生單元以外的一切影響因素的總和，從空間來劃分包括國際、國內及局部區域環境，從內容來劃分則包括政治、經濟、文化及自然環境。民族共生力是指一個民族在具體區域獲取自然資源、社會資源以及在整個民族共生系統中釋放能量、促使族內共生系統以及族際共生系統進化的能力。共生界面是民族在生存、發展過程中，與其他民族在政治共享、經濟合作和文化交流中的媒介和載體，對共生關係的形成與共生系統達到均衡有決定性的影響。優化族群政策、經濟市場等共生界面可以使民族共生過程中的共生新能量源源不斷地產生，促進民族關係的不斷優化。反之會導致共生新能量不足，弱化共生單元之間的激勵，產生惡性循環，並最終導致共生關係的衰亡。〔註57〕

按照民族共生理論，民族共生模型從低級向高級演變遵循下述運作機制：（1）激勵機制。完善族群政策，優化共生界面，實現對稱機制下的均衡分配，是建立激勵機制的關鍵。（2）內生優化機制，其關鍵在於民族個體的優化，因此內生優化機制要求實施教育發展戰略、文化發展戰略、知識發展戰略和人才發展戰略，堅持科學的發展方向與原則，提高民族個體獲取、吸收和交流知識的能力，提高民族整體素質。（3）利益共享與補償機制，通過建立利益共享與補償機制來增強少數民族在共生系統中的共生力，是民族共生共贏、互惠合作的一個重要表現。（4）協調及應急機制，主要是發揮共生界面對共生民族行為方向的支配作用和系統協調功能，科學地處理引起共生失效的突發事件，預防外部反向環境的介質主導其發展方向，建立覆蓋共生單元、共生模式、共生界面以及共生環境在內的預警、分析與調控體系。〔註58〕

民族共生理論為我們考察族群關係提供了更為新穎、微觀及系統的視角，它涉及民族內部個體與個體之間的互動、民族主體本身的發展及族際交往。對民族共生關係的考察，不僅能夠較為全面地反映各個層次的族群關係，同時也可作為評價多民族社會民族融合程度的指標體系。運用共生理論解釋、

〔註57〕 袁年興：《試論民族關係的概念及內涵》，《滿族研究》2009 年第 4 期。
〔註58〕 袁年興：《民族共生發展的形成理路及運作機制》，《學術探索》2009 年第 2 期。

解決族群關係問題，提供調控族群關係的戰略決策，有助於實現完全意義上的平等、團結、互助與和諧的族群關係。〔註59〕

第三節　相關概念界定

一、「民族」與「族群」

　　學術界對「民族」與「族群」的認識長期存在著爭論，不同的學者對於「民族」與「族群」有不同的界定，眾說紛紜。〔註60〕本研究無意重新對「民族」與「族群」進行定義，僅著重對「民族」與「族群」的本質屬性和基本研究範疇進行梳理。

　　「民族」與「族群」都用來指人們的共同體，但二者在範圍上存在著差異。經過長期爭論和不斷修正，學術界對「民族」與「族群」的認識已在某些方面形成共識。麻國慶認為，在中國大陸，「『民族』概念的演變是從模糊到明確的過程，而『族群』的使用則是從清晰到曖昧的過程。」〔註61〕

　　「民族」用來泛指那些經國家識別後被確定有明確民族身份的各個人群，它的明確性主要體現在其滋生的實體屬性與政治意涵。中國是一個民族國家，而民族國家的政治過程使得民族獲得了確定性的內涵，「民族」成為明確存在的實體概念。〔註62〕在中國大陸，「民族」實體的確認需經過政府的識別，它本身是作為一個政治身份存在的，被賦予了特殊的政治意義。民族識別以民族的客觀特徵為參考標準，同時兼顧民族內部成員的主觀意願。一旦某一人群具備了特定的民族身份，其在新的政治體系和社會結構中的位置也隨之確定下來。歸屬於某一民族的成員共享政府的相關民族政策，如民族優惠政策等。目前，經過我國政府識別的民族有56個，包括漢族和55個少數民族。

　　與「民族」相比較，「族群」的劃分更注重文化因素，它泛指所有被語言、

〔註59〕袁年興：《民族共生理論（方法論）的構建——基於社會生物學的學術共鳴》，《東疆學刊》2009年第4期。

〔註60〕關於諸學者對「民族」與「族群」概念的界定請參考：徐傑舜：《論族群與民族》，《民族研究》2002年第1期；烏小花：《論「民族」與「族群」的界定》，《廣西民族研究》2013年第1期；等等。

〔註61〕麻國慶：《明確的民族與曖昧的族群——以中國大陸民族學、人類學的研究實踐為例》，《清華大學學報》（哲學社會科學版）2017年第3期。

〔註62〕麻國慶：《明確的民族與曖昧的族群——以中國大陸民族學、人類學的研究實踐為例》，《清華大學學報》（哲學社會科學版）2017年第3期。

宗教、血緣或其他不同文化特質打上烙印的群體。「族群」具有模糊性，這種模糊性主要體現在族群界定的開放性與族群成員範圍的靈活性。首先，從族群界定上看，它是一個相對「自然」的文化或利益群體，〔註63〕他們不一定要經過政府的識別，強調自我主觀認定的重要性，且他們不一定會享受到政府的優惠政策。其次，從族群成員的範圍看，一族群的成員可能是一個「民族」內的一部分人群，如漢族中的閩南人、潮汕人等，也可能是不同「民族」的某一特殊層次的人群，如移民族群、山地族群等，也可能是未識別民族的成員。

　　「族群」和「民族」不是簡單的對等關係，也不是廣義和狹義的關係。確切地說，「族群」應該是「民族」的補充，是對「民族」的細化研究。〔註64〕民族可以稱為族群，有的民族還可以包括若干不同的族群；而族群可能是一個民族，也可能不是一個民族。麻國慶曾深入闡述了「民族」與「族群」在方法論上的意義，他指出，「『民族』概念讓我們可以實現從上到下和由小見大的結合，從而實現宏觀研究與微觀研究的對話；『族群』概念則以人群的分與合揭示了現實社會的變化過程，有助於展現歷史進程中的複雜細節。『族群』概念主要適於討論的是『民族中的社會』，即在某一民族內部或多民族雜居地域不同群體的人們如何展開互動。『族群』概念的引入一定程度上激活了民族現象的複雜性，破解了單一民族研究的束縛。」〔註65〕在具體研究中，「民族」與「族群」概念的引用有助於我們建立立體的分析框架，從而實現對民族社會中的複雜細節進行多角度、多層次剖析。費孝通提出的「中華民族多元一體格局」的理論指出，「中華民族」包括中國境內的50多個民族單位，這些單位是多元的，中華民族是一體，它們雖則都稱「民族」，但在層次有差異。〔註66〕「中華民族多元一體格局」的理論即說明了統一的中華民族是歷史發展的必然，也強調了當下人們的主觀意願對中華民族共同體的認同，超越了「民族實體論」與「族群建構論」，〔註67〕為我

〔註63〕烏小花：《論「民族」與「族群」的界定》，《廣西民族研究》2013年第1期。
〔註64〕烏小花：《論「民族」與「族群」的界定》，《廣西民族研究》2013年第1期。
〔註65〕麻國慶：《明確的民族與曖昧的族群——以中國大陸民族學、人類學的研究實踐為例》，《清華大學學報》（哲學社會科學版）2017年第3期。
〔註66〕費孝通主編：《中華民族的多元一體格局》，中央民族大學出版社1999年版，第3頁。
〔註67〕麻國慶：《明確的民族與曖昧的族群——以中國大陸民族學、人類學的研究實踐為例》，《清華大學學報》（哲學社會科學版）2017年第3期。

們立體地認識中華民族提供了指導。

臺灣是我國領土不可分割的一部分。目前，臺灣形成了所謂「四大族群」的關係格局，即原住民、閩南人、客家人與外省人。由於社會環境不同，臺灣的族群劃分有其自身的特色。臺灣的四大族群均不具備「民族」實體的內涵和意義，只是屬於「族群」的範疇，省籍與語言是劃分這些族群的依據和參考。閩南人、客家人與外省人主要都是漢族人，具有共同的漢族「民族」身份，同樣得到我國的承認；而原住民所稱的「原住民族」則仍屬於「族群」身份的範疇，他們實際上就是大陸 56 個民族之一——高山族。所謂的「四大族群」，從分類上來看，並不是人類學、民族學意義上的「族群」劃分，而是如郝時遠所言的，是『「臺獨」勢力利用多黨政治操弄臺灣民眾的產物。所謂『四大族群』說，在政治層面炒作的目的是通過對差異政治『存異於他』的肯認來加劇『統獨爭議』，以期分化瓦解臺灣民眾的中國、中華民族意識，在『去中國化』、『污名化』中國的氛圍中構建『臺獨』勢力鼓譟的所謂『臺灣國』、『臺灣民族』的『認同政治』。」〔註68〕

臺灣地區的原住民是中華民族的組成部分。由於臺灣社會政治、經濟與文化背景的特殊性，臺灣原住民中的某一群體要想具備獨立的「族」的身份，也需要經過臺灣相關部門的認定。截至目前，臺灣原住民具體由阿美、泰雅、排灣、布農、卑南、魯凱、鄒、賽夏、雅美、邵、噶瑪蘭、太魯閣、撒奇萊雅、賽德克、拉阿魯哇、卡那卡那富等 16 個獨立族群的成員構成，有的獨立族群之下又可分為若干亞群。本研究討論的原住民族群關係，既包括獨立族群之間的互動，也包括各亞群之間的往來。

二、「原住民」與「原住民族」

在臺灣，「原住民」指的是原住民族群中的個體，原住民族群中的所有成員都可以被稱為原住民。而「原住民族」是一個集體稱謂，泛指原住民各族群，包括了今臺灣「原住民族群委員會」認定的 16 個族群。

臺灣原住民是中華民族的組成部分，是我國 56 個民族中的一支，在大陸被稱為「高山族」。臺灣原住民的稱謂經歷了一個複雜的變化過程，古時稱「夷」、「山夷」、「流求土人」、「島夷」等，明代稱「東番」，清代稱「番」，日

〔註68〕郝時遠：《臺灣的「族群」與「族群政治」析論》，《中國社會科學》2010 年第 2 期。

本殖民時期稱「番」、「蕃」、「高砂族」，1945 年臺灣光復後則又改稱「高山族」。1954 年，我國第一屆全國人民代表大會根據民族識別政策，確定了第一批 38 個少數民族，臺灣原住民作為其中一個被統稱為「高山族」。在我國大陸地區，自民族識別後，「高山族」這一族稱一直沿用至今。而在臺灣，國民黨政府遷臺後不久便在行政上用「山地同胞」取代了「高山族」。後因「山地同胞」這一稱謂在臺灣社會被污名化，引起原住民的強烈反對和抗議。1994 年，臺灣當局根據臺灣原住民的意願，將「高山族」改稱為「原住民」。1996 年，成立「行政院原住民委員會」（簡稱「原民會」），專門負責臺灣原住民行政事務。臺灣原住民以「原住民」來為自己「正名」，主要是針對臺灣「本省人」激進勢力鼓譟的「住民自決」和「臺灣人」而言的，[註69]以此強調自己作為臺灣「最早或初始居民」的地位。1997 年，臺灣當局將「原住民」明確為「原住民族」。自此，「原住民」便用來指稱原住民族群中的個體，而「原住民族」則成為一個集體稱謂，指稱作為整體的原住民各族群。2002 年，原住民事務管理機關也相應變更為「行政院原住民族委員會」。

在諸多稱謂中，除了「原住民」、「原住民族」屬於臺灣原住民自我選擇的「族群認同」外，其他均屬於「外部力量給予的『他者認定』」。[註70]在我國現行體制下，「原住民族」並不作為一個民族實體存在，而是臺灣地區高山族在自我認同下建構的一種集體稱謂。現今，「原住民族」概念在我國大陸地區使用相對尚少，這一稱謂如何認定與使用仍是有待解決的問題。本文為表述方便，暫用「原住民」一稱來指代生活在臺灣地區的高山族同胞，也在某些必要的地方使用「原住民族」一稱泛指其 16 個族群。

三、「社」、「部落」與「村里」

臺灣原住民以聚落為居住單位，但在不同歷史時期，人們對原住民聚落的稱呼不同。「社」常見於清朝與日據時期的文獻中，「部落」則在臺灣光復後被人們廣泛所使用。由於所處的社會背景不同，「社」與「部落」的具體意涵與範圍上仍有所差異。日據以前，臺灣原住民的聚落是一個自治單位。衛惠林按照繼嗣原則，將臺灣原住民的聚落分為父系世系群社會（如泰雅人）、

〔註69〕郝時遠：《當代臺灣的「原住民」與「民族問題」》，《民族研究》2003 年第 3 期。

〔註70〕郝時遠：《臺灣的「族群」與「族群政治」析論》，《中國社會科學》2010 年第 2 期。

父系氏族社會（如賽夏）、母系氏族兼世系群社會（如阿美）與並系氏族兼世系社會（如排灣）四種類型，它們一般由相對固定的血緣團體或超血緣團體組成。〔註 71〕以泰雅人的聚落為例，泰雅人是父系世系群社會，其聚落通常由一個或若干個父系血緣團體構成。在傳統原住民聚落中，一般有較為完整的社會組織體系（如領袖組織、祭祀團、獵團等），以確保社會秩序的正常運行。日人據臺後，殖民力量逐漸深入到原住民地區，傳統聚落的社會組織架構被打破，部分原有的組織也逐漸失去其存在的意義。日人為方便管理，在原住民地區進行行政規劃，將原住民聚落改稱為「蕃社」。日據時期，原住民的聚落，也即當時的「蕃社」，已不再是一個完全的自治單位，而成為日本行政區劃的一部分。而且，日人曾強制對原住民實行集團移住，使原住民的聚落格局發生了改變，原本住在高山的聚落被遷到平地，原本分散的聚落被合併在一起，成為新的聚落。國民黨政府接收臺灣後，在日據時期形成的居住格局基礎上，將原住民於一定區域內，依其傳統規範共同生活結合而成的團體，且經主管機關核定者，稱為「部落」。由於經過多次移住，光復以後的「部落」與日據時期的「社」，其範圍不盡一致。現今，一個部落往往包括若干個傳統的「社」（如仁愛鄉清流部落包括馬赫坡、荷戈、波亞倫、斯克、羅多夫及塔洛灣等6個社）。

　　按照臺灣的地方行政區劃，原住民部落被劃入村里組織〔註 72〕，村里的名稱則由政府命定。國民黨政府在進行行政規劃時，一方面考慮部落的人口規模，另一方面考慮族群的歸屬，相鄰或距離較近、人口規模較小，且族群歸屬相同的部落，往往被編入一個村或里，如清流與中原兩個相鄰的賽德克聚落同屬仁愛鄉互助村；而人口規模較大的部落則單獨成一村，如新生村僅包含眉原一個部落。但仍有些村或里在設置之後，因人口規模擴大或其他原因，後又分裂成若干村或里。例如，仁愛鄉萬豐村、法治村及中正村，原本都屬於法治村，後因人口規模過大，且三者距離較遠，不便管理，所以先後單獨成村。

　　「部落」通常指的是由幾個互相通婚的氏族所組成的一種政治組織，它

―――――――――――――

〔註71〕衛惠林：《臺灣土著社會的部落組織與權威制度》，黃應貴主編：《臺灣土著社會文化研究論文集》，聯經出版社 2005 年版，第 115 頁。

〔註72〕村里組織是臺灣最基層的地方行政組織，一般在鄉下設「村」、鎮、縣轄市及區之下設「里」，此即村里組織。

包含兩個以上的胞族，其特點是，它有自己的地域、名稱、方言、首領和議事會，甚至有自己的原始宗教和風俗等，這與臺灣社會語境中的「部落」迥然有別。本文使用的「部落」概念，如果沒有特別說明，一般指臺灣原住民的生活聚落。

第四節　論文架構與研究方法

一、論文基本架構

　　臺灣原住民社會歷經荷蘭、明清及日本不同時期的統治與管理，區域文化體系日漸成型。至國民黨政府統治時期，一系列族群政策的實施、各種新社會思潮的發展使得臺灣原住民族群關係呈現出與以往不同的新特徵。因而，我們需要對臺灣原住民族群關係有一個全新的認識，然後以此為據，研究總結出當地原住民族群關係的發展模式、主流及未來發展的可能趨勢。本研究以文化、經濟、政治及族群意識等多維度考察為主線，將視野放置在時間脈絡和空間地域下來考察族群關係的發展及演變規律。基於上述理解，本研究的分析框架主要遵循以下思路：

　　開篇為緒言部分，介紹了本研究的源起及學術意義，回顧了前賢的相關研究，對相關理論的運用略加解釋，最後交代了本文的基本研究框架和研究方法。

　　正文第一章先從歷史沿革、自然地理環境等方面入手，展示仁愛鄉原住民族群交往互動的自然與社會背景，而後又對調查區域內主要的原住民族群的分布遷徙及社會文化特徵做了概要介紹。

　　第二章筆者根據歷史文獻及相關口述資料對仁愛鄉地區歷史上的族群關係進行了爬梳。筆者強調，日據以前，仁愛鄉原住民族群關係處於自主發展的狀態，整體上相對有序。而日本竊據臺灣之後，原住民族群關係的發展遭到外來殖民力量的干預和操控，原有族群關係陷入對立與緊張。

　　第三章到第六章筆者分別從文化、經濟、政治及族群意識等不同維度，梳理了臺灣光復以來仁愛鄉原住民族群關係的發展情況。第三章主要從語言、宗教及婚姻等層面展現出仁愛鄉泰雅、賽德克及布農三族在文化領域內的矛盾對立與和諧交融。第四章從社會經濟的轉型入手，梳理了仁愛鄉原住民在

市場經濟中競爭與共生的局面。第五章探討了族群成員在現代行政管理與政治選舉過程中的互動，強調權力意識對族群關係既有分化作用，又有聚合作用。第六章考察了族群意識對族群關係的影響，其中個體族群意識的發展導致泰雅族的分化，而多元族群認同意識的發展則能引導仁愛鄉原住民族群關係走向和諧共榮。

最後是本研究的結語部分，概況了主要結論，強調仁愛鄉原住民族群關係呈現出矛盾衝突與和諧共生的兩面性，其中和諧共生是發展的主流，也是未來臺灣原住民族群關係未來發展的趨勢。同時還進一步指出，臺灣原住民各族群應重視族群社會的整體性和統一性，朝著「多元一體格局」的族群關係方向發展，防止族群分化危機的加劇。

二、研究方法

本文是通過實地考察，對臺灣原住民族群關係進行的描述性與解釋性研究，具體的研究方法與技術主要包括文獻分析、訪談及參與觀察等。

（一）文獻分析

對相關文獻的收集、整理、分類與分析是開展具體研究的基礎。在開展實地調查前，筆者通過校圖書館獲得了第一批文獻資料，包括地方史志與綜合性、專門性研究專著，有臺灣與大陸學者的研究，也有日本學者的調查資料。大量的網絡學術資源是本研究另一重要的文獻材料來源，如 CNKI 數據庫、「中央研究院」圖書館電子資源數據庫、臺灣大學學術期刊資料庫、臺灣學術文獻數據庫及臺灣博碩論文資料庫等。前期文獻的準備既用來瞭解目前臺灣原住民族研究狀況，也用來認識所調查區域的歷史及族群社會發展概況，以上知識的獲取是確定初步研究框架的基本前提。

在具體研究過程中，筆者注重對地方文史資料、系譜資料、口述文獻及調查報告的收集與整理，先後搜集到鄉志、部落生命史、部落概況調查報告、各類活動計劃書及地方行政、觀光地圖等。通過對這些資料的解讀與剖析，能夠更深入、更細緻地考察地方族群社會發展，進而具體瞭解不同族群在區域社會的發展概況。

此外，我還利用多次田野調查的機會，赴中研院圖書館、「國史」館臺灣文獻分館、埔里鎮圖書館與仁愛鄉圖書館進行文獻搜集，藉此獲取到豐富的日據時期的調查文獻及臺灣當地學者的研究著作。

（二）訪談

訪談，是獲取資料最直接的方式，通過提問題或交談的方式瞭解相關問題。本研究採用正式訪談與非正式訪談相結合的方式獲得了寶貴的第一手資料。

正式訪談的對象有鄉公所及村社區工作人員、宗教神職人員、社區組織工作人員及地方文史工作者等，並事先約定好時間與地點。在開展正式訪談前，先根據研究計劃、有針對性地設計訪談大綱，如就地方政治生活的相關議題重點對鄉公所及村社區工作人員進行訪談，而對宗教生活中的族群互動則重點訪問各部落的神職人員。在正式訪談中，本研究還特別就某些問題對報導人進行了深入的個人訪談，如向部落社區內的農業種植戶具體瞭解市場交易與競爭的方式，向部落與都市教會牧師就教會發展、教徒分化及教派融合等問題分別進行詳細訪談，等等。在深入訪談中，本研究尤其努力發掘報導人的動機、對相關問題的態度及所持有的基本信念。

非正式訪談的對象與正式訪談的對象有時是交叉重疊的。非正式訪談的對象多為各村社區內的村民，也包括社區組織工作人員及地方文史工作者等。在非正式訪談中，常常通過閒聊或偶然的交流獲得所需的田野資料。非正式訪談的地點往往沒有事先安排好，田間地頭、店鋪門口前或村小學校長的辦公室等都能成為非正式訪談的地點，而訪談的時間更是具有隨意性，沒有特別的限制。非正式訪談的內容涉及自身所屬部落、所屬族群的社會文化，也涉及其他部落與族群的人或事，不同個體代表的利益不同，看待與分析事物的角度也不同，從這些雜亂的信息中整合出有價值的內容與資料，能夠幫助瞭解不同利益群體對研究問題的看法與態度。

（三）參與觀察

族群互動與交往發生在多個領域，只有通過深入參與族群生活，從當事人或在地人的角度思考諸文化事項的表象及背後的意義，才有可能全面地把握各族群在政治、經濟和社會文化等不同層面的互動往來，也只有通過親身的參與、觀察與記錄，才有可能對族群在各個領域的互動表現與特徵有更為細緻的記錄、描述與分析。作為參與者與觀察者，既要積極、熱情地融入到各類社會文化活動中，也要冷靜、理性地觀察與分析具體活動中各類群體的行為表現與意義。

在開展本研究的過程中，筆者深入仁愛鄉泰雅人、賽德克人與布農人的

社會生活，認真觀察和記錄族群社會內、外部人群交往的表現與特徵。具體而言，通過參與各類祭典、宗教禮拜或紀念活動，觀察原住民文化在當代社會的發展與演變情況，記錄不同儀式場域內族群或個體的角色分工及儀式對族群社會的聚合效應；通過體驗部落觀光活動、參與市場交易與選舉活動，記錄族群內及族際間人際互動的多種方式與規則，深入瞭解新的文化、經濟、政治生態及族群意識如何影響區域族群關係。在參與觀察中，不僅重點觀察泰雅人、賽德克人與布農人在各領域的友好往來與互動，還密切關注族群之間的衝突或不和諧表現，避免片面地記錄與描述。

總之，本研究通過整合民族學、人類學、歷史學及社會學等不同學科的理論和方法，既注重實地調查與深度訪談，也留意歷史文獻的梳理，試圖達到共時性分析與歷時性分析的結合。同時，在研究中又將微觀個案調查與宏觀地方社會發展有機結合起來，進行實證分析。多學科整合的研究取向，打破了死板的學科分類，為本研究提供了更為科學、嚴謹的研究視角。通過採取以上研究方法，既能夠清晰地認識仁愛鄉各族群如何適應新的社會政治、經濟和文化環境，又能夠全貌性地觀察各族群如何在不同場域中開展互動。

從 2014 年 6 月至 2017 年 7 月，筆者先後 5 次赴臺開展田野調查。2014 年 6 月 23～7 月 12 日，筆者先赴仁愛鄉進行初步的踩點工作，並在布農朋友的協助下，掌握了仁愛鄉大致的族群分布概況。2014 年 9 月 20 日～12 月 23 日，筆者開始第一次長時段的田野考察，此次調查的重點是深入瞭解仁愛鄉泰雅、賽德克及布農的部落歷史與族群社會文化。通過各位報導人的熱心幫助，筆者很順利地融入到了各原住民部落，並結識了各界的原住民朋友，搜集到了具有重要利用價值的田野資料。2015 年 6 月，在完成對前期田野資料整理與分類的基礎上，筆者至仁愛鄉原住民部落進行第二次長時段的田野調查，此次考察同樣為時三個月，以調查仁愛鄉各原住民族群在文化、經濟、政治及族群意識等各個層面的具體互動為重點。通過深入的訪談與參與觀察，筆者獲得了更為全面與詳細的田野資料。2016 年 7 月 10～24 日、2017 年 6 月 21～7 月 5 日，筆者重訪田野，並就論文相關數據與資料進行增補。

第一章 仁愛鄉：一個多族群雜居的山地鄉

本文的田野調查地是臺灣省南投縣仁愛鄉，這裡主要分布著泰雅、賽德克及布農等族群。仁愛鄉是臺灣 30 個山地鄉之一。

第一節 田野點概況

仁愛鄉位於南投縣東北方（見圖 1-1），地處臺灣中央地帶，東接花蓮縣能高山，南臨信義鄉水社大山，西與埔里鎮蜈蚣里〔註1〕相銜，北與合歡山相接，並與臺中縣太平鄉接壤。荷蘭、西班牙及清政府在臺期間，其統治力量均未真正深入到仁愛鄉，直至日本殖民政府據臺，仁愛鄉地區才真正進入政府行政力量的統治範圍。

1914 年之前，仁愛鄉地區一直處於今埔里鎮管轄範圍內。即使在日人據臺之初，他們對仁愛鄉的開發管理也並不順暢，常常遭到當地原住民的頑強抵抗。1908 年 4 月，日本殖民政府在仁愛鄉設置霧社警察官吏駐在所〔註2〕，自此仁愛鄉霧社地區正式納入日人的統治和管理。接下來的數年裏，日人為更好地掌控仁愛鄉原住民，又陸續在其他部落建立官吏駐在所。據統計，日

〔註1〕里：臺灣的一種行政區劃單位。一般在鄉之下設「村」，而在鎮、縣轄市及區之下設「里」。
〔註2〕駐在所：「蕃務官吏駐在所」(1907～1915) 即「警察官吏駐在所」(1915～1945) 之簡稱，是日據時期日本殖民者在今山地原住民地區設立的基層警察機關。

本殖民者共在仁愛鄉原住民部落建立 38 個警察駐在所。〔註3〕1914 年，霧社警察官吏駐在所升格為「霧社支廳」〔註4〕，轄管仁愛鄉地區各原住民部落。1920 年，日本殖民政府廢廳及支廳，改設州郡，並調整行政區，仁愛鄉各原住民部落由臺中州能高郡統轄，遂形成今仁愛鄉的雛形。臺灣光復後，政府鑒於山地情形特殊，於日人所謂的「蕃界」〔註5〕設置山地鄉。1946 年 4 月 1 日，仁愛鄉正式成立，成為臺灣 30 個山地鄉之一。起初，仁愛鄉尚屬臺中縣能高郡區署，1950 年底臺灣撤廢區署，從此仁愛鄉改隸南投縣。

圖 1-1　仁愛鄉地理位置圖

圖片來源：仁愛鄉農會網站

〔註3〕林一宏：《日治時期臺灣山地「駐在所」建築之初步研究》，《臺灣博物館自行研究計劃》2009 年版，第 44～46 頁。
〔註4〕支廳：日據時期，日本殖民政府在臺灣的一種行政區劃，曾設於設縣或廳之下。霧社支廳屬於南投廳。
〔註5〕日據時期，「蕃界」用來特指今山地原住民所居住和生活的區域。

仁愛鄉全鄉人口共 15,681 人，其中原住民人口共 12,588 人。〔註6〕如圖 1-2 所示，泰雅人主要分布在仁愛鄉的北部，包括翠華、力行、發祥與新生等村，另有一小部分分布在親愛村（圖 1-2 中標示「A」的區域）。賽德克在仁愛鄉的分布範圍相對較廣，包括東部的合作、都達、精英與春陽村，中部的大同與南豐村，以及西部的互助村等（圖 1-2 中標示「S」的區域）。親愛村也有部分賽德克人居住。布農均分布在仁愛鄉的南部，即今萬豐、法治與中正三村（圖 1-2 中標示「B」的區域）。除親愛村為泰雅、賽德克人混居的村落外，其他村均為以單一原住民族群為主的村落。大同村位於仁愛鄉中心位置，是本鄉的行政中心，鄉公所便坐落於此。南投縣埔里鎮、臺中市、花蓮縣都是距離仁愛鄉較近的城鎮，因而吸引了不少仁愛鄉居民前往工作、居住。

仁愛鄉境內群山迭起，主要有合歡、奇萊、能高、卓社、關刀及守城等山系（見圖 1-3）。仁愛鄉的地理邊界東至合作村的奇萊主山，西至互助村的眉令山，南至法治村的卓社大山，北至榮興村的畢祿山。就全鄉地勢而言，東南及北部有天然的高山屏障，海拔高度由東逐次向西遞減，東部為高山峻嶺，西部為山麓丘陵，海拔落差極大。北港溪流域內的互助村梅子林部落海拔僅 400 米，而奇萊山主峰的海拔則高達 3,599 米，落差達 3,100 餘米。由於山脈的阻隔，地圖上看起來相距不遠的兩個村落，實際往返可能要花上很長的時間。比如南豐村與新生村之間，由於隔著守城大山，兩村的村民需要繞道埔里，才能順利抵達對方，車程也需將近一個小時。同樣由於群山阻隔，翠華、力行、發祥等這些海拔較高村落，村民往來鄉行政中心，要花上比其他村落多幾倍的時間。例如，即使在天氣晴朗、路況較好的情況下，從力行村到大同村也要花上一個多小時的時間。如若遇到假期，或雨天，這段車程可能要多上一倍，甚至更長。

〔註6〕南投縣仁愛鄉戶政事務所 2017 年 2 月統計數據。

圖 1-2　仁愛鄉行政區劃及原住民族群分布圖

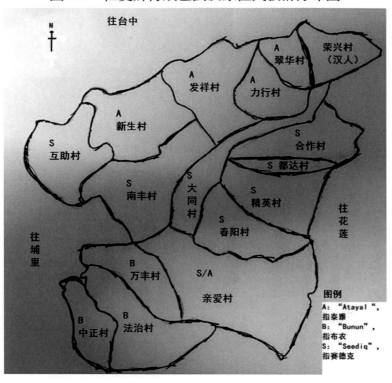

　　仁愛鄉河川橫亘，水源豐沛（見圖 1-3）。本鄉南有濁水溪，中有大肚溪上游的烏溪，北有北港溪，東北則有大甲溪。濁水溪為臺灣第一長河，主流源於仁愛鄉合歡山東峰，流經奇萊山主山西麓深谷。濁水溪自上游沿東北縱谷流下，流經本鄉靜觀、平生及平和三個部落。溪流在廬山附近與塔羅灣溪匯合後，繼續流往西南，經霧社後轉向南流，於萬大部落附近匯入萬大溪，再流經松林、萬豐等部落。隨後溪流再匯入丹大溪及其支流郡大溪，自此河流轉向西流。北港溪為大肚溪的支流之一，發源於更孟山南側，流經仁愛鄉翠巒、紅香兩個部落，於馬家附近匯入瑞岩溪。之後，溪水流向轉西偏南，經萱野、眉原、中原、清流及梅子林等部落，於柑子林與南港溪會合，改稱「烏溪」。烏溪上游右岸的大支流為眉溪，自埔里鎮北側流經埔里盆地，至觀音橋上游與南港溪匯合。眉溪支流有東眼溪、南山溪及本部溪，溪水在南豐村南方流入埔里鎮北界，主要流經仁愛鄉內的眉溪部落。大甲溪位於臺灣中部，主流發源於中央山脈的雪山及南湖大山，為典型急流性河川。仁愛鄉境內的大甲溪則源於畢祿溪（亦稱「碧綠溪」），僅流經榮興村。畢祿溪源於畢祿山，在匯入合歡溪後，繼續北流，於縣境北陲匯入大甲溪主流。

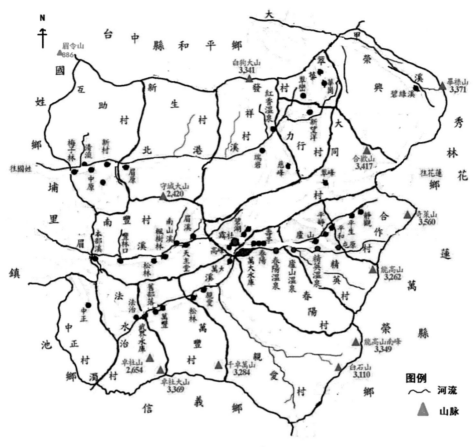

圖 1-3　仁愛鄉河流與山脈分布圖

資料來源：筆者根據仁愛鄉農會網站之「仁愛鄉行政區域圖」繪製而成

　　瀑布景觀與溫泉、林場等構成仁愛鄉豐富的地形景觀，吸引了大量觀光客駐足。目前，仁愛鄉比較著名的瀑布景觀有夢谷瀑布、精英瀑布及紅香瀑布等，較著名的溫泉景觀有盧山溫泉、精英溫泉、春陽溫泉及紅香溫泉等。此外，仁愛鄉還有大規模的天然林場資源。奧萬大風景區位於萬大北溪與萬大南溪匯流處西側，全區屬河谷地形，南為干卓萬山，東為能高山，群山聳峙，風光優美，溫泉及楓樹林是該地最壯觀的自然景色。萬大部落內廣植梅樹、櫻樹與聖誕樹，植被種類豐富。

　　位於新生村的惠蓀林場，是全臺面積最大的原始森林，面積達 7,000 公頃。近 2,000 米（從 450 米至 2,420 米）的海拔落差使綿延不斷的森林兼具溫、暖溫及亞熱三帶不同的特色，豐富多元的植物生態蘊藏其間，有人工杉木林、日本扁柏林、木荷及肖楠等。豐富多樣的植被吸引了不少觀光客至此

參觀、遊玩，還有不少植物研究機構前來開展實地調查。他們認為，惠蓀林場有十分珍貴的樹木品種，他們有義務收集相關數據，以促進植物研究的發展。

　　仁愛鄉全年平均氣溫約為 18°C，六至九月為高溫期，一月、二月為低溫期，屬於副熱帶及溫帶氣候。因本鄉多屬山區，地勢陡峭，水流湍急，且多為河流中、上游地區，接近平原地區的互助、南豐村較易受到水災的侵害。1959年的「8‧7水災」給臺灣中南部帶來嚴重影響，連綿不斷的大雨使農林漁牧業受到重創，中原等部落因水災房屋被毀。臺灣每年夏秋兩季多颱風侵襲，但仁愛鄉四周高山的屏障卻能使本鄉所受的損害降至最低。仁愛鄉在地理位置上應屬臺灣西部地震帶，境內無明顯的斷層線通過，因而未發生嚴重的地震災害。「9‧21大地震」是臺灣近百年來最大的地震，在此次地震中，仁愛鄉各村的房屋、田地均遭受到不同程度的損毀，其中互助村、新生村、南豐村、中正村以及發祥村受災較為嚴重。互助村與發祥村的部分部落因原住地被毀，被迫遷徙他處。互助村中原部落的「中原16戶」因地震而遷至原住地東北方集中安置，發祥村的瑞岩部落因受損情況更嚴重而集體遷徙，於北港溪上游擇地重建住屋。

　　仁愛鄉耕地土壤屬黃壤類、微酸性，雖土層不甚深厚，但由於石塊較少而土質疏鬆，具有糰粒構造，土壤有機質含量豐富，且排水通氣性佳，極適於作物生長。臺灣光復後，各地山地果樹種植業蓬勃發展，仁愛鄉也開始培植水蜜桃、梨及蘋果等果樹。目前仁愛鄉的水蜜桃及蘋果產量位居全臺前列。高海拔、多山的地形為高冷蔬菜的種植提供了有利條件。仁愛鄉高冷蔬菜種類繁多，有高麗菜、甘藍、青椒、豆苗及番茄等，其中高麗菜的產量居全臺前列。同樣的地質與氣候還推動了本鄉高冷花卉的種植，種類有百合、滿天星、康乃馨及星辰花等。茶葉種植在本鄉也較為普遍，中正、南豐、大同、春陽、精英、互助、發祥及力行等村落都有種植。霧社平均氣溫低，日夜溫差大，日照溫和，土壤排水佳，具有得天獨厚的種茶條件，因而該地的高山烏龍茶頗受歡迎。走進霧社山地，大片的茶園、蔬菜大棚、花卉種植基地就會映入眼簾。收穫的季節，貨車一趟一趟的出入霧社地區，仁愛鄉的作物一批一批地運往臺灣各個地區的農貿市場、超市，或者直接進入餐館。高經濟作物的種植，不僅充分發揮了本鄉的地理環境優勢，還大大提高了鄉民的經濟收入。

第二節　仁愛鄉的原住民

目前，仁愛鄉主要有泰雅、賽德克與布農三支原住民族群，它們分布在本鄉的 15 個原住民村落。

一、族群的遷徙與分布

臺灣光復以前，泰雅、賽德克及布農在仁愛鄉的分布已基本定型。根據以往的研究可知，清朝及清朝之前，各族群都曾發生過大規模的自主性移動，遷徙的主要原因包括人口增加、耕地與獵場不足，有時也出現因族群擠壓導致的徙居活動。因原住民主要生計方式為狩獵，故各族群居住地以山地為主。日本殖民者據臺後，為方便管理，曾強迫將居住在深山的原住民遷徙到淺山地帶，這一行動對原住民居住格局的影響巨大。臺灣光復後，國民黨政府沿用了日本人的移住政策，但這一時期的移住規模較小，未對原住民整體的居住格局造成太大影響。為了瞭解泰雅、賽德克及布農三族群的分布，筆者根據日本學者馬淵東一等及臺灣學者廖守臣、余光弘、海樹兒‧犮剌拉菲與葉家寧等學者的研究，[註7]將各族群大致的遷徙與移動情況整理並分述如下：

（一）泰雅

泰雅自稱 Atayal，意思是「人」。據泰雅人的口傳，賽考列克與澤敖列兩亞族的先民原居於臺灣西部平原，之後沿烏溪，經埔里鎮、國姓鄉東移，盤踞今北港溪上游。自清中葉起，泰雅人開始大舉遷徙。

賽考列克亞族從北港溪上游的邁西多邦地區（今仁愛鄉瑞岩部落）出發，向北移至大甲溪上游（位於今臺中縣和平鄉）。之後，又分成三支繼續移動。一支向東，越過中央山脈徙居至和平北溪流域（位於今花蓮縣與宜蘭縣交界地方）；一支向東北，移入蘭陽溪上游（位於今宜蘭縣大同鄉）；另外一支則越過雪山山脈，向新竹、桃園及臺北等地移動。

〔註7〕具體內容可參見馬淵東一：《臺灣原住民族移動與分布》，楊南郡譯注，「原住民族委員會」、臺灣文獻館 2014 年版；廖守臣：《泰雅族的文化──部落遷徙與拓展》，世界新聞專科學校觀光倡導科，1984 年；余光弘：《臺灣原住民史》（泰雅族史篇），臺灣文獻館 2002 年版；海樹兒‧犮剌拉菲：《布農族：部落起源及部落遷移史》，「原住民族委員會」、臺灣文獻館 2006 年版；葉家寧：《臺灣原住民史》（布農族史篇），臺灣文獻館 2002 年版；臺灣總督府警務局理蕃課：《高砂族調查書‧蕃社概況》，「中央研究院」民族學研究所編譯，「中央研究院」民族學研究所 2011 年版。

澤敖列亞族從北港溪上游出發，分兩支移動，一支向東，於宜蘭縣與賽考列克亞族雜居；另一支則順北港溪往西，並繼續南移至萬大溪上游（位於今南投縣仁愛鄉）。西遷的一支因在萬大溪上游遭到鄰近平埔族群與布農人的擠壓，北移至大甲溪中游（位於今臺中縣和平鄉），再繼續往北越過雪山入大安溪中游（位於今臺中縣和平鄉）。在大安溪定居後，部分族人又向苗栗、新竹等地擴展。

賽考列克亞族先是在北港溪上游兩岸發展出福骨（又稱馬卡納奇）、馬力巴及馬里闊丸三群，後來在北移過程中又發展出多個社群。其中福骨群在今新竹縣尖石鄉發展出金那基群，於臺中縣和平鄉地方發展出司加耶武與沙拉茂群，在新竹縣五峰鄉發展出石加路等群，另有部分族人則混入宜蘭縣南澳群。馬力巴群在今桃園市復興區發展出卡奧灣與大嵙崁群，於臺北市烏來鄉地區形成屈尺群，另在宜蘭縣大同鄉發展出溪頭群。馬里闊丸群在新竹縣關西鎮新發展出馬武督群。

澤敖列亞族在祖居地分為馬巴阿拉、莫拿玻、馬巴諾及莫里拉等四群。馬巴阿拉群在今宜蘭縣南澳鄉與南投縣仁愛鄉分別發展出南澳群與萬大群；莫拿玻群部分族人徙居至宜蘭，混入當地南澳群；馬巴諾在今苗栗縣發展出汶水與北勢兩群，在臺中縣和平鄉形成南勢群；莫里拉群在苗栗縣南莊鄉與泰安鄉分別發展出鹿場群與大湖群，在新竹縣尖石鄉形成加拉排等群。〔註8〕

日據時期，日方為方便管理，在原住民地區實施強制移居政策。在強制移居政策影響下，居住在深山的泰雅人被迫遷徙至淺山地帶。其中移動規模較大的有南澳群，南澳群大都遠離深山，移居到平原。另外還有卡奧灣群，該群被分成兩部分進行移居，部分族人向北徙居至今桃園市復興區奎輝與長興社區，另有部分向南遷到宜蘭縣大同鄉定居。臺灣光復後，由於經濟、交通、自然環境及工程建設等因素的影響，國民黨政府對部分地區的泰雅人部分進行了小規模移住。如1968年，奎輝與長興兩部落就因政府修建石門水庫，而從今桃園市復興區移至今桃園市觀音區大潭新村。

仁愛鄉是泰雅人的祖居地，日人到來之前已在此地世代繁衍，形成諸多部落。日據時期與國民黨政府時期，仁愛鄉的泰雅諸部落都曾作局部移動。雖有些小部落曾因政治管理的需要被合併在一起，或一大部落被分割成不同小聚落等，但各群移動的規模都相對較小。目前，仁愛鄉主要分布有賽考列

〔註8〕廖守臣：《泰雅族的文化——部落遷徙與拓展》，第37～52頁。

克亞族福骨群、馬力巴群與澤敖列亞族馬巴阿拉群與萬大群。本地區的泰雅人均以今仁愛鄉發祥村瑞岩部落為祖先發祥地，相傳瑞岩部落有名為賓斯布干的巨岩，族人認為其祖先即是因岩石崩裂而誕生（見圖1-4）。〔註9〕

圖 1-4　泰雅人起源地之一——瑞岩部落賓斯布干岩石

　　在日本竊據臺灣之前，福骨群先民已在仁愛鄉祖居地發展出邁西多邦（Msthbwan）〔註10〕、貼里荖（Tlirun，又稱塔比倫或帖比倫）、馬卡納奇（Mknazi）與希白陀支〔註11〕四個社。臺灣光復後，各社經過重組形成不同的部落，並被規劃進不同行政村。邁西多邦與貼里荖分別改名為瑞岩與光復，兩社於1969年合併為瑞岩部落，馬卡納奇社則發展成為今日的紅香部落。瑞岩與紅香兩個部落同屬於今發祥村。〔註12〕

〔註9〕澤敖列對於祖先發祥地有兩種不同的看法，以雪山山脈為界，雪山山脈以南者認為其祖先與賽考列克亞族一樣，也在今仁愛鄉瑞岩部落；雪山山脈以北的澤敖列亞族則將新竹縣的大霸尖山視為其發源地。

〔註10〕本文所引用之社名均參考臺灣總督府警務局理蕃課：《高砂族調查書・蕃社概況》，「中央研究院」民族學研究所編譯，「中央研究院」民族學研究所 2011年版。

〔註11〕日據時期，日本學者的蕃社調查中無希白陀支部落的相關記錄。據推測，此部落在日據時期已廢，或被日人據臺初期被並於其他部落，目前尚無確切文獻可查。

〔註12〕1946 年，發祥村各部落原屬於力行村，後於 1949 年從力行村分出，獨立成一村，即今發祥村。

馬力巴群於日據前共建成 6 個社，分別是卡莫司耶社（Mkmuyaw）、畢魯莫岸社（Plmuan）、莫古波波社（Mkbubul）、莫古里汗社（Mklihan）、莫古塔塔社（Mktaktak）與莫卡布布社（Mukabubu）。卡莫司耶社人一部分發展成今新望洋部落（又稱馬力巴部落），〔註13〕另一部分則往西遷移，形成今溫泉部落。〔註14〕卡莫司耶社分成兩個部落後，共同劃入今力行村。畢魯莫岸社原居於今新望洋部落附近，臺灣光復初期發展成梅村與慈峰兩個部落。〔註15〕今日，梅村與慈峰部落也被規劃於發祥村。莫古波波社、莫古里汗社、莫古塔塔社與莫古布布社四社在臺灣光復初期共同被合併為翠巒部落，並於1946年劃入今力行村，後於2000年再另立為翠華村。

馬巴阿拉群約在 100 多年前開始順著北港溪西遷，在今仁愛鄉眉原部落（屬今新生村）建立馬巴阿拉社，並自成一群，一直繁衍至今。〔註16〕

仁愛鄉的萬大群主要包括巴魯卡萬與馬茗兩個社群的族人。據巴魯卡萬人口傳，其祖先誕生於在今仁愛鄉南豐村楓樹林部落一帶，隨著子孫繁衍，族人沿著眉溪遷至霧社一帶山區生活，後因遭到德固達雅人的入侵，而遷徙至今萬大（屬今親愛村）定居。相傳，馬茗人原居住在今南投縣埔里盆地牛眠山附近，清朝時期因遭到新移民平埔族群的擠壓，而混入萬大山區。

簡言之，仁愛鄉的泰雅人包括賽考列克亞族福骨群、馬力巴群與澤敖列亞族馬巴阿拉群與萬大群，分布在今翠華、發祥、力行、新生與親愛等村落，共發展為八個部落，人口共 3,750 人〔註17〕。

〔註13〕新望洋舊址在現址下方的北港溪山腹。日據時，社人曾因此地風水不良乃遷至舊社上方及今新望洋公墓一帶。臺灣光復後，因地層下陷，政府考慮到居住安全問題，乃於 1976 年輔導 98 戶 546 人移住於畢魯莫岸東南方約 300 米處，另建一社區，名「新望洋」。

〔註14〕卡莫司耶部分社人在日據時遷往社址上方，後因土地貧瘠，作物產量低，於 1950 年約 11 戶西遷。因新住地多溫泉，族人稱烏來，現稱溫泉。

〔註15〕臺灣光復初期，畢魯莫岸社族人懷疑部落有人使用妖術，隨後社中自認為未行使妖術者便徙居至原居地稍西地方，建立馬家社（Maka）。後族人又懷疑有人使用妖術，而被懷疑施妖術的畢魯莫岸社族人約在 1953 年被迫遷出居住地，形成溪門部落（後改名為梅村）。五六年後，住於溪門與馬家兩社中自認為未施行妖術者一同徙居畢魯莫岸社南方，形成今慈峰部落。

〔註16〕據瞭解，今新生村還有來自福骨群、馬力巴等群的泰雅人，但因馬巴阿拉人最早遷來此定居，故稱這一群人為馬巴阿拉群。

〔註17〕南投縣仁愛鄉戶政事務所 2017 年 2 月統計數據。

（二）賽德克

賽德克原本屬於泰雅的一個亞群，2008 年 4 月 23 日，賽德克人「正名」成功，正式成為臺灣第 14 個原住民族群。賽德克自稱 Seediq，也是「人」的意思。相傳，賽德克人祖先誕生於樹根，這棵樹根長在中央山脈上的白石山上，因此白石山被視為其祖先發祥地。後來，他們的祖先遷到南投縣濁水溪上游一帶繁衍生息。據口傳，遠古時期賽德克僅有德固達雅一群人，後又逐漸分化出德魯固與都達兩群。清朝時期，德固達雅群散居於濁水溪上游，以今仁愛鄉盧山溫泉為據點，都達群以盧山溫泉之北的巴卡散一帶溪谷〔註 18〕為據點，德魯固則以今靜觀部落為據點。之後，由於人口繁衍、獵場不足及族群間相互擠壓等原因，三方言群分別從祖居地向外遷徙。

德固達雅群在擴展過程中先向西佔據霧社臺地，並順勢進入眉溪上游。此後，該群成員憑藉人口優勢擠走都達群，奪得巴卡散一帶山腹。在西進的同時或稍後，一部分族人為尋找耕地或更遼闊的獵場而開始向東發展。這一部分族人沿巴卡散溪，越過中央山脈，遷徙至花蓮縣的木瓜溪上游。在德固達雅群遷來花蓮之前，已有德魯固人徙居此地。約 19 世紀以前，德魯固人居住在花蓮縣立霧溪流域，後因人口增加，便向南入侵木瓜溪上游的德固達雅人。德固達雅群人少勢微，被迫沿木瓜溪東移，遷至今花蓮秀林鄉境內，一部分在斯米亞灣，另一部分在銅門，後來再遷至銅蘭。到清朝末葉，斯米亞灣的德固達雅人發生內訌，勢力較弱的一部分人被迫南移至今花蓮萬榮鄉明利地方定居。留居斯米亞灣的那部分人不久後又與銅蘭地方的族人一起，遷至今重光（位於今花蓮秀林鄉），之後再南遷到溪口（位於今花蓮縣壽峰鄉）偏西地方。

都達群原本居住在巴卡散溪溪谷，尚未從德固達雅分離出來。後因德固達雅群內部分化，其中的一支向北，經盧山，沿濁水溪北上，以今仁愛鄉平靜臺地為據點，自成一群，稱為都達。在平靜建成聚落後，都達人又向北擴展至今平和部落一帶。另一支則向更北方向移動，越過中央山脈，來到花蓮地區陶賽溪中、上游墾殖（位於今花蓮縣秀林鄉），這一群人後來自稱為「陶賽」群。據傳，約在 1882 年前，陶賽群部分族人因遭到新移民德魯固群的侵

〔註 18〕巴卡散溪，又稱塔羅灣溪，是濁水溪上游霧社溪的支流，位於南投縣仁愛鄉，發源於能高山區的奇萊南峰，下游流經著名的盧山溫泉，於盧山溫泉區附近納入馬赫坡溪，最後於盧山附近匯入霧社溪。

擾而被迫向北遷移，這部分人後來移入宜蘭縣和平溪上游，與泰雅南澳群混居（主要分布在今宜蘭縣南澳鄉竹村一帶）。

德魯固群從德固達雅分出後，沿濁水溪向北移動，於濁水溪左岸的塔羅灣（今仁愛鄉平生部落一帶）擇地定居，後因人口增加，而逐漸在濁水溪上源發展成一個獨立的社群，即德魯固群。之後，又因土地貧瘠及氣候寒冷，農作物歉收，德魯群族人開始向外尋求新的耕地。約 1732 年左右，族人翻過中央山脈的奇萊山，入立霧溪，徙居至今花蓮縣秀林鄉。至 19 世紀末期，德魯固的生活領域已擴至立霧溪中、下游與三棧溪流域一帶，並遠及清水溪和木瓜溪流域。因新住地地域廣闊，德魯固人逐漸發展為三個不同支脈：居於立霧溪中、上游者，稱為內太魯閣群；〔註 19〕居於立霧溪下游、三棧溪及和平溪下游者，稱為外太魯閣群；居於木瓜溪流域者，稱為巴托蘭群。

日本殖民者據臺後，為了便於統治和管理，同樣勸誘住在深山的賽德克人遷移淺山地區，其中陶賽群與仁愛鄉各賽德克群受到的影響較大。日人先是將南澳地方的陶賽群部分移至今南澳鄉的澳花村、金洋村和南澳村，部分移至大同鄉寒溪村，而留在陶賽群溪流域的都達群，則被遷徙至今花蓮縣卓溪鄉立山與崙山以及秀林鄉富士與佳民等村居住。至於仁愛鄉各賽德克群的移住情況，筆者將在論及仁愛鄉賽德克村落的發展時再介紹。

從今臺灣行政區劃看，賽德克人在南投縣仁愛鄉、花蓮縣秀林鄉、萬榮鄉與卓溪鄉，宜蘭縣大同鄉與南澳鄉均有分布。仁愛鄉是賽德克人祖居地，與泰雅人一樣，在日人據臺之前，仁愛鄉賽德克各群已形成諸多部落。日據時期，日本的強制移住政策對賽德克的居住格局影響較大，許多部落或被合併，或被拆分，或被集體搬遷。臺灣光復後，國民黨政府在原住民部落建立現代行政體系，將各部落歸入不同行政村，以便進行行政管理。國民黨政府時期，仁愛鄉賽德克人也有零星的遷徙活動。有些家戶因耕作需要、參加教會禮拜活動等個人因素，在部落範圍內進行搬遷。如春陽第一班〔註 20〕某一家戶為便於參加教會活動，舉家搬到第三班的教會旁邊居住。另有部分部落因地震、水災等因素而不得不搬遷，但新住地一般也在原居地附近。如中原

〔註 19〕花蓮縣境內的德魯固群人於 2004 年 1 月 14 日成為第 12 個臺灣原住民族群——太魯閣。

〔註 20〕班，是一種組織單位。都達群遷到春陽部落時，日警以今春陽派出所為中心，將其分為 4 個集團居住，這 4 個集團當時被稱為四個班。

部落的「新社」或稱「中原 16 戶」，就是因先後遭受水災、土石流及地震等自然災害，不得不離開原住地，在他處另建新屋。新住地依照就近安置原則進行選擇，幾經移動後最終在原居地東北方的田地定居。

仁愛鄉的德固達雅先民佔據霧社臺地與眉溪上游後，建立起巴蘭、斯克與荷戈三社，此後又逐漸發展出眾多小部落。至日據初期，德固達雅群的眾多部落經合併後共形成 11 個部落，即馬赫坡社（Mehebu，含日據初期併入本社的霧卡山社）、荷戈社（Gungu，又名荷歌社）、塔羅灣社（Truwan）、波亞倫社（Boarung）、斯克社（Suku）、羅多夫社（Drodux）、巴蘭社（Paran）、塔卡南社（Tkanan）、土岡社（Tongan）、西寶社（Sipo）與卡茲庫社（Qacuq）。這 11 社如今分布在仁愛鄉兩個行政村 5 個部落中。1931 年 5 月 6 日，日人將馬赫坡、荷戈、塔羅灣、波亞倫、斯克及羅多夫等六社共同遷移至北港溪下游，形成今清流部落。巴蘭、卡茲庫與塔卡南三社後來共同組成今中原部落，族人稱為 Nakahara。〔註 21〕光復後，清流與中原部落共同併入今互助村。後來，中原部落部分族人（主要是巴蘭社與塔卡南社人）遷到今梅子林部落居住，因而今互助村包含清流、中原與梅子林三個賽德克部落。西寶社、土崗社則分別發展成今天主堂部落、眉溪部落。1963 年，天主堂與眉溪兩部落共同劃入今南豐村。〔註 22〕

仁愛鄉的都達群以平靜臺地為據點，至日據時期形成頓巴拉哈（Tnbarah）、波奇彭社（Bukebun），之後頓巴拉哈社再分出奇卡（Sga）與洛沙（Rucaw）兩社，此四社構成今平靜部落。都達群在距離平靜臺地不遠處另建有魯給塔雅社（Rukudaya），後發展成今平和部落。日據時期，日人將魯給塔雅、洛沙、奇卡與頓巴拉哈四社各分出一部分，連同波奇澎全社一起，遷

〔註 21〕巴蘭原居霧社以南脊嶺上，卡茲克社原居春陽對岸山腹，塔卡南社原居濁水溪左岸與霧卡山溪匯流的西南方高地。「霧社事件」發生後，日警鑑於卡茲克與塔卡南兩設在濁水溪左岸深山裏，管理困難，恐隨時發生叛亂，遂於 1931 年 3 月令兩社遷離原址，遷移至霧社對岸濁水溪畔（今萬大水庫或稱碧湖），後來再遷到巴蘭社的小社洛沙（Rucaw）之旁。1936 年，日人興建萬大水壩，乃引溪水至日月潭，萬大以北濁水溪沿溪一帶農地盡成澤國。因農地減少，日警遂借由將巴蘭、塔卡南及卡茲庫三社安置於他處，最後擇眉原聚落稍溪臺地上建社。因聚落位於清流與眉原之間而被稱為「中原」（Nakahara），臺灣光復後與清流部落一同劃入「互助村」。

〔註 22〕南豐村原屬大同村，1963 年 10 月 1 日，仁愛鄉公所調整行政區域時才另立一村。

至今春陽部落，時稱櫻社，光復後改稱春陽，並自成一村。平靜與平和部落
在臺灣光復初期則被劃歸今精英村，後於 2014 年共同從精英村分出，形成今
都達村。今大同村同樣是都達群人聚居地。日據時期，大同村所在地為德固
達雅巴蘭社人居所，但後來因修建水庫漸廢，臺灣光復後又陸續有春陽部落
的都達人遷入，他們多分布在今高峰與碧湖部落。

仁愛鄉的德魯固群以靜觀部落為中心，族人最先建立起塔羅灣社
（Truwan），之後又分出索多社（Sadu），在此後的繁衍與遷徙中又發展諸多
部落。日據時期，日人為管理之便將各部落進行合併，共形成塔羅灣社
（Truwan）、索多社（Sadu）、玻希卡社（Busing-ska）、盧西塔亞社（Busidaya）
與玻拉瑤（Brayaw）等五社。塔羅灣社在原居地後發展成今平生部落，索多
社則發展成今靜觀部落，兩部落共同組成今合作村。〔註23〕1932 年，日人為
防止反抗事件的再發生，迫令玻拉瑤社分兩批遷出：第一批移居今松林部落，
後於 1946 年與泰雅萬大部落一起併入今親愛村；第二批遷至盧山溫泉一帶，
發展為今盧山部落，1967 年以前歸併在合作村，後從合作村分出，獨立發展
為今精英村。

簡言之，在仁愛鄉，賽德克德固達雅主要分布在互助村與南豐村，都達
群主要分布在春陽村、都達村與大同村，而德魯固群主要分布在合作村、精
英村與親愛村，共發展成 13 個部落。根據仁愛鄉戶政所的統計，目前仁愛鄉
賽德克人共有 5,521 人。〔註24〕

（三）布農

布農，自稱「Bunun」，在漢語中同樣是「人」的意思，在清代文獻裡被
寫作「武侖族」。根據日本學者馬淵東一等人的調查，布農最早的居住地在
臺灣西部平原的 Lamongan，其位置可能在濁水溪南岸的社寮（屬今南投縣
竹山鎮）或在名間鄉（屬今南投縣）一帶，後來或許是因為受到平埔族與漢
族的擠壓，才被迫向南投縣仁愛鄉、信義鄉一帶遷徙。〔註25〕這一時期，
布農移動的地域僅限於中央山脈以西和玉山以北，族人最終以 Asang

〔註23〕臺灣光復之初，今合作、精英與都達村所轄部落都歸春陽村。1950 年，合作
村先從春陽村分出，當時合作村包含今精英村、都達村。1967 年，精英村從
合作村分出，當時精英村同時轄今都達村，2014 年都達村才從精英村分出。
〔註24〕南投縣仁愛鄉戶政事務所 2017 年 2 月統計數據。
〔註25〕馬淵東一：《臺灣原住民族的移動與分布》，楊南郡譯注，第 130 頁。

daingaz〔註 26〕為中心，建立起諸多聚落。布農最早有巒社與郡社兩群，後來又以巒社群的巒大社為根據地向外擴展。根據口傳歷史記載，大約在 17世紀中葉甚至更早，卡社群從巒社群中分離出來，居住在卡社（今南投縣信義鄉）地方。之後，卡社群部分族人北上濁水溪上游，抵達卓社附近（今南投縣仁愛鄉），自立為卓社群。卓社群在繼續往北擴展的過程中，遭遇北方泰雅人的強力阻撓，致使其領域受限，無法向外擴展，遂成為布農分布區域內最北端的社群。至 17 世紀末，丹社群自巒社群分出，往東擴展到丹大溪流域，建立丹大社（今南投縣信義鄉）。至於蘭社的來源，目前學術界尚未有定論，僅推測其與布農 Isbabanal 氏族有密切關係。在日本人的文獻中，Isbabanal 氏族被歸為郡社群，但海樹兒・犮剌拉菲認為日人的說法不夠準確。他指出，依據文獻記載與布農的口述，目前無法推斷 Isbabanal 氏族的歸屬，但可以肯定的是，蘭社與 Isbabanal 氏族同源。〔註 27〕

蘭社群最早由 Asang daingaz 遷出，先沿著郡大溪，越過八通關，至拉庫拉庫溪上游大分地區（今花蓮縣卓溪鄉），再南下至新武呂溪上游的利稻上方附近（今臺東縣海端鄉），又向西翻過關山上方，到荖濃溪上游一帶（今高雄縣桃源鄉），然後再西遷至楠梓仙溪（今高雄縣三民鄉）。幾經遷移後，布農蘭社群最終越過了阿里山山脈，來到 Saviki（今阿里山鄉新美及山美等聚落地區）落腳。阿里山地區為鄒人聚居地，蘭社群因遭遇瘟疫而人口大減，後歸化於鄰近的鄒族達邦部落。

從 17 世紀末到 19 世紀末，布農丹社、郡社和巒社等社群大規模地從祖居地 Lamungan 向西南方及南方遷徙。此一時期，布農的遷徙範圍極廣，故有學者將其稱為布農人的「領域擴張時期」。〔註 28〕

丹社與巒社幾乎同時從祖居地遷出。約在 17 世紀末 18 世紀初，丹社群沿著丹大溪溯溪而上，越過中央山脈，移居至花蓮太平溪中、上流域。幾乎與此同時，巒社群越過中央山脈，向花蓮的拉庫拉庫溪流域移動。後因在拉庫拉庫溪上游常受鄒人特富野群襲擊，於是往中、下游移動，未料又遭臺東卑南人阻撓。布農人與卑南人談判後商定，平地歸卑南人，山地則歸布農人。

〔註 26〕Asang dainga 張某 是指濁水溪上游、中游及其支流的卡社溪、丹大溪、巒大溪、郡大溪及陳友蘭溪，涵蓋今南投縣仁愛鄉南端及信義鄉全境。這個時期布農人才被分為 6 大社群。

〔註 27〕海樹兒・犮剌拉菲：《布農族：部落起源及部落遷移史》，第 175～187 頁。

〔註 28〕海樹兒・犮剌拉菲：《布農族：部落起源及部落遷移史》，第 154 頁。

之後，巒社人開始沿拉庫拉庫溪中游往南移，一直遷徙至今臺東縣新武呂溪利稻地區，及大侖溪流域霧鹿地區。再後來，部分族人為尋找廣闊獵場繼續南下，進入鹿野溪流域的內本鹿地區〔註29〕。也有一部分族人越過中央山脈，西遷至高雄的荖濃溪流域。

郡社群從祖居地遷出的時間較晚。約在18世紀末期，郡社群才開始向外遷徙。其移動路線與巒社群基本一致，同樣是先向拉庫拉庫溪流域移動。大約在19世紀初，部分族人繼續向南方的新武呂溪流域遷徙。到了19世紀末，郡社群為擴大領域，又從新武呂溪流域西遷到荖濃溪流域及內本鹿地區。先前零星遷入內本鹿地區和荖濃溪流域的巒社群后來被大舉遷入的郡社群所吸收，甚至新武呂溪流域的巒社群主流，也變成劣勢的少數族群，被郡社群所同化。

日據時期，臺灣總督府實施「集團移住政策」，強制將居住於深山的原住民移居至淺山地帶。1930年以前，布農的集團移住規模較小，主要涉及南投的卓社群。干卓萬山及卓社大山附近的卓社群陸續遷到今濁水溪上遊居住，形成今仁愛鄉萬豐村、法治村及中正村的雛形。此外，南投地區的部分丹社群，也因「丹大事件」〔註30〕（1917）而被日人移居至今花蓮縣萬榮鄉。1930年以後，日人開始對布農人實施大規模「集團移住」，南投地區的郡社、巒社、丹社及部分卡社群紛紛被迫移居，新移住區域以陳友蘭溪對岸的臺地為主。而花蓮地區的郡社、巒社及丹社族人，則被遷徙至今花蓮卓溪鄉太平村、古風村、卓清村、卓溪村、侖山村及萬榮鄉馬遠村、紅葉村等地居住。臺東地區的族人，一部分從新武呂溪流域遷徙至今臺東海端鄉加拿村、利稻村、崁頂村、海端村及霧鹿村，另有一部分從內本鹿地區移居至今臺東延平鄉桃源村、紅葉村、武陵村、永康村及鸞山村等地。高雄荖濃溪流域的布農人是最晚移居的，他們主要被移往今高雄桃源鄉建山村、桃源村、高中村、梅山村、梅蘭村、復興村、勤和村及寶山村定居，另有一部分則徙居至今高雄縣三民鄉民生村、民權村及民族村。國民黨政府的移住政策對布農社會的影響遠不及日本人的「集團移住」，其移住規模小，在遷徙目的地的選擇上

〔註29〕內本鹿地區的範圍大概是今臺東鹿寮溪、鹿野溪中上游及卑南主山東南以下及出雲山以東區域。

〔註30〕1917年1月8日，居住在今南投縣信義鄉的丹大社布農人，為反抗日本殖民者的暴行，聯合花蓮、臺東的族人攻擊丹大日警駐在所（位於今南投縣信義鄉地利村），是謂「丹大事件」。

也多堅持就近原則。

從行政區劃上看，布農人主要分布在今南投縣仁愛鄉、信義鄉，高雄縣桃源鄉、三民鄉，臺東縣海端鄉、延平鄉以及花蓮縣卓溪鄉及萬榮鄉的一部分。布農多為山地原住民，僅臺東縣長濱鄉與花蓮縣瑞穗鄉少數族人為平地原住民身份。其中布農人口最多的是南投縣信義鄉，其次為花蓮縣卓溪鄉。

仁愛鄉布農人以卓社群為主。如前所述，卓社群由卡社群分出，其先民Todo 在濁水溪上游卓社繁衍生息。根據日人的調查，卓社群含卓社與干卓萬社兩社成員。仁愛鄉布農卓社群的部落發展歷程不如泰雅與賽德克那般清晰。據日人的文獻記載，1919 年以前，布農卓社群已在仁愛鄉地區建立 10 餘個小部落。而至 1931 年，這些部落經移住、合併或由於其他原因，僅剩干卓萬社（Kantanban）、過坑社（Qudu）、武界社（Bogai）、帕南帕南社（Panapanan）、易拉發社（Hilav）與阿桑來戛社（Asang Daingaz）等六社。臺灣光復初期，仁愛鄉所有布農部落合併為一村——今法治村，後中正、萬豐分別於 1952 年、1970 年從法治村分出，各自獨立成一村。今萬豐村（舊稱曲冰）以干卓萬與阿桑來戛兩社人為主，中正村多為過坑社人，法治村則以武界社、帕南帕南社及易拉發社人居多。中正村是仁愛鄉距離南投埔里鎮最近的布農村落，萬豐村則是臺灣最北端的布農村落。目前仁愛鄉共轄三個布農村落，人口 3,036人。〔註31〕

表 1-1　仁愛鄉原住民族群分布概況表

村　落	所含部落或聚落	族群構成
新生	眉原	泰雅馬巴阿拉群
力行	馬力巴	泰雅賽考列克亞族馬力巴群
翠華	翠巒	泰雅賽考列克亞族馬力巴群
發祥	紅香、瑞岩	泰雅賽考列克亞族福骨群
	慈峰、梅村	泰雅賽考列克亞族馬力巴群
親愛	萬大	泰雅澤敖列亞族萬大群
	松林	賽德克德魯固群
精英	廬山	賽德克德魯固群
合作	靜觀、平生	賽德克德魯固群

〔註31〕南投縣仁愛鄉戶政事務所 2017 年 2 月統計數據。

春陽	春陽	賽德克都達群
都達	平靜、平和	賽德克都達群
互助	清流	賽德克德魯固群
	中原	賽德克德魯固群
南豐	眉溪、天主堂	賽德克德固達雅群
大同	高峰、碧湖	賽德克都達群
萬豐	曲冰	布農卓社群
中正	卡度	布農卓社群
法治	武界	布農卓社群

　　概括而言，泰雅、賽德克及布農人經過長時間的遷徙，目前在仁愛鄉共發展出 15 個村落，含 24 個部落。其中，泰雅人主要分布在翠華、發祥、力行新生與親愛等 6 個村落中的 8 個部落，賽德克人主要分布在互助、南豐、春陽、都達、大同、合作、精英及親愛等 8 個村落中的 13 部落，布農人則主要分布在萬豐、法治及中正等 3 個村落中的 3 個部落（各族群的村落與部落發展與分布情況可參考表 1-1，部分村落的街景圖見圖 1-5～1-13）。就人口規模而言，賽德克居首位，其次為泰雅、布農。

圖 1-5　互助村中原部落社區活動中心

圖 1-6　互助村小學一角

圖 1-7　互助村清流部落街景

圖 1-8　互助村中原部落水稻田

圖 1-9　萬豐村曲冰部落入口

圖 1-10 中正村卡度部落石板屋

圖 1-11 發祥村瑞岩部落遠景

圖1-12　互助村中原部落遠景

圖1-13　法治村武界部落遠景

二、族群傳統文化特質

（一）泰雅與賽德克的社會組織與文化

　　除語言外，泰雅與賽德克在社會組織、生計方式與宗教信仰等方面的文化特徵都較為相似。

　　泰雅、賽德克是父系社會，在長期的遷徙過程中，兩族群逐漸發展出以Alang 為基礎的政治單位。Alang，早期多譯為「社」，今人多稱之「部落」。部落組織是傳統原住民社會最基本的政治單位，各族群的部落組織在形式上有所差異，有的部落由血緣團體構成，有的則是超越血緣團體的。泰雅、賽德克部落都是血緣兼地緣的組織，以父系血緣群為基礎，並包含以共祭、共獵、共負罪責等社會功能分別形成的若干地緣兼血緣團體。〔註32〕

〔註32〕衛惠林：《臺灣土著社會的世系制度》，《中央研究院民族學研究所集刊》1958
　　　　年第 5 期。

　　血族群是部落社會中最小的單位，亦稱血族團，指同一血緣家族共居一處而形成的社會團體。〔註33〕賽德克德魯閣與德固達雅群稱之為 Gaya，都達群稱之 Waya，泰雅人稱之 Gaga，雖發音不同，但內涵上並無差別。一個部落可以由一個血族團構成，也可以是數個血族團共同組成。Gaga 本身有多層涵義，不僅用來指稱血族團體，也用來指泰雅、賽德克社會的傳統文化習俗。血族團內成員必須遵守相同的法律、道德、禁忌、儀式及禮俗規範等。若干遵守共同 Gaga 規範的血族團構成為一個共祭團體，簡稱祭團。祭團成員共同執行宗教儀式，共守 Gaga。祭團的祭祀活動包括播種祭、祖靈祭及祈雨祭等。〔註34〕共罪團體，又稱罪團或牲團，是共同承擔 Gaga 罪責的團體。泰雅與賽德克人認為，同一血族中任何人一旦違反了部落的禁忌規範，則全血族團的人都要共同承擔罪責。族人為禳除不結、接觸禁忌，常以豬肉等作為祭品告解祖靈，將豬宰殺獻祭後，所有成員分而食之，因而罪團亦是共食團體。共獵團體，又稱獵團，成員均由男性組成，常以部落或部落聯盟為基礎。〔註35〕在不同區域、不同部落，祭團、獵團、牲團與部落的範圍不盡相同，需視人口規模與人口聚散情況而定。〔註36〕

　　為了解除因違反 Gaga 而帶來的災禍，社會成員相應地制定出兩套處理

〔註33〕廖守臣：《泰雅族的社會組織》，第 50 頁。

〔註34〕廖守臣：《泰雅族的社會組織》，第 57～59 頁。

〔註35〕余光弘、李莉文主編：《臺灣少數民族》，福建人民出版社 2012 年版，第 20～21 頁。

〔註36〕關於泰雅祭團、獵團、牲團與部落四種組織的比較，衛惠林在其研究中列舉了四種情況。第一種情況是祭團、獵團、牲團與部落的範圍完全一致，如泰雅北勢群的 7 個部落，每個部落有一個祭團，每個祭團具有獨立完整的祭祀、共獵與共罪功能。第二種是獵團範圍大於部落，部落大於祭團，祭團與牲團範圍一致，如泰雅萬大社，其獵團組織以部落聯盟為單位，包含同流域的兩個部落，每個部落之下含若干祭團，每個祭團都兼具祭祀與共罪的功能。第三種情況是部落與獵團範圍一致，但二者均小於祭團，大於罪團，如泰雅馬巴阿拉群，其下的 4 個部落屬於同一祭團，每個部落又是獨立的獵團，但有的部落因人口分散而形成不同的罪團。第四種情況是部落與獵團範圍一致，但小於罪團、大於祭團，如泰雅馬里闊丸群，社群成員以部落為單位組成獵團，部落之下含有數個祭團，而數個部落的祭團整合在一起形成一個大的罪團。第一種與第二種情況常見於人口較集中的部落，後兩種情況則常見於人口較分散的部落。至於祭團、獵團、牲團的具體組織與裂變原則，衛先生未作詳細介紹。參見臺灣省文獻委員會編：《臺灣省通志卷八同胄志（中）·第五冊（泰雅族篇）》，臺灣省文獻委員會 1972 年版，第 17～18 頁。

辦法：當得罪祖靈時，輕者獻犧牲作祭，以求祖靈饒恕，重則處以刑罰；當得罪社會普通民眾時，輕者賠償受害者的損失，重者亦處刑。〔註37〕在泰雅與賽德克人的社會，若一人違反 Gaga，則全血族團體成員都將受到懲處，因而血族團也是共罪責團體。共罪責團體的功能在於以團體的力量約束失範行為，以達到維繫社會道德倫理的目的，被害人及其親族有權要求賠償，並有責任代為復仇。〔註38〕

　　泰雅與賽德克人的部落領袖今多被稱為頭目，〔註39〕每個部落一般設有一個頭目。頭目對內負責處理全部落公共事務、解決日常糾紛，對外則代表本部落與其他部落進行互動。頭目產生的方式有選舉與世襲兩種。頭目世襲通常以長子繼承或父死子繼為基本原則，此方式流行於由一家系構成的部落社會裏。當一部落由若干家系構成時，頭目則通常由選舉產生，社內武勇超群、智謀卓越者為頭目首選。部落遇有大事，由頭目組織部落會議並進行決策，而頭目執行的決策是通過與部落長老或者族長協議後制定的。長老一般由部落各家族中熱心服務、熟悉祖訓、公正無私且善於辯解的男性擔任。族長從各血族團選出，但在人口較少的部落僅有若干長老，無需族長，而人口較多的部落才有族長。族長是傳統習俗的守護者，需有組織才能、武勇兼備、處事公正、有操守且受人擁戴。至於頭目、族長與長老的關係，廖守臣指出，頭目位於部落行政的最高層，負責維持社群秩序、實施仲裁，族長負責血族內部事務，主要負責祭祀，長老則協助族長工作，並負責向族人傳授技藝等。〔註40〕由此觀之，在泰雅、賽德克社會，頭目與族長或長老一同對部落實施管理，其中頭目是主導者，族長、長老為協助者，這一權威運作體系充分顯示出原住民傳統社會的自治精神。

　　泰雅與賽德克社會中有部落同盟，這是以部落為基本單位形成的軍事防禦與政治管理組織。泰雅、賽德克社會的部落同盟可分為三大類型：同流域

〔註37〕廖守臣：《泰雅族的社會組織》，第165頁。

〔註38〕宋龍生：《南澳泰雅人的部落組織》，《中央研究院民族學研究所集刊》1963年第15期。

〔註39〕泰雅、賽德克及布農的傳統社會中原本都沒有「頭目制度」，只有當部落需要採取一致行動時，部落成員才推選出一位有能力的人實施決策，並召集族人召開部落會議。日據時期，日本殖民者開始在原住民社會推行「頭目制度」。日人多指定部落原來的首領擔任頭目，以配合其在各部落推行「理番」政策。

〔註40〕廖守臣：《泰雅族的社會組織》，第40～43頁。

的同盟、共存共利的部落同盟及超越族群的部落同盟。〔註41〕同流域的同盟，是族群內部的結盟，通常由若干居於同一溪谷上的部落組成。同流域的同盟又可細分為族系部落同盟與近親部落同盟，前者是由具有血緣關係的、同一個家系成員所組成的，賽德克霧社群、泰雅福骨群等的攻防同盟傾向於此類型；後者的成員通常是同一家族內四、五代左右的近親親屬成員，花蓮太魯閣社會的攻防同盟屬於此類型。共存共利的部落同盟一般由若干同一區域內來自不同社群的成員組成。這些成員長期相處，為了各自的利益與安全，常組成暫時性的攻防聯盟，泰雅南澳群、溪頭群的攻防同盟多屬於此類型。超越族群的部落同盟是由鄰近不同族群組成的，其主要目的在於一致對抗外族或其他部落的侵襲，如居於大漢溪上游的卡奧灣、金那基及馬里闊丸曾聯合起來共同抵抗日本殖民者的入侵，〔註42〕他們所組成的即屬於超越族群的部落同盟。

　　泰雅、賽德克傳統的生計經濟方式是典型的山地農業。由於生態地理條件的限制，早期的生產方式以刀耕火種、焚墾輪耕為主，以狩獵、採集與漁撈為輔。人們在開墾土地時，先將大樹、雜草砍倒，經曬枯乾後，點火焚燒，利用灰燼做肥料，然後經翻動土層即可耕作。通常，一塊山田使用三、四年後地力即耗盡，族人需另闢新地。農耕是族人獲取食物的主要渠道。受高山環境的影響，泰雅與賽德克人山田種植的作物大部分為糧食作物，主要有旱稻、小米及甘薯，經濟作物則有豆類、花生、瓜、薑、蔬菜、芭蕉、苧麻及煙草等。

　　狩獵是僅次於農耕的生計方式，族人可單獨狩獵，也可集體狩獵。狩獵團體，即獵團，往往由富有經驗的獵人或祭團首領帶頭，除狩獵之外，它還兼具防禦外敵入侵的職責。狩獵的用具分為武器和陷阱兩類。狩獵使用的武器包括弓箭、刀、刺槍及火槍等，而陷阱的種類比較繁多，因捕獲對象的體型大小、狩獵地形和環境的不同，而採用不同形式的陷阱。此外，泰雅人在狩獵時也會採用圍獵的方式，或分組追逐、包圍，或埋伏等。泰雅與賽德克社會有專門的打獵季，部落祭團集體狩獵，一般在每年的七月份舉行。

〔註41〕藤崎濟之助：《臺灣の蕃族》，安久社1930年版，第42頁，轉引自廖守臣：
　　　　《泰雅族的社會組織》，第28～32頁。
〔註42〕按今學術界的族群分類，卡奧灣、金那基及馬里闊丸三群其實均屬泰雅賽考
　　　　列克亞族，但據廖守臣分析，由於與祖居地分離時間太久，三族群后裔均認
　　　　為他們分屬不同系統。

採集在早期社會往往用來補給生活其他所需，採集所得的野生植物、昆蟲等補充了日用物資，如過去泰雅人很難得到鹽巴，採集所得「馬告」（山胡椒）就成為日常主要的調味料。泰雅人的漁撈為山溪漁撈型，工具有弓矢、魚叉、線網或竹網、魚藤等，族人多採用毒魚的方式進行捕撈。

泰雅與賽德克都有紋面的習慣，部落男、女皆紋面。男子只有在習得狩獵技巧，且具備獵首經驗的情況下才能獲得紋面資格。而女子若要獲得紋面資格，須掌握嫻熟的織布與農耕技術，且已有初經。一般男性刺紋在前額與唇下，而女性則在前額與臉部兩頰。泰雅、賽德克兩族群之間，以及各亞群之間，在刺紋的形式上多有不同，如賽德克的德固達雅與都達群，男性與女性額紋有一到七條直線等多種形式。在傳統觀念上，紋面是部落成員成年的象徵，部落男子與女子只有紋面後才有婚嫁的資格。

Utux，今人多譯作祖靈，泛指超自然社會的祖先、鬼、神或靈，是泰雅人、賽德克人最重要的宗教觀念。祖靈既可以福佑後代，也可致禍後代，這主要取決於社會成員是否遵守祖先所定的道德規範與禮儀等。Utux 有善惡之分，善靈是正常死亡者的靈魂，而惡靈則是死於非命者的靈魂。在傳統觀念中，善靈與族群社會生活密切相關，它是部落成員經常祭祀奉獻的對象。Utux作為超自然的存在，操縱著現世生活，支配著部落成員的命運，它可以掌控後世的生存繁衍及部落大小事務。人們通過與 Utux 的互動來判斷福禍，並以此來解釋未知世界。平安與福祿的獲得被視為祖靈佑護，而病災的降臨則被看作是祖靈作祟。為了祭祀祖先，人們會定期舉辦「祖靈祭」，即 Smyus。「祖靈祭」一般安排在每年五、六月間，它是一個團體性的活動，祭團內的成員都要參加。

（二）布農的社會組織與文化

布農以 Asang 為基本政治單位，今人同樣多稱之為部落。布農部落是典型的父系氏族社會，其氏族組織包括亞氏族、氏族與聯族三個層次，一個部落往往由若干聯族構成。亞氏族，布農稱之為 Kauman sidoh，其成員為同一父系祖先的後代，他們通常有關於自身起源與祖先出生次序的傳說，這些傳說是整個 Kauman sidoh 認同的關鍵要素。若干亞氏族構成一個氏族（Kautuszang），各氏族祖先通常是兄弟關係，彼此依出生或收養的時間來確定長幼。聯族是最大的氏族單位，布農人稱 Kaviaz，它往往由兩個以上的氏族組成，這些氏族間有真實的或擬血緣關係。Kaviaz 內各氏族互相以「友族」

相稱，互為同盟關係，且「友族」內成員禁止通婚。〔註43〕亞氏族本來是布農最小的社會組織單位，但後來由於分家，部分成員另立新的團體，從而逐漸發展出新的家族組織，布農語稱 Mai tastu lumah。在傳統布農人的觀念中，家族不屬于氏族組織的範疇，而將其視為曾是一個家屋但目前處於分家狀態的成員組織。〔註44〕事實上，今也有研究者將家族視為布農氏族組織中的最小單位。〔註45〕

　　根據黃應貴在南投布農部落的調查，由各家族代表所組成的家長會議是布農部落的最高權力機構，決定著部落的重大事務。部落一般事務則有司祭（或稱巫師、公巫）與軍事首領兩位領袖負責。司祭一般由擁有豐富農業、氣象、巫術與儀式等知識與技術的男性擔任，負責維持部落內的秩序及排解部落內個人與個人、家與家，乃至氏族與氏族間的糾紛。更重要的是，司祭有權力決定主要歲時祭儀與生命儀禮舉行的時間和地點，以及通過舉行射耳祭來確定部落成員，以便將各種土地轉換為部落的領域與範圍。軍事首領，日據時期多轉變為部落頭目，主要負責維持本部落與其他部落人群之間的社會秩序，包括與其他部落或群體締結盟約、進行血族復仇或出草等軍事活動。軍事首領必須是最勇敢、最善戰的部落男性，而且還必須擁有豐富的軍事與地理知識。司祭與軍事首領均由部落成員依據個人才華和聲望選舉而來，且司祭一般僅在一個氏族內產生。〔註46〕

　　禁忌，布農稱為 Samu，大致可分為特殊禁忌、一般禁忌、食物禁忌、祭儀禁忌、喪葬禁忌、婚姻禁忌及生命禮俗禁忌等。〔註47〕布農人從出生到死亡，都要受到 Samu 的約束，靠著嚴守禁忌，使部落安定、有序。按照布農人的習俗，在 Samu 面前，任何人都不享有特權。違反禁忌者，輕則殺豬賠償，重則被驅逐出部落。巫術的氣氛縈繞在布農人的日常生活裏，同時也是布農社會重要且有效的社會控制機制。布農人的巫術有黑、白之分，以女性巫師居多。黑巫術一般用於盜賊、姦夫淫婦、作戰膽小者、撒謊者、不參加祭儀者

〔註43〕海樹兒‧犮剌拉菲：《布農族：部落起源及部落遷移史》，第 154 頁。
〔註44〕海樹兒‧犮剌拉菲：《布農族：部落起源及部落遷移史》，第 58 頁。
〔註45〕韃虎‧伊斯瑪哈單‧伊斯立端：《高雄縣那瑪夏鄉布農族親屬與文化之研究》，碩士學位論文，臺灣臺南大學 2009 年，第 113～114 頁。
〔註46〕黃應貴：《布農族社會階層之演變——一個聚落的個案研究》，陳紹南等編：《社會科學整合論文集》，第 331～349 頁。
〔註47〕田哲益：《臺灣古代布農族的社會與文化》上，第 324～339 頁。

和不周濟窮人的富人等此類「壞人」，使他們感染疾病。白巫術用來為人消災解難。布農人墾殖、狩獵、築屋、婚姻及祭祀都要通過占卜以知凶吉。

在生產生計上，布農人過著以山田粟作為主，以狩獵、採集與漁撈為輔的生活。有書載：「古代布農族人多營農耕狩獵生活，即過著半農半狩獵的生活」，「他們的農業技術，以山田焚墾輪耕為基本形式，以游耕農業為主，生產工具頗為簡單，全依勞力……自給自足方式為其典型之謀生型態，全部所生產的作物亦即全部的消費，經濟上未曾有問題。」〔註48〕焚墾輪休是其傳統農耕方法，主要作物有粟、黍、旱稻與芋等，其中粟（小米）是布農人最主要的農作物，在農業祭典中扮演著重要角色。小米的種粟〔註49〕被視為是家族與聯族的身份象徵，同家族、同聯族的成員可共享這些收穫。在實際生產生活中，男耕獵、女耕織構成布農典型的社會分工形態。布農人在狩獵方法及獵具的使用上與泰雅人十分相似，只是布農社會沒有嚴格意義上的獵團。對於布農人而言，驅邪之物常由採集所得。布農人亦多採用毒魚法捕魚。

布農人的祭典儀式非常多，大致可分為歲時祭儀、生命禮儀與臨時祭儀，其中最為盛大的是「射耳祭」。傳統上，「射耳祭」又稱「打耳祭」，約在每年的四、五月間舉行，一般須經過一個月時間的準備。射耳祭的「耳」指的是山鹿耳，因此也有人將「射耳祭」稱作「鹿耳祭」。山鹿是布農人最喜歡的獵物，因而獵鹿者也備受族人尊敬。在儀式舉行前，部落中的成年男子須上山獵得儀式上所需的鹿耳及獸肉等，豐富的獵獲象徵「射耳祭」順利的開始。族人借由「射耳祭」培養部落年輕男性的英勇氣概，也希望通過祭祀活動強化部落內部的團結和凝聚力。小米是傳統布農社會最主要的農作物，因而布農人發展出許多與小米種植有關的歲時祭儀，如「播種祭」、「除草祭」與「進倉祭」等。

黃應貴認為，Kanito（精靈）的信仰是瞭解布農社會宗教文化最關鍵的概念。Kanito 有兩個，一個位於左肩，稱為 Makwan kanito，掌管追求私利的負性力量及活動；另一個位於右肩，稱為 Axhia kaninto，掌管利他的正性力量及活動。一個人隨著年歲的增長，必須逐漸學會如何維持兩者間的平衡。此外，人與人的競爭，取決於雙方各自的 Kanito 力量之大小。〔註50〕另一個瞭

〔註48〕田哲益：《臺灣布農族的生命祭儀》，第 101 頁。
〔註49〕在傳統社會時期，布農人會在每年七月小米收割後，會篩選最好、最大的小米，捆成 50 把，作為種粟（布農語稱「Binsax」），即來年播種的種子。
〔註50〕黃應貴：《時間、歷史與記憶》，「中央研究院」民族學研究所 1999 年版，第 429 頁。

解布農人宗教觀的概念是 Dihanin（天神、祖靈）。布農人相信 Dihanin 是萬物的主宰，是部落社會秩序的維護者，族人需遵守 Dihanin 制定的各種倫理規範和道德標準。布農人相信人去世後的靈魂有善惡之分。人若是因病逝世或老死，則其靈魂將成為善靈，不僅能保佑族人，而且有機會回到祖靈的永駐地。而人若是意外死亡，如被野獸攻擊致死或跌落山崖而死，他的靈魂則為惡靈，會危及族人安全。布農人認為，踐行祖訓並遵守禁忌就能得到祖靈的保護。

　　泰雅、賽德克及布農人的傳統文化各具特色，這些傳統文化反映各族群成員的思想、價值觀念。然而任何社會文化都不是停滯不前的，傳統文化的遺失、改造、創新，或者說其存續受到不同歷史階段的社會政策、社會環境以及族群成員自身認同感等多方面因素的影響。隨著歷史的演進，仁愛鄉各原住民族群的傳統文化也在不斷地發展演變。在這個過程中，有些傳統文化特質因外在強制力而遺失，也有一些因無法適應新環境而被淘汰，或在形式與內容上發生改變。

小結

　　本章主要介紹了田野調查區域——仁愛鄉的自然環境及族群分布情況，為之後各章節的展開提供了背景資料。

　　仁愛鄉是臺灣中部的一個山地鄉，這裡高山廣布，河川橫亙，水源豐沛，具有得天獨厚的自然地理條件。仁愛鄉主要分布著泰雅、賽德克及布農三支原住民族群。早期，各族群因人口擴張、耕地不足或疾病傳染等因素，不得不頻繁地遷徙與移動，從而形成了在小區域內交錯分布的格局。

　　在遷徙的過程中，族群成員不斷地整合與分化，逐漸發展出不同的亞群。受地理環境的影響，泰雅、賽德克及布農三族群都形成了典型的山地農業生計方式。同時，各族群在長期的共同生活中發展出獨具特色的社會組織、宗教信仰與禁忌規範等傳統文化特質。這些族群文化特質是凝聚部落成員的重要力量，也是維持早期部落社會秩序的重要基礎。

第二章　歷史上的原住民族群互動

　　任何族群關係的發展都具有歷史性，當代仁愛鄉原住民族關係也是經由歷史發展而形成的。若要深入理解和認識仁愛鄉地區的族群關係的現狀並預測它的未來，就必須首先考察各族群歷史上的互動往來情況。

第一節　日據以前的族群關係

　　日據之前，部落是泰雅、賽德克及布農三族群確定「我群」與「異己」的基本單位，部落內成員屬於「我群」，而部落外成員則屬於「異己」。李亦園曾指出，一個部落對內是一個保護團體，以使部落內部的人共享安全，對外則是獨立的外交單位，通過與其他部落保持聯繫來維持部落間的均衡局勢，並聯合同流域的部落群共同抵抗外敵。〔註1〕因而，這一時期的族群互動可從部落內部及部落之間兩個層面進行探討。

一、部落內部的互動

　　在泰雅、賽德克及布農三族群各自的社會中，部落成員共享同一套文化體系，他們操持相同的語言、擁有相同的風俗習慣與宗教信仰。文化上的同質性，保證了部落成員之間密切、融洽的交往互動。早期，泰雅、賽德克及布農普遍流行部落內婚制，部落成員在婚姻上保持著密切關係。〔註2〕在宗教祭祀活動中，部落成員也往往是作為一個整體參與。

〔註1〕李亦園等：《南澳的泰雅人——民族學田野調查與研究》上，第121頁。
〔註2〕關於泰雅、賽德克及布農人的婚姻制度，將在第三章詳細討論。

泰雅與賽德克人部落有專門的祭祀團體，祭團成員需要根據部落實際的生產生活定期或不定期地舉行播種祭、獵頭祭、祈雨祭及祖靈祭等各種祭儀活動。在祭祀活動中，祭團成員共享祭品、遵守共同的祭祀禁忌，若該祭團中一人違反禁忌，則全體祭團成員都要遭致禍害或懲罰。布農部落中沒有嚴格的祭祀團體，多數歲時祭祀活動一般先由巫師決定舉行歲時祭儀的最佳時間，並率先舉行祭祀活動，然後部落中的其他家族再依序舉行。因而，一個祭儀的舉行往往要持續 10 來天。布農部落聯族內成員共食祭粟，且每家完成祭祀儀式後都要宴請其他家的成員。在舉行祭儀的過程中，部落成員同樣需要共守相同的禁忌。若有人觸犯禁忌，則必須遭受處罰，或殺豬宴請全體部落成員。祭儀是一種含有一定原則的象徵行為。涂爾幹認為，無論宗教祭典的重要性多麼小，它都能使群體訴諸行動，並集聚起來共同參與儀式。宗教祭典能夠加深個體之間的關係，使彼此更加親密。〔註 3〕多種多樣的祭祀活動，強化了部落成員的「我群」感，有助於增強部落內聚力與團結合作精神。

在經濟方面，泰雅、賽德克及布農三族群的部落都曾存在共勞共享的互助經濟團體，這類團體對於維持部落內部經濟的穩定有重要作用。在泰雅與賽德克社會，一個血族團便是一個「生產互助群」，凡遇開墾、播種、除草、收割及蓋房等非一個家庭成員所能完成的事務，均可邀請同一血族團的成員，組成互助群來共同完成。同一血族團的成員有責任接受團內任何成員發出的邀請。發出邀請的一方，下一次也需接受對方的邀請，還給對方同樣的工作時間，這種互助機制稱為 Sbayux，即交換工作時間的互助系統，亦稱「換日」。〔註 4〕有學者將換工的群體稱為「勞役團體」，並指出，其成員除了包括部落組織的血族團體外，還包括有姻親關係者。一般情況下，換工團體多來自同一部落或同血族的家戶，只有在工作量多且繁雜時，才會邀請居住在其他部落的親屬或姻親加入。〔註 5〕

在布農傳統社會，經濟互助團體的成員多以親戚或鄰居為主，但並不以氏族成員為限，而是以居住地的鄰近為原則。〔註 6〕與泰雅、賽德克相似，一

〔註 3〕愛彌爾·涂爾幹：《宗教生活的基本形式》，渠東、汲喆譯，上海人民出版社
　　　　1999 年版，第 456 頁。
〔註 4〕臺灣總督府臨時臺灣舊慣調查會：《番族慣習調查報告書第一卷（泰雅族）》，
　　　　「中央研究院」民族學研究所編譯，第 136～137 頁。
〔註 5〕廖守臣：《泰雅族的社會組織》，第 61 頁。
〔註 6〕林英彥：《臺灣先住民之農業經營》，《臺灣銀行季刊》1969 年第 20 卷第 4 期。

般只有在遇到較繁重的經濟勞作時，布農人的經濟互助團體才會超出部落的範圍。這類經濟互助團體使部落成員克服了傳統社會時期勞動力不足的困難，使成員之間建立起平等互惠、相互協助的合作關係。

部落成員間的互助互惠還體現在土地的共享上。早期，泰雅、賽德克及布農均沒有土地私有的觀念，部落土地在一定群體範圍內共享。日本學者小泉鐵在調查中發現，賽德克德固達雅群土地原本完全屬血族團體所共有，在分配土地時，經過團體商議，依據各自所需公平分配。在賽德克德魯固群社會中，同一血族團體的人，即使離開原居地，仍享有祖居地的免費使用權。泰雅眉原群早期也沒有土地私有的觀念，他們只認定現耕地的使用權，對過去的耕地完全沒有所有權概念。即使原屬於眉原群血族團體的土地，若現無人耕作，其他人亦可自由使用。〔註7〕

布農人的土地歸父系氏族共有，土地的所有權與使用權通常保留在第一個舉行開墾祭的家庭中。在布農人的傳統觀念中，第一個舉行開墾祭的家庭其成員會受到 Kanito（精靈）的保護，因而也常受到其他社會成員的信任與尊重。不過伴隨著分家，土地因成員實際行祭儀式與耕作結果而被進一步細分。從這個意義上說，家是實際上擁有土地的單位，而非個人。聚落外成員只需經休耕土地的原使用者同意，也不難獲得土地的使用權。且由於傳統的聚落家戶與總人口不多，移動和活動範圍又極為廣闊，所以土地資源並未在布農人的傳統經濟社會成為難題，聚落成員反而在土地使用上維持著群體共享的規範。〔註8〕部落成員的互助與資源共享，並不期待獲取物質利益。這種分配行為往往起著強化親屬責任與義務，加強社會整合與聯結，維繫族群社會正常秩序運行的功能。

在社會政治生活領域，日據以前，仁愛地區原住民部落在民主、自治政治制度的管理及各項禁忌規範的約束下，處於比較穩定、有序的狀態。泰雅、賽德克及布農三族群部落均具有充分的自治與民主。大多數情況下，泰雅、賽德克及布農社眾依據個人能力與品行推選部落領袖，若一領袖在某次行動中失利，經族人商議後，可以重新推舉出新的領袖。但是，部落領袖沒有絕

〔註7〕小泉鐵：《臺灣土俗志》，黃廷嫥、何佩儀譯，「原住民族委員會」2014年版，第119～124頁。

〔註8〕黃應貴：《「文明」之路：「文明化」下布農文化傳統之形塑（1895～1945）》（第1卷），「中央研究院」民族學研究所2014年版，第76頁。

對權威，須充分尊重部落成員的意見，經民主討論和決議後才能執行各項決策，以確保部落內、外關係的穩定。

如前所述，泰雅、賽德克及布農三群人的禁忌規範涉及日常生活的各個方面，部落成員必須嚴格遵守，否則將遭致祖靈懲罰，並危及部落安定。禁忌作為最原始、最特殊的社會規範形式，實際上是人類最古老的無形法律，最起碼也是類似於法律的初級社會控制形態。〔註9〕它構成了部落成員的心理約束力，是原住民早期維護社會秩序的主要力量。泰雅、賽德克及布農部落各項決策的制定及執行均需要遵守相應的禁忌規範，以免給部落帶來禍害。

自治與民主的政治制度保障了部落成員的平等權益，傳統禁忌則規範了各族群內部政治行為的合法性，兩者共同推動部落政治生活穩定、有序地發展。

二、部落之間的往來

（一）低度的文化與經濟互動

日據以前，同源部落間在文化上保持著同質性，而異源部落間的文化則體現出異質性，但就總體而言，各部落之間在文化領域都不曾有頻繁的往來互動。同源部落廣義是指具有相同或相似祖源傳說的部落，如今賽德克各部落、泰雅各部落或布農各部落。這些部落在語言、風俗習慣及宗教信仰上具有極大相似性。但隨著人口的遷徙，有的部落在語言上呈現出差異性，今賽德克內部的德固達雅、德魯固及都達群即是按照彼此的語言差別細分出的方言群，布農的卡社、卓社、群社、巒社及丹社也是在布農語之下再分出的方言群，泰雅社會內也同樣可細分出賽考列克與澤敖列等語系。就文化互動而言，無論是同源部落，還是異源部落，彼此都處於自主發展階段，語言、風俗習慣或宗教信仰等各方面均未出現交融或同化現象。

異源部落是指那些認同不同祖先傳說的部落，如今賽德克的部落與布農的部落之間，它們都屬於此類。雖然由於相似的地理環境，泰雅、賽德克及布農的部落發展出相同的文化類型——山地文化，但他們在具體的文化形式上都保持著各自的發展軌跡，語言上的差別尤其顯著，彼此的交集極為有限。

在經濟交往上，除經濟互助團體範圍有時會擴及至鄰近部落外，各部落

〔註9〕張冠梓：《禁忌：類同於法律屬性的初級社會控制形態》，《中央民族大學學報》（哲學社會科學版）2002年第4期。

基本上維持著自給自足的經濟生活，彼此間處於低度的互動往來。相對而言，各原住民部落在政治上的互動則較為凸顯。

（二）結盟與對抗共存的政治互動

在泰雅、賽德克及布農三族群社會，每個部落間並無從屬關係，彼此維持著平等地位，但因組織結構不同，親疏關係遠近不一，不同部落之間的聯繫緊密程度也不盡一致，有的處於結盟狀態，有的則處於敵對狀態。

1. 部落結盟

在面對外敵時，泰雅與賽德克會形成同流域的同盟、共存共利的部落聯盟或超越族系對抗異部落的攻防同盟，遇有大事則召開盟會進行商議（泰雅人盟會會議之功能見附錄一）。在仁愛鄉地區，泰雅與賽德克的攻守同盟多由具有血緣關係的同一個家系成員所組成，如賽德克德固達雅群各部落間有密切的血緣與姻親關係，彼此互為同盟關係，泰雅福骨群各部落間也是如此。布農的大氏族中通常包含若干中氏族，這些中氏族互為同盟關係，彼此共食共勞、共享獵場，並共同舉行祭祀。在布農現有五個社群中，卓社、卡社、丹社與巒社同出一源，彼此有著攻守同盟的約定。相鄰的卡社跟卓社同盟聯繫尤為緊密，它們曾長期聯合起來抵抗郡社群的侵擾。〔註10〕

有時族群成員為了提高對抗外敵能力，也與其他族群結成臨時的結盟關係。例如今泰雅萬大群中有一個被稱為 Murauts 的小社群，據日人調查和推測，其原居住在埔里盆地北端，約在道光八年（1828）時因受到入墾漢人與平埔族群的擠壓，面臨生存危機，欲徙居山地。在此情形下，居於內山的萬大群為了對抗北方的賽德克人和南邊的布農人，積極與 Murauts 人結盟。隨後 Murauts 人併入萬大群，與萬大群族人共同對抗敵社。〔註11〕

聯盟組織的發展是出於部落自身利益的需要，遇有戰爭時，攻守同盟有相互協助、共同抵禦外敵的義務。泰雅、賽德克及布農社會的部落聯盟多建立在血緣兼地緣的關係基礎上。由此也可見，具有同源關係的部落之間容易達成結盟協定。部落結盟是部落關係交好的體現，能夠起到保障部落安全與聯絡部落情感的雙重作用。

〔註10〕田哲益：《臺灣古代布農族的社會與文化》上，第113頁。

〔註11〕臺北帝國大學土俗・人種學研究室調查：《臺灣原住民族系統所屬之研究》（第1冊本文篇），楊南郡譯注，「原住民族委員會」，南天書局2011年版，第85頁。

2. 部落對抗

與部落聯盟相對，有的部落則處於敵對狀態，互為仇敵關係。部落對抗主要體現為出草與戰爭。

出草，即獵首，其目的不在於擊敗敵人，而在於能否成功取得敵人的首級。泰雅、賽德克及布農三族群出草的動機基本相似，大致包括祭祖降福、展現個人英勇、解決糾紛及復仇等。〔註12〕出草需要經過一系列儀式，如泰雅、賽德克人的出草前要舉行水誓儀禮、夢占或鳥占及招敵魂儀禮，出草凱旋後要舉行獵首祭，布農人出草前亦要占卜凶吉，行招敵魂等祭儀，成功取得敵人首級後同樣舉行敵首祭慶祝。〔註13〕出草前的儀式主要是為了確保出草行動的順利，而獵首祭或敵首祭的舉行主要是為了彰顯戰功，慰藉敵人的靈魂並向祖靈求得佑護。出草行動須經得部落領袖同意，還須遵守相應的祖靈禁忌。參加出草的成員為男性，其數目依出草的動機及性質而定。如在泰雅部落，若是為了報仇，則需全社動員，而若因紋面需祭祖，則僅出動三、五人即可。〔註14〕出草行動反映出「我群」與「異己」之間的親疏遠近。在泰雅、賽德克及布農人的觀念中，不同部落之間的非同盟關係，即是仇敵關係，因而其出草的對象一般為非同盟部落成員，如同為賽德克的德魯固群、都達群，昔日他們互為獵首的對象，今賽德克德固達雅群與布農卓社群歷史上也互相獵首。

戰爭，是一種公開戰鬥行為，引發戰爭的具體原因包括復仇、獵場或土地爭奪等。在戰爭中，出草有時則演變成一種作戰手段，這期間的出草行為不需要儀式，也不需要遵守特別的祖靈規範。但需特別指出的是，獵首並非戰爭的主要目的。參加戰爭的成員也均為男性。攻守同盟之間有相互協助的義務，若一方無法抵抗仇敵，則部落同盟的其他成員需參加應援。相互發起戰爭的雙方通常是在獵場或耕地等方面具有糾紛的部落，同樣多為非同盟部落。早期，臺灣原住民處於頻繁遷徙中，不同部落成員間常因爭奪有限的資源發生衝突。如根據日人的調查，賽德克巴蘭社與布農干卓萬社因是仇敵而

〔註12〕廖守臣：《泰雅族的社會組織》，第219頁；田哲益：《臺灣古代布農族的社會與文化》下，第183～185頁。

〔註13〕具體儀式過程可參見廖守臣：《泰雅族的社會組織》，第223～232頁；田哲益：《臺灣古代布農族的社會與文化》下，第185～192頁、第221～222頁。

〔註14〕廖守臣：《泰雅族的社會組織》，第219頁。

不和,巴蘭社與泰雅萬大社也長期處於敵對狀態。〔註15〕另外,據族人口傳,賽德克德固達雅群與鄰近的德魯固群、都達群之間原有姻親關係,彼此經常往來,但是各部落偶而仍會因獵場而發生紛爭。〔註16〕

出草與戰爭都反映出部落之間的對立衝突,但兩者的性質與意義卻不同。在泰雅、賽德克及布農三族群看來,出草被視為祖先遺訓或道德規範,而非隨意的殺戮。出草是一種象徵性與儀式性的行為,族人認為獵首可以增加個人及社群的靈力,進而保障家庭與部落的平安繁榮。〔註17〕戰爭則是一種軍事戰鬥行為,獵首不是其主要內容,其目的是為了護衛部落領域或爭奪新的土地。

3. 衝突的調和

當出草與戰爭行為發生後,若不及時進行調解,部落之間將長久處於對立與衝突狀態。反之,若對衝突進行及時有效的解決,部落之間則會暫時重修舊好。泰雅、賽德克及布農三族群部落都存在著緩解族群衝突的社會機制。

在賽德克社會,族人常會與周邊族群形成緊張關係,有時甚至會發生爭戰。但不論是族群內部或與其他周邊族群引發的爭端,賽德克人最終會透過饗宴、賠補的儀式,弭平、解決雙方的爭議。〔註18〕以都達群為例,根據日人的調查,都達人在媾和時,往往由出草雙方社群的頭目裸身站出,並埋石為盟,而後離去。在儀式過程中,雙方成員決不飲酒,以免酒醉再度引發戰爭。但在儀式結束後,為保障日後的友好與和睦,則必前往敵社或邀請對方來自己社群飲酒。〔註19〕在泰雅人社會,一般由中立部落出面斡旋,終止戰爭雙方的敵對和衝突。通過商議作出賠償或割地,或切斷青矛,發誓以後相互尊重和親善,或埋石為界,以確定領域界線,保證互不侵犯。〔註20〕布農人解決衝突的方式與泰雅人、賽德克人基本相似,若非有意繼續與敵方維持戰爭狀態,則戰敗方會向勝方求和。以巒社群為例,據記載,巒社與其他社

〔註15〕參見臺灣總督府臨時臺灣舊慣調查會:《高砂族調查報告書·蕃社概況》,「中央研究院」民族學研究所編譯,第144～164頁。

〔註16〕喜安幸夫:《日本統治臺灣秘史:霧社事件至抗日全貌》,武陵出版社1983年版,第229頁。

〔註17〕余光弘:《臺灣原住民史》(泰雅族史篇),第9～10頁。

〔註18〕郭明正:《又見真相:賽德克族與霧社事件》,第139頁。

〔註19〕臺灣總督府臨時臺灣舊慣習調查會:《蕃族調查報告書第四冊》(賽德克族與太魯閣族),「中央研究院」民族學研究所編譯,第39頁。

〔註20〕廖守臣:《泰雅族的社會組織》,第242～243頁。

的和談通常也需借由中立的第三方來主持。在和談之前，調停者先選定具體時間和地點，並放置一酒甕。屆時雙方人員會準時抵達約定地點，雙方領袖互相表示和平共處之願望和承諾，繼而咬破小指，將血滴入酒甕，再互飲酒，隨行者亦一起喝酒言歡。最後，雙方埋石立誓，和談結束。〔註21〕

　　考察日據以前泰雅、賽德克及布農部落內、外部之間的互動模式，我們可以發現，原住民部落處於自治發展狀態，無論是部落內部成員的互動，抑或是不同部落間的互動，均不受外界力量的約束與干預，而是一種自主性的交往與互動。這一時期，部落認同是凝聚族群成員的主要力量，部落之間的互動以部落整體利益為前提，或相互合作，或彼此對立。傳統的調解機制在一定程度上能夠緩解部落之間的衝突，使互為仇敵的雙方暫時重修舊好。但一旦新的糾紛產生，出草與戰爭隨時有可能再度發生。因而，早期的原住民部落之間沒有永久的對立，也沒有永久的結盟。

　　日人據臺後，仁愛鄉原住民族群關係開始受到外來殖民力量的強烈干預，原有的部落意識逐漸被瓦解，文化、經濟與政治上的互動關係模式也隨之發生劇烈改變。

第二節　日據時期的族群關係

　　1895年，日本殖民者據臺，為掠奪原住民地區的山地資源、實現殖民政治目標，殖民政府制定了一系列撫育教化政策，其內在邏輯是「通過建立在統治權力之上的文化霸權」〔註22〕。這些殖民政策對臺灣原住民族群關係的發展產生了極大影響。

一、傳統文化的改變

　　日人據臺後，在原住民地區推行強制性的文化同化政策，一方面改變原住民傳統的文化習俗，另一方面又強制灌輸所謂的「日本文明」。

　　首先，日本殖民者打著「文明教化」的旗號，肆意踐踏原住民的傳統習俗。如日本殖民者認為出草、紋面等習俗是野蠻、未開化的象徵，必須予以

〔註21〕臺灣總督府臨時臺灣舊慣調查會：《蕃族調查報告書第六冊（布農族前篇）》，「中央研究院」民族學研究所編譯2008年版，第98頁。

〔註22〕董建輝、鄭偉斌：《文化「理蕃」：日本對臺灣原住民族的殖民統治》，《廈門大學學報》（哲學社會科學版）2017年第1期。

革除。1913 年 9 月，當時隸屬霧社轄區的南投廳下達了本廳全面禁止紋面的命令，認為「如禁止刺墨（指紋面）化風，則可矯正番人出草之惡風。」〔註 23〕仁愛鄉地區除了當時仍處在抗日非常時期的泰雅眉原、薩拉矛及斯卡謠群暫時未被波及外，其他原住民族人都被日人脅迫宣誓並蓋拇指印，聲明沐浴皇恩盛澤，訓誡子孫廢除出草、紋面習俗，違反者將遭逮捕，並押送官府處分。出草、紋面在泰雅與賽德克社會具有重要的社會意義，其關乎部落成員的社會地位、榮譽，更關乎部落社會的整合。日本人的相關禁令名義上革新了原住民的文化，實質上卻忽視了其文化生成的社會意義。在針對泰雅部落的調查中，筆者得知，在日人下達禁止紋面的命令後，大多數族人表現出強烈的牴觸心理，但在日本殖民政府的強壓下，族人只能服從。另外，從一些部落者老的口中得知，當時部落中仍有人恐遭祖靈懲戒而冒險紋面，但若不幸被日警發現，則要遭受勞力懲罰或口頭嚴厲訓誡。

此外，日本殖民者極力在原住民部落推廣水稻定耕農業，致使原有的歲時祭儀失去意義。如「小米祭」是原布農傳統的歲時祭典，而水稻耕種的生長節期無法完全契合布農人原有依小米生產而來的祭祀活動，進而導致「小米祭」的沒落。〔註 24〕傳統祭典的沒落使部落成員原本通過祭祀儀式而建立起的親密關係逐漸淡化，同時也為日後基督宗教在部落的傳播與發展預留下了空間。

其次，日本殖民者通過建立學校等教育機構向原住民強制灌輸日本文化。教育機構是日本殖民者傳播日本文明的重要媒介。1916 年，仁愛鄉霧社支廳依據「理蕃」方針，建成霧社公學校，並陸續在各部落成立「蕃童教育所」。部落青少年被迫接受同化教育，學習日語與日本文化。從 1937 年開始，日本殖民政府在臺推行「皇民化」，並建立起以推廣日語教學為核心的奴化教育體系，企圖通過強制性的日語教育和文化灌輸，奴化包括原住民在內的臺灣民眾，將臺灣人改造成日本國民，使臺灣成為其永久的殖民地。「皇民化」統治時期，臺灣總督府嚴禁臺灣民眾在公共場合使用臺語（閩南語），日語成為當時唯一可以合法使用的語言。如今，在仁愛鄉各原住民部落仍可見到曾接受過「蕃童教育」的族人，據瞭解，他們當時一般要被迫接受四年的「蕃童教

〔註 23〕溫吉編譯：《臺灣番政志》（二），臺灣省文獻委員會 1999 年版，第 865 頁。
〔註 24〕黃應貴：《「文明」之路：「文明化」下布農文化傳統之形塑（1895～1945）》（第 1 卷），第 151 頁。

育」，除了學習日語以外，還要學習一些日本的禮節習俗。筆者在訪談中發現，這些接受過日本「蕃童教育」的族人中有的至今仍能流利地使用日語。這些耆老還告訴筆者，當時在各公共場合，族人都必須使用日語交流，只有在自己家時才敢使用族語，否則將遭到日警的懲罰。

從客觀上看，獵首習俗的禁止在一定程度上能夠緩和族群之間的衝突與對立，日語的學習也確實能夠搭建起各部落之間的溝通橋樑。但不可否認的是，在日本人的文化同化政策下，泰雅、賽德克及布農三族群的傳統文化都遭致前所未有的破壞，建立在傳統文化基礎上的親密關係紐帶面臨斷裂危機。

二、互惠觀念的削弱

1895 年，臺灣總督府公布「官有林野及樟腦製造業取締規則」，規定無官方憑證或地契的土地及山林原野，即充為官地。早期，臺灣原住民的土地所有權觀念薄弱，其土地更無官方憑證。因而，在日本人的殖民政策下，原住民土地的所有權全部歸日本人所有。但由於據臺初期日本殖民者忙於平定漢人的抗日運動，因此原住民土地雖在形式上收歸官有，但實質上原住民仍保有其對土地的使用權。1908 年，日本殖民者開始手進行「蕃界土地調查五年事業」。調查結束後，原住民土地便名副其實地變成為「官有地」。土地所有權的取得並未滿足日本殖民者的野心，1925 年，日人為準確掌握原住民土地的領域，又開始推行「十五年繼續事業」的土地調查。他們將原住民土地分為三類：要存置林野、准要存置林野（又稱「高砂族保留地」）與不要存置林野。日本殖民者僅劃出准要存置林野作為原住民生活、活動的場域，嚴重壓縮了原住民的土地可利用面積。

日人在推行保留地制度的同時，亦將新的農業生產方式和技術引進原住民部落。日本殖民者在原住民部落大力推廣水稻種植、養蠶及畜牧等生計方式，並引入先進的種植技術和農業生產工具。土地的壓縮與定耕農業的發展，導致泰雅、賽德克及布農三群人逐漸萌生土地私有觀念，原有的共享觀念開始鬆動。新生產技術的引進，使得早期的經濟互助團體無法再發揮有效作用。另外，日本殖民者還在原住民地區設置交易所，制定貨物交換規則，貨幣觀念隨之進入原住民部落，原有的互助互惠觀念開始發生轉變。

土地私有及貨幣觀念的形成，互助互惠經濟觀念的鬆動，為日後產生新的經濟利益糾紛與矛盾埋下了禍端。

三、政治秩序的重組

（一）警察統治及新型社會階層的建立

日本殖民當局據臺後，就開始在原住民地區推行警察統治，並在原住民部落普設警察駐在所。警察駐在所是日本殖民政府在原住民地區設立的統治機構，集政治、經濟、文化、教育、保健及司法等權力於一身，〔註 25〕日警則是權力的實際支配者。隨之，日警成為原住民部落新的行政權威，原有的部落規範、部落領袖體系都遭到破壞與踐踏。在新的政治體系下，原住民部落的政治生活經歷了從失序到關係重組的過程。

日人先後在仁愛鄉地區成立了 38 個警察官吏駐在所，涵蓋了每一個原住民部落，警察成為各原住民部落的新權威。日警在原住民地區以武力支配所有部落事務，部落領袖的傳統權威被弱化，並逐漸淪落為日警管理部落的「代理人」。為了更好地管理原住民部落，日人先是由警察駐在所警察召集各社頭目、族長及部落中具影響力者，組成「頭目及勢力者會」〔註 26〕，通過定期集會的方式，強化部落公共事務的管理。繼則利用原有各部落頭目擔任政策推行的「助手」，舉凡習俗的改變、政令的宣導及治安的維護，都由各社頭目帶頭實施。〔註 27〕現代國家官僚體製取代了部落原有政治架構，「頭目及勢力者會」成為日人開展殖民統治的「輔助」組織。根據仁愛鄉一位布農報導人的口述，當時日警在部落的權力最大，連頭目也得聽從日警的安排。布農原本有許多歲時祭典，這些祭典一般應由司祭負責，但日警進駐後，有的祭典被取消了，有的則是在日警的操縱和監督下進行，嚴重踐踏了布農的社會秩序。

「理蕃」警察的設立架空了原住民部落領袖的傳統權威，新「理蕃政策」（1931）的實施更是徹底地摧毀了原住民原有的政治體系。日人在新「理蕃政策」中強調要發展多元社會組織，並欲以家長會、青年會等團體組織逐步取代頭目及勢力者。「新理蕃政策大綱」稱：「現蕃社統制機關有『頭目勢力者會』83 個，會員 1,641 人，家長會 228 個，會員 12,276 人，此等組織除為

〔註 25〕鄧相揚：《霧社事件》，第 55 頁。

〔註 26〕郭明正：《又見真相：賽德克族與霧社事件》，第 40 頁。「有關賽德克對頭目的稱呼用語，族老們已習以日語『tomoku』（頭目）相稱，副頭目稱『seroksya』（勢力者）。」

〔註 27〕張宜珍：《日治時期烏來地區經濟社會的變遷》，碩士學位論文，臺灣師範大學 2003 年，第 109 頁。

各種指導外，凡官令之傳達，或社眾意思之對上聲陳等，在蕃社之統制指導上，收到相當效果。從來當局對於頭目勢力者會之效力，較重於家長會，而由於時代之推移，此頭目勢力者會之實權漸歸家長會，故將來應令家長會擔任統制，依社內規約，維持社會秩序，致力各種開發。」〔註28〕此外，婦女會、青年會等組織也在原住民地區有不同程度發展。據「新理蕃政策大綱」之統計，當時臺灣原住民地區共設有青年會199個、婦女會102個，其他修養團91個，各團體組織在社會建設方面都取得了相當成績。日本當局還意圖對此等團體加強指導，使青年會成為次代之統制機關。〔註29〕可見，日人教化的對象已從先前的「蕃童」擴展至婦女會、青年團，部落的整合性被日人的教化力量逐漸分化。至此，臺灣山地社會逐漸形成了金字塔型的權力結構，以警察為代表的殖民統治者是最高權威階層，其次為頭目、頭目勢力者會、青年團與家長會等，最基層的即是各「蕃人」家庭，如此層層疊疊地控制了臺灣原住民社會。〔註30〕

（二）以蕃制蕃

在「理蕃」期間，日人常利用社群間的舊隙使雙方相互制衡，以實現其治理之目標，此即「以蕃制蕃」。日人的「以蕃制蕃」伎倆破壞了傳統原住民族群互動的機制，使族群矛盾變得更為尖銳。與仁愛鄉原住民相關的「以蕃制蕃」事件主要有兩例，分別是姐妹原事件與霧社事件。

姐妹原事件發生在1903年。是年，日軍為突破對霧社地區封鎖的僵局，〔註31〕教唆布農干卓萬社（今萬豐部落）人，協助其對付盤踞在霧社臺地的賽德克。布農人以交換日用品為由，誘使因封鎖而缺乏食鹽的賽德克人前往兩族交界地「姐妹原」（位於今萬豐部落一帶）會面。當時，賽德克土岡社（今眉溪部落）及巴蘭社（今中原部落）百餘名壯丁如約趕至「姐妹原」，受到布

〔註28〕溫吉編譯：《臺灣番政志》（二），第881頁。
〔註29〕溫吉編譯：《臺灣番政志》（二），第882頁。
〔註30〕郭錦慧：《論日據時期運行於原住民部落中的規訓權力》，《〈宜蘭研究〉第三屆學術研討會論文集》，宜蘭縣文化中心1998年版，轉引自陳小沖：《臺灣殖民統治五十年》，社會科學文獻出版社2005年，第217～218頁。
〔註31〕1897年，臺灣總督府軍務局陸軍部計劃調查臺灣南北縱貫鐵路及中央山脈東西橫貫道路，因而派深崛大尉帶領的測量隊到霧社進行探勘，卻不料遭到賽德克人攻擊。日本政府為了報復，對霧社地區實施「五年經濟大封鎖」，以「禁止供給物資作為膺懲手段」。

農人的酒宴款待。不料，待賽德克人酒醉後，布農人則大舉進行獵首。賽德克人因酒醉，而且又沒有攜帶武器，無力反抗，結果僅10人左右生還逃回部落，此即為姐妹原事件。巴蘭社原本是賽德克德固達雅群中人口規模較大的社群，經歷姐妹原事件的屠戮後，勢力大減，土岡社也遭到前所未有的打擊。布農人與賽德克人以前就曾因爭奪獵場相互獵首，彼此仇視，姐妹原事件後，彼此間的關係變得更為緊張。今萬豐部落的布農人認為自己當時被日人利用多是出於被迫無奈，在日警的強壓下，若不服從命令，必將給自己的部落災禍。今日，提起姐妹原事件，眉溪部落的長輩仍覺得傷感和氣憤，他們認為日本人的行為不僅使賽德克人死傷慘重，還加劇了賽德克人與布農人之間的仇恨，使雙方很長一段時間互不往來。

　　1930年，第一次霧社事件爆發。在此次事件中，日人再次使用「以蕃制蕃」伎倆，使仁愛鄉泰雅與賽德克以及賽德克內部各社群之間的仇恨加深。1930年10月27日，霧社地區的賽德克德固達雅群六部落〔註32〕掀起了反抗日本殖民者暴行的行動。日軍在還沒有完全掌握霧社地形的情況下，挑起霧社山地各社群的舊恨，並以賞金和槍枝彈藥為交換條件，威逼利誘賽德克都達群與德魯固群，及泰雅的萬大、馬力巴與白狗諸群，組成「味方蕃襲擊隊」〔註33〕，協助軍警部隊討伐起義者。日警與「味方蕃」組成嚴密的搜索隊，共同圍剿隱匿在山林的抗日部落。至12月初，參加抗日行動的德固達雅人因飢餓與恐懼而勢力大減，最終逃散或自縊。1931年4月，日本殖民者利用都達人與德固達雅人之間的仇恨，縱容都達人對第一次霧社事件中的抗日幸存者進行偷襲、獵首，近半的抗日幸存者慘遭殺害，此為第二次霧社事件。經過兩次霧社事件，泰雅人與賽德克人之間，賽德克的德固達雅與德魯固群及都達群之間的恩怨越積越深。根據賽德克報導人的口述，當時抗日六部落的大半壯士在反抗行動中戰死，大部分婦女也在抗爭中不幸被日人所殺或自殺，幸存者多為老弱病殘，部落一片慘狀。德固達雅的族人既憎恨日本人，也埋怨泰雅人及德魯固群、都達群人。另外，據抗日部落的後裔講，族人被迫遷

〔註32〕這六個部落分別是馬赫坡、荷戈、波亞倫、斯克、羅多夫及塔羅灣社。

〔註33〕「味方蕃」早在1920年的「薩拉矛事件」中就已經出現。當時臺灣總督府為了壓制臺中州泰雅色拉茅社的抗日行動，威逼利誘霧社賽德克 Tgdaya 群、Toda 群、Truku 群，泰雅白狗群、馬勒巴群及萬大群組成「味方蕃」，加入討伐隊伍。因而，「味方蕃」的構成不是固定不變的，而是日方根據形勢和實際需要臨時組成。

到今清流部落後，人們都不想回憶霧社事件，所以人們相當長一段時間都不願談起有關的問題，直到近些年來，有學者開始關注霧社事件，這段歷史才開始被族人重新談起。

在日人據臺以前，泰雅、賽德克及布農社會依循傳統禁忌規範，維持著良好的社會運行機制。即使是獵首，在傳統觀念中也被視為維持社會生存發展的一種行為，而且獵首必須依據傳統規範執行，任何人不得肆意而為。由於衝突通常會通過和解儀式而彌合，因而「世仇」在傳統社會基本不存在。日人據臺後，一再扭曲原住民的社會文化，反覆挑撥利用原住民族群間舊有的嫌隙，使各族群之間產生新的矛盾，新仇與舊恨的交織更進一步加劇了族群之間的衝突。從姐妹原事件與兩次霧社事件可見，日本殖民者採取「以蕃制蕃」的卑劣手段，嚴重干預原住民社會的正常運行，擾亂了族群內部及族群之間的良性互動。

四、族群意識的建構

（一）部落認同的消解

日人據臺之前，原住民部落分布較為分散，基本處於「各自為政」的狀態。日人據臺後，深感管理不便，遂在臺灣原住民地區推行集團移住政策，強制對原住民進行移居。「集團移住」的類型可分為兩種：集體遷建與血緣群分布式遷移。集體遷建是「將部落內散戶選擇平坦或緩坡地一、二處為遷居地，或將臨近若干部落散戶集於一處」，而血緣群分布式遷移「往往是將一社或毗鄰諸社同一血族支系住民分批遷往若干設定的移住地，使同一血緣群遷往若干不同新設聚落，與其他族群混居。」〔註34〕「集團移住」政策使原本單純的部落生態變得複雜，改變了業已形成的地緣組織與文化格局。日人從據臺之初就開始在原住民地區實施移住政策，但在霧社事件以前，日人對原住民的移居以集中遷建為主，且多屬就近移住，所以對原住民社會文化及族群互動的影響尚不明顯。霧社事件之後，日人為分化原住民力量，加快對原住民的撫育教化，開始在臺灣進行大規模、跨區域的血緣群分布式遷移。血緣群分布式遷移割裂了部落原有的血緣關係，故居地和遷徙地族群之間的關係變得疏遠，甚至形成不同的部族。從這個層面看，此舉實為分化手段，日人企圖通過對原住民部落的切割分化，控制各社聯繫與結盟，從而降低其聯

〔註34〕廖守臣：《泰雅族的社會組織》，第4～5頁。

合反抗的可能性。

　　在強制移居政策的影響下，仁愛鄉原住民社會受到不同程度的影響，其中賽德克人部落受到的影響最為明顯。霧社事件後，日人為教化起事者，遂對抗日六部落的幸存者進行強制移居。日本當局認為，讓「反抗蕃」久居霧社附近，恐有礙對其他社的教化及指導，影響霧社附近的社會穩定。因此，日人有意將霧社事件的幸存者者遷至霧社以外，透過教化善導，使其成為純樸農民。〔註35〕1931 年 5 月，起事部落的幸存者者離開祖居地，被強制移居至川中島（今清流部落）。從此，賽德克德固達雅的勢力被分割成兩部分，土岡、西寶、塔卡南、巴蘭〔註36〕及卡茲庫社仍留在原居地，而霧社事件的幸存者則被集中遷居至川中島。由此開始，德固達雅群的凝聚力逐漸變弱。據文獻記載，當時土岡等五社族人深感抗日族人遷徙他地將使霧社群的勢力大為減退，所以暗中反對，但終究敵不過日人的強壓，而不得不服從。〔註37〕

　　部落認同是賽德克人的核心意識，霧社事件中的抗日六部落原本是各自獨立的部落組織，每個部落都有自己的領袖與社會組織，每個個體在部落中也都有特定的歸屬。但日人置賽德克人的部落認同於不顧，故意將六部落的抗日幸存者集中安置，共同組成一個新聚落。在新的聚落中，族人為適應新群體，需重新尋求身份歸屬，原有的部落認同逐漸消解。

（二）族群意識的建構

　　在部落社會時期，泰雅、賽德克與布農雖已經有跨部落的意識觀念，但仍未發展出族群的概念。臺灣原住民的族群意識是日本殖民者基於統治的需求，而新建構出來的。

　　始於日人的原住民分類，深化了原住民對族群的認知，原有的部落主義思想被顛覆。一方面，部落成員有了新的身份歸屬；另一方面，跨部落意識隨著族群觀念的形成逐漸得到強化。1900 年，日本人類學者伊能嘉矩等人首次對臺灣原住民族群進行了全面系統的分類。伊能嘉矩與栗野傳之丞合著的《臺灣蕃人事情》根據各族群的風俗與語言特徵，將原住民分為「四群八族十一部」，包括了泰雅、布農、鄒、排灣、魯凱、卑南及阿美等七支「生蕃」

〔註35〕臺灣總督府臨時臺灣舊慣調查會：《高砂族調查報告書‧蕃社概況》，「中央研究院」民族學研究所編譯，第 154 頁。

〔註36〕1939 年，巴蘭社後因修建霧社水庫而被移居至川中島附近，形成今中原部落。

〔註37〕鄧相揚：《風中緋櫻──霧社事件真相及花岡初子的故事》，第 117 頁。

和一支平埔「熟蕃」。在伊能嘉矩等人的分類體系中，平埔用以指稱基本被漢化的「熟番」。〔註38〕1910年，日本學者鳥居龍藏根據原住民族群的分布、語言及風俗習慣，將臺灣「生蕃」分類體系修正為九族群，包括泰雅、布農、鄒、邵、魯凱、排灣、卑南、阿美及雅美。相較於伊能氏的分類體系，鳥居氏的分類有了實質性突破。鳥居氏除將邵族從平埔族群中單獨劃分出來外，還增添了伊能氏之前未曾踏查過的雅美。1912年，森丑之助又將臺灣原住民並為六族群，其將魯凱、排灣及卑南三群統稱為排灣，並仍將邵視為平埔族群的一支。1913年5月，臺灣總督府警察本署在發行的《蕃社戶口》中採用了七族群分類法，即在森氏的六族基礎上又納入了賽夏。在以上的諸分類體系中，學者們對邵、魯凱、排灣、卑南及賽夏等族群的分類有不同意見。

至1930年代，臺灣原住民的分類又有了新發展，並漸趨穩定。這一時期，移川子之藏等人依據各族群語言及社會組織的差異，將臺灣原住民分為泰雅、賽夏、布農、鄒、魯凱、排灣、卑南、阿美及雅美等九族群，此九族群分類法得到了外界的極大肯定與認可。在這些分類中，泰雅與布農一直被視為各自獨立的族群，而賽德克人則被劃在泰雅之中。此後，又有小川尚義、鹿野忠雄等人致力於臺灣原住民的分類調查，其中鹿野忠雄的分類是日本據臺期間最後一次嘗試對原住民進行分類。鹿野氏分類的最大特點在於，他試圖在各族群之下細分出亞族體系，又在亞族之下設立群。例如，在泰雅之下又分出泰雅亞群和賽德克亞群。

因調查研究的視角和側重點不同，日據時期的原住民分類體系較為多樣，前期多側重以地理分布為分類指標，後期則多關注族群文化習俗及語言方面的差異。〔註39〕日人的族群分類是政治性與工具性的，在很大程度上忽略了部落成員的主體認知。

日人在對臺灣原住民的認知與分類上表現出「雙軌制」的特點，〔註40〕一方面積極開展族群的識別、分類，另一方面又延續清朝時期的泛族群稱謂。清朝時期，今臺灣原住民與平埔族群被統稱為「番」，惟根據教化程度又有生

〔註38〕 這10個小群分別為：馬卡道、西拉雅、魯羅阿、貓霧捒、阿里坤、巴布蘭、巴宰、道卡斯、凱達格蘭及噶瑪蘭。

〔註39〕 曾思奇：《臺灣南島語民族的分類沿革》，《中央民族大學學報》（哲學社會科學版）2005年第3期。

〔註40〕 吳春明：《跨文化視野下臺灣原住民的族群認知與「族稱」》，《臺灣研究集刊》2009年第4期。

（野）番、熟（化）番之別，生（野）番即今 16 支原住民，熟（化）番則為今平埔族群。「番」，原本是漢族中心主義的體現，是漢人對「非我族類」的一種蔑稱。日據時期，日本殖民者沿用了清人對原住民的泛稱與分類，僅將「番」改為「蕃」。1935 年，日人摒棄帶有歧視之意的「生蕃」稱謂，賦予原住民「高砂族」的身份。第二次世界大戰期間，為了應付太平洋與東南亞戰爭的龐大兵力需求，日軍動員臺灣原住民作為日本國民前往南洋作戰，並借著「高砂族」的集體身份組建「高砂義勇軍」。「高砂義勇軍」的組建，消弭了各族群的部落意識，讓臺灣原住民從部落子民變成具備國民性格的帝國子民。〔註41〕

　　「雙軌制」的族群分類促成了臺灣原住民跨文化認知與族群意識的形成。孫大川認為，日本人借由族群分類與命名，使原住民傳統的部落認同，轉化為更集體化的族群意識。〔註42〕換言之，在日本殖民者的統治下，包括泰雅、賽德克及布農在內的臺灣原住民逐漸形成跨部落的族群認同，傳統的部落意識逐漸被更廣泛的族群意識取代。

　　日本學者帶有政治性、工具性的族群識別，雖基本上反映出臺灣原住民內部的分化，但其忽略了各原住民族群內部的主體認同，為臺灣光復後的原住民社會運動埋下了伏筆。

小結

　　本章利用歷史文獻及相關口述資料回顧了仁愛鄉原住民在日據之前及日據時期的互動交往情況。

　　日據之前，部落是泰雅、賽德克及布農確定「我群」與「異己」的基本單位，部落內成員屬於「我群」，而部落外成員則屬於「異己」。各族群部落內部與部落之間的互動呈現出不同的特點。此一時期，在泰雅、賽德克及布農人的部落中，部落成員享有相同的文化體系，他們集體性參加部落的宗教祭祀活動，在經濟生活中在互助互惠，在社會政治領域實行平等、民主的「平權」制度，共同受傳統禁忌規範的制約，從而保證了各族群部落的內部在整體上處於一種和諧有序的狀態。部落之間的互動以部落整體利益為前提，或相互

〔註41〕黃應貴：《「文明」之路：「文明化」下布農文化傳統之形塑（1895～1945）》（第 1 卷），第 142 頁。
〔註42〕孫大川：《被迫讓渡的身體──高砂義勇隊所反映的意識構造》上，《當代》2015 年第 212 期。

合作，或彼此對立。傳統的社會控制機制能夠緩解部落之間的衝突，使相互對立的部落暫時重修舊好，但一旦新的矛盾產生，族群關係又會陷入緊張。

　　日據以前，泰雅、賽德克及布農人的部落均處於自治發展狀態，無論是部落內部還是部落之間的關係均不受外界力量的干預與制約，屬於一種自主性的交往與互動。自日本殖民者據臺後，仁愛鄉原住民族群關係開始受到外來殖民力量的嚴重干預。

　　1895～1945 年期間，仁愛鄉各原住民族群在日本殖民者的高壓統治下，傳統文化被迫改變，並被強制灌輸日本文明。儘管其中的某些措施客觀上能夠起到減緩族群矛盾，促進原住民之間溝通的效果，但總體上卻使泰雅、賽德克及布農三群都陷入傳統文化斷裂與遺失的危機。土地私有及貨幣觀念的引入，使傳統社會中互助互惠經濟觀念的鬆動，為日後經濟利益糾紛的產生埋下了禍端。警察體系與新型社會組織的建立，改變了仁愛鄉各原住民部落的政治體系，部落傳統領袖的地位日漸被取代，部落內部開始出現階級分層。日本殖民者的「以蕃制蕃」政策加劇了各族群的仇敵關係，導致區域政治秩序失衡。經過日本學者的族群識別，原住民族群的部落意識逐漸消解，族群意識隨之逐步形成。雖日人的族群識別基本上反映出臺灣原住民內部的差異，但卻忽略了各原住民族群內部的主體認知，強制性地改變了原住民的民族進程。

第三章　文化交流中的族群關係

　　族群文化是族群成員區分「自我」與「他者」的標誌之一。1945 年以來，仁愛鄉泰雅、賽德克及布農在語言、宗教與婚姻等文化層面的互動越來越頻繁。在互動過程中，各族群之間既有隔閡、偏見與歧視，又有友好交流與融合。

第一節　語言層面的互動

　　在頻繁的語言接觸中，有的語言活力變強了，有的語言活力變弱了，這種強弱的變化是族群互動的表現，也是族群互動的結果。對於多族群社會而言，語言的生存與使用情況能夠從一個側面反映各族群的地位及彼此的互動情況。

一、語言生態

　　語言生態，是指在某一特定區域內，各族群語言的生存與發展情況，其基本面貌與發展趨勢受到語言政策、族群成員自身的認同意識及外在社會環境等因素的影響。

（一）多種語言並存

　　在語言學上，世界各地區的語言被劃分為 14 個語系，語系下面又分為不同的語族，語族下面還可以進一步細分為語支。[註1] 按照這種語言分類，臺

〔註1〕這 14 個語系分別是：印歐語系、閃含語系（亞非語系）、高加索語系、達羅毗荼語系、烏拉爾語系、阿爾泰語系、楚克奇—堪察加語系、尼日爾—科爾多凡語系、尼羅—撒哈拉語系、科伊桑語系、漢藏語系、南亞語系、南島語系及愛斯基摩—阿留申語系。參見寧騷：《民族與國家：民族關係與民族政策的國際比較》，北京大學，1995 年版，第 60 頁。

灣原住民語言總體上屬於南島語系，但各原住民分支族群又有自己的族語，同一族群的內部因地域區隔又形成不同的方言。據語言學家研究，隨著族群內部聯繫的疏密，語言的分化也會有遠有近，這樣語言就會分化出各種方言。在部落社會時期，方言是大部落之間、關係鬆緊不定的部落之間進行聯盟的標誌。〔註2〕目前臺灣原住民有 16 種族語，42 種方言。仁愛鄉主要有泰雅、賽德克及布農三支原住民族群，泰雅語、賽德克語與布農語並存於該地區，各族語內部又有不同方言。

泰雅語的分支語系較為繁雜，包括賽考利克泰雅語、澤敖利泰雅語、汶水泰雅語、萬大泰雅語、四季泰雅語及宜蘭澤敖利泰雅語等 6 種。仁愛鄉的泰雅人主要操其中的 3 種：賽考利克泰雅語、澤敖利泰雅語與萬大泰雅語。使用賽考利克泰雅語的主要是翠巒、新望洋、瑞岩、紅香、梅村及慈峰部落，使用澤敖利泰雅語的主要是眉原部落，而萬大部落則操萬大泰雅語。

賽德克語與布農語的分支相對簡單。賽德克語可分為德固達雅、德魯固及都達三種方言。眉溪、天主堂、清流、梅子林及中原部落為德固達雅群聚居地，族人多使用德固達雅語；松林、盧山、靜觀及平生等部落為德魯固群居住地，族人主要操持德魯固方言；碧湖、春陽、平靜及平和等部落為都達群聚集地，族人則多操都達語。

布農語之下可細分為卓社語、卡社語、巒社語、丹社語及郡社語。仁愛鄉的布農人多為卓社群，主要操卓社方言。

在仁愛鄉地區，泰雅、賽德克及布農都還在使用各自的族語，能夠同時熟練使用兩種原住民語言的人並不多。自 20 世紀 90 年代以來，臺灣當局開始推動鄉土教學，原住民族語教學因此在原住民社會普及開來。目前，仁愛鄉各原住民部落小學基本都配有相應的族語教師，縣政府、鄉公所有時也會針對族語教師進行集中培訓，各原住民族語處於並行發展狀態，只是因人口多寡、社群認同差異等問題，各族語在發展程度上略有差異。

（二）「國語」的推廣

日據時期，日本殖民者通過在原住民地區建立「蕃童教育所」及公學校，向原住民強制灌輸日語教學。從 1936 年底開始，日人開始積極實施「皇民化」

〔註2〕柯恩・M：《語言——語言的結構的發展》，雙明譯，科學出版社 1959 年版，第 15 頁。

政策，並在整個臺灣強力推行日語教學，企圖通過強制性的日語教育和文化灌輸，奴化臺灣人民的思想意識。皇民化時期，日語是唯一合法的語言。按照日人的規定，任何臺灣人不得在公共場合使用母語。在高壓政策下，臺灣原住民被迫學習日語，並將族名被迫改為日本名。

1945 年，日本殖民者被驅逐出臺灣，國民黨政府進駐，臺灣原住民的日語學習中斷。國民黨政府深感日本殖民主義對臺灣社會思想的扭曲，所以在遷臺初期就開展「國語運動」〔註3〕，積極在全臺推廣學習普通話。國民黨政府推行「國語運動」的首要目的就是消除日本的奴化民思想，塑造臺灣人新的認同觀念。〔註4〕對於原住民，國民黨政府則制定了專門的「國語」教育政策和方針（見表 3-1）。通過學校改制、培訓師資、設置專門的「國語」推行機構，國民黨政府逐步將「國語」運動深入到了原住民地區。

表 3-1 國民黨政府在山地原住民地區推行的語言政策、方針統計表

時間	相關舉措	主要內容
1946	學校改制	「蕃童教育所」改為「國民學校」，由各縣接管，並成立「國語普及委員會」，為在山地鄉推行「國語」做準備。
1948	開展「山地教員訓練班」	為原住民地區輸送「國語」師資，以此帶動當地的「國語」教育工作。
1949	在山地鄉設立「國語」推行小組	小組內設一名推行員，負責輔導國語推行。
	頒布《山地教育方針》	規範山地鄉的「國民」教育；徹底推行「國語」，加強「國家」觀念。
1951	頒布《臺灣省各縣山地推行「國語」辦法》	統一規劃原住民的「國語」推行工作。
	頒布《考核山地學校推行「國語」成績辦理要點》	考核山地「國民」學校校長、教員的「國語」水平；考核山地「國民」學校的「國語」教學情況。

〔註3〕 1949 年，臺灣國民黨政府成立「國語推行委員會」，並發布《「國語」推行辦法》，將「漢語」稱為「國語」，在全臺地區廣泛推廣。「國語」基本上等同於大陸的漢語普通話。

〔註4〕 宋廣鋒：《臺灣光復後的「國語」運動》，《臺灣研究》2003 年第 1 期。

1952	頒布《山地「國小」改進教學方法應行注意事項》	強調教學語言應使用「國語」，低年級可酌用原住民語。
1956	設立「山地鄉國語推行小組」	鄉長要擔任小組組長，以補習教育的形式大力推廣「國語」。
1958	頒布《臺灣省加強山地教育實施辦法》	重申積極推行「國語」教育政策的精神。

　　隨著日語影響力的大幅減弱，各族群方言成了影響「國語」推行的最大阻礙，所以國民黨政府轉向加強對方言的控制。在國民黨政府抵臺之前，臺灣社會就已經匯聚了客家人、福佬人、外省人，加上臺灣原住民諸群，方言種類之繁雜可以想像。因此，國民黨政府欲通過加大「國語」推行力度，統一語言使用習慣，打破方言繁雜的局面，以便更好地推行和實施各項政策、法令。〔註5〕

　　20 世紀 60 年代中期以後，國民黨政府又陸續出臺了一些限制臺灣各族群方言使用的政策。如 1966 年，臺灣省政府在相關計劃中規定：各級學校師生必須隨時隨地的使用「國語」；學生違犯者依獎懲辦法處理；禁止電影院播放方言或外語電影；嚴加勸導街頭宣傳勿用方言或外語；各級運動會禁止使用方言報告；嚴加勸導電影院勿以方言翻譯。〔註6〕在此計劃的推動下，各族群方言的使用場域嚴重被壓縮。

　　針對原住民地區，臺灣當局於 1973 年頒布了相關法令，強調：為了廣泛推行「國語」，必須去除山胞講日語及母語的習慣，灌輸山胞「國家」文化的觀念。〔註7〕在政府、學校及社會各界轟轟烈烈的共同作用下，「國語」變為臺灣社會的高階語言，而鄉土語言則被淪落為低階語言。「國語」的使用範圍逐漸擴大，而鄉土語言的使用場域慢慢縮小。〔註8〕王女士是一位布農語教師，年近 70 歲。她讀小學時，正值國民黨政府在全臺強制推行「國語」，她向筆者描述了他們那一代人學習「國語」的情景：

　　　　讀小學的時候，如果有人在學校講族語，就會受到懲罰，有時要罰站，有時還要掛上寫有「我是豬」等污言穢語的牌子。當然沒

〔註5〕宋廣鋒：《臺灣光復後的「國語」運動》，《臺灣研究》2003 年第 1 期。
〔註6〕《加強推行「國語」計劃》（1966 年）第 1 條。
〔註7〕《山地鄉「國語」運動法令》（1973 年）第 1 條。
〔註8〕熊南京：《二戰後臺灣的語言政策研究》（1945～2006），博士學位論文，中央民族大學 2007 年，第 69 頁。

有人願意接受懲罰，還要被人看笑話。但有時候，有的學生還是會
因為在學校偷偷講族語，真的就被掛上「我是豬」的牌子哦。人人
都是愛面子的人，原住民尤其是，我們不想被漢人看不起，所以，
你說怎麼會有人不配合呢。儘管對於原住民來來說，講「國語」是
一件比較困難的事情，但我們還是要被迫接受「國語」學習。當然，
這只是在學校，我們在家裏還是會講族語。〔註9〕

　　國民黨政府「獨尊國語，壓制方言」的政策一直持續到上個世紀80年代，
從此「國語」在整個臺灣社會紮穩了根基。

　　語言政策是對語言生態的一種人為干預，在國民黨政府的語言政策下，
「國語」在原住民地區變得流行起來。儘管在「國語運動」推行之初，原住民
對國民黨政府的強制性語言政策曾表示不滿，但在高壓政策下，他們不得不
做出妥協。而且隨著全球化與信息化的發展，不同族群之間的人流、物流和
信息流空前加大加快，人們的交流頻度廣泛提高，為滿足現實交際需求而掌
握共同用語的要求顯得越來越迫切。越來越多的原住民開始意識到，掌握「國
語」是適應和融入當代社會的有效途徑之一，同時也是獲得較高社會地位必
要技能之一。如今，原住民已經從被迫接受「國語」教育轉為主動學習，越來
越多的家長都非常注重子女的「國語」學習和教育。

二、語言掌握及使用現況

（一）掌握語言的能力

　　在原住民社會，族人對於族語與「國語」的掌握均呈現出年齡的差異。
有研究者曾指出：「臺灣推行『國語』的成效，不但可以說令人刮目相看，也
可以說令人膽戰心驚……推行『國語政策』只40年的時間，可以讓20歲以
下的人幾乎忘了他的母語，30歲以下到20歲的人無法說正確的母語，40歲
以下到30歲的人已無法用母語演說，而50歲以上的人卻又不會說國語。」
〔註10〕原住民部落的語言生態也大致如此。

　　20歲以下的年輕一輩由於從年幼開始就接觸和學習「國語」，因而他們對
於「國語」的認同度較高。在家庭裏，這些年輕一輩的父母之間交流常用族
語，而父母與孩子之間交流則多用「國語」，從而導致年輕一輩對族語的認同

〔註9〕訪談時間及地點：2014年9月25日，南投縣埔里鎮。
〔註10〕羅肇錦：《語言與文化》，國文天地雜誌社1990年版，第137頁。

度相對較低。雖說他們在學校裏接受族語教育，但學校的族語教育成效並不顯著。首先，與「國語」課程相比，族語課程的數量少、內容散雜，學生通過族語課程學到的知識極為有限。其次，族語教師的語言水平和基本素質參差不齊，學生的學習態度也有好有壞，由此導致多數學生僅能掌握族語的一些閱讀和書寫方面的能力，尚不能熟練地聽和說。

在一次有關原住民族語課程設計的討論會上，仁愛鄉多個原住民部落小學的族語教師、校長們共同討論了目前原住民族語課程設計中存在的一些問題。大家都認為，其中帶有普遍性的突出問題是，族語課程設計的不合理。中正小學的布農語教師表示：

> 現在族語課程每週進行一次，這其實無法從根本上提高原住民小朋友的族語水平。道理也很簡單，這週學的詞彙、語句，隔幾天不用，下週就很難再記得。我們也都知道，學生們下課之後就很少再講族語，所以說，過一週再教，大多數學生在上週一學的知識基本都忘了。

南豐小學的賽德克族語教師也表達了類似的看法：

> 我們的小朋友上族語課很認真，積極性也很高，但由於課程太少，有的學生這周學完，下周就不太記得了，我們能教給他們的目前還只是一些簡單表達。對於低年級的學生，我們教一些日常稱呼啊、植物名稱啊，再來就是一些日常的問候語句，這些對於他們來說，要花上一個學年才能掌握住。所以，更多、更深的東西，只能等到高一點的年紀再學。問題是，要想真正讓我們的賽德克語傳承下去，這樣的教學起到的作用實在是有限。〔註11〕

互相小學、發祥小學的泰雅語教師同樣指出了族語教學中存在著課程偏少的問題。課程的基本設置與政府的教育政策密切相關。目前，臺灣的基礎教育普遍側重漢語教育，雖在相關教育政策的推動下，族語教育得到一定程度的重視，但就實際發展情況而言，臺灣當局對原住民族語教育的重視程度，尚不能滿足教學的實際需求。

在原住民地區，族語教師的教學水平發展不平衡，也是一個較為普遍的問題。造成這一問題的原因，同樣與政府的政策有莫大的關係。泰雅一位文

〔註11〕訪談時間和地點：2015 年 7 月 3 日，埔里鎮大成小學。

化工作者指出，在目前，原住民的族語認證考試以族語能力的測試為主，忽略了對教師教學技能的考核。由於在很多原住民族群中，真正能夠掌握族語知識的，多是一些 50 歲以上的人。這些人能夠流利地使用族語，經過一段時間的集中學習和培訓後，能夠較順利地通過族語認證。但現實的狀況是，這些人多數都沒有受過系統的培訓，所以在實際的教學中無法做到因材施教。這位文化工作者強調，相較於「國語」教師，「族語」教師在教學技能的培訓上應進一步加強，相關的考核制度也應參照「國語」教師。

由於種種原因，在 20 歲以下年輕一輩的語言教育中，族語教育的力度與實際效果明顯不如「國語」教育，因而這一輩人對「國語」的認同程度要遠高於「族語」。

50 歲以上的年長一輩對於族語的認同感最強，他們能夠熟練地使用族語交流、演講，甚至教學。正是由於這一輩人對族語的熟練掌握，族語教師多出自其中。年長一輩對族語的習得主要得益於家庭教育。這一輩人的父母基本都使用族語交流，雖然接受了日本的同化教育，但他們仍能熟練地運用族語。對於這一輩人來講，「國語」是被迫習得的。他們雖然經歷了國民黨政府的強制同化階段，因而在「國語」的學習態度上比較排斥，但經過多年的學習，仍掌握了較熟練的聽說能力。可以說，這一輩人是原住民社會中能夠較熟練使用母語與「國語」的一代人，但相對於「國語」，他們的母語認同感更強。

20 歲至 40 歲的一輩，族語的認同感稍優於 20 歲以下的年輕一輩，卻遠不如 50 歲以上的年長一輩。這一輩人的族語表達能力不如其族語聽力能力，他們尚可使用族語進行日常交流，但無法流利地進行演講，甚至不能正確使用部分族語中的基礎詞彙（如親屬稱謂詞等）。而在「國語」的掌握上，20 歲至 40 歲的一輩具有明顯的優勢，他們中的大多數人不僅能夠使用「國語」順暢地交流，甚至能夠熟練地進行閱讀和書寫。

桂校長，出生於 1960 年，他曾在發祥村、萬豐村等地的小學任職，後調回自己出生的村落互助村任教，目前已退休。桂校長表示，他是賽德克人，所以最終還是要回到自己的部落來傳播知識。在田野調查初期，筆者曾多次在桂校長的幫助下，順利進入仁愛鄉多個原住民村落。在接觸過程中，桂校長不止一次講到，他在工作中親身體會到的族語教育的現狀與困境。他對筆者說：

你（指筆者）在部落調查時也會發現，我們（原住民）現在的小朋友都不太會講族語，這是原住民教育的一大難題。現在在部落裏，老人家，也就是我的長輩們還常講族語。我們把這些老人家當作「寶貝」，只有他們才真正懂得我們語言的靈魂。我們這一代人受他們的影響，尚還能夠熟練地講族語，但有時為了跟其他族群的朋友交流，就經常會切換到「國語」頻道。〔註12〕

桂校長回憶起他在發祥小學就職時的經歷：

發祥村比較偏遠，那裡的年輕人大多數為了生計選擇到埔里鎮、臺中市等這些地方工作，他們的孩子也跟著離開部落。我在發祥小學時，部落的孩子有的跟著族語教師還能學到一些簡單的詞彙，而那些從小就在都市里長大的孩子，他們沒有學習族語的環境，族語能力相對較弱。等到他們要考大學時，為了考試加分，享受政府對原住民的考試優待，又不得不請家庭教師來專門教族語。現在這些十幾二十來歲的原住民，能夠講族語的真是不多，還挺令人擔憂。

作為一位原住民教育工作者，桂校長對「原住民族語發展中呈現出的年齡斷層或年齡差異問題」，有著自己的看法：

「這個現象現在在仁愛鄉很普遍，就像我之前跟你說過的，家庭教育是一個方面，學校教育也是一個方面。我作為一名原住民教育從事者，認為單靠家庭教育傳承族語肯定是不行的，學校承擔的責任更大。學生的族語聽說讀寫能力，與學校的學習環境、族語教師的水平這些因素的關係特別大，所以我們的部落小學現在都特別注重族語教學工作。但有的偏遠地區，比如發祥小學，由於地理環境的限制，很多優秀的族語教師都不願到那裡教書，學校之間的族語教育水平就會產生差距。就這一點來看，學校和政府還得想辦法，合理分配教師資源。不然，你說泰雅、賽德克、布農三個族群同樣生活在仁愛鄉，族語的水平不一樣，相互間能平等嗎？一定會產生差異。」〔註13〕

〔註12〕訪談時間和地點：2014 年 10 月 15 日，仁愛鄉互助小學。
〔註13〕訪談時間和地點：2014 年 10 月 16 日，仁愛鄉互助小學。

　　桂校長的擔憂不無道理，年輕一代作為傳承族群文化的主要力量，只有對族語及其他文化特質產生認同，才能真正確保族群文化生態鏈的完整，否則，族群文化的發展將面臨嚴重的生存危機。對於同一地區內的不同族群而言，如果族語發展的程度差異較大，族群平等與共同進步目標的實現無疑將受到阻礙。

　　2012 年 4 月、2013 年 4 月及 2015 年 1 月，「臺灣原住民族委員會」（以下簡稱「原民會」）就各原住民的族語使用狀況先後進行了三期調查。該調查採用分層抽樣法，以戶為單位進行分層集群抽樣，並培訓訪員深入家戶進行面訪，成功完成面訪人數 20,084 人。根據「原民會」的調查數據，我們能夠更客觀地暸解原住民族語言在各年齡段的發展差異。在調查中，調查者對各族群的語言聽說讀寫能力分別進行了評分，滿分為 6 分，得分越高，說明族人在某方面的語言能力越強。如表 3-2 所示，原住民在族語聽說方面的能力明顯優於其讀寫能力，前者的平均得分均介於 3～6 分之間，而後者的得分則均介於 2～3 分之間。就各年齡階段的族語能力情況而言，總體上隨年齡增長呈漸強之趨勢。換言之，從整體發展趨勢看，年齡越小的人，其掌握族語的能力越弱。反之，年齡越長，人們掌握族語的能力越強。

表 3-2　臺灣原住民各方言之族語能力得分分布表

年齡階段	聽　力		口　說		閱　讀		書　寫	
	人數	平均數	人數	平均數	人數	平均數	人數	平均數
10 歲以下	780	3.79	577	3.12	161	2.52	41	2.04
11～19 歲	1,923	4.11	1,236	3.81	996	2.77	419	2.21
20～29 歲	1,586	4.53	1,008	4.14	607	2.76	251	2.13
30～39 歲	1,975	4.79	1,299	4.65	559	2.67	160	2.29
40～49 歲	2,139	5.11	1,575	5.15	555	3.28	218	3.02
50～59 歲	2,034	5.19	1,491	5.40	481	3.60	214	3.11
60 歲以上	1,653	5.14	1,295	5.39	324	3.77	162	3.46

數據來源：「臺灣原住民族委員會」：《原住民族語言調查研究三年實施計劃 16 族綜合比較報告》2016 年版，第 131～132 頁。

表3-3　臺灣原住民族語健康檢查評估表

族　別	族語世代傳承情形			日常生活族語使用比率	族語使用場域	族語能力（聽說讀寫）	綜合評估
	跟父母講族語	跟小孩講族語	教小孩講族語				
泰雅	3	2	2	4	3	4	3
布農	3	2	2	3	4	3	3
賽德克	3	2	2	3	3	4	3

數據來源：「臺灣原住民族委員會」；《原住民族語言調查研究三年實施計劃16族綜合比較報告》，第148頁。

備註1：評估指標係參考聯合國教科文組織UNESCO2003年保護瀕危語言的行動方案中提出判定語言瀕危程度的綜合性標準。

備註2：安全—5；不安全—4；確有危險—3；很危險—2；極度危險—1；滅絕—0。

備註3：族語使用場域：使用族語的場域越少，越危險。

　　族語的生存發展與族語傳承、日常使用狀況等息息相關。「原民會」通過考察「族語世代傳承情形」、「日常生活族語使用比率」、「族語使用場域」及「族語能力（聽說讀寫）」等四個指標，對臺灣原住民族語進行了健康檢查評估。檢查評估結果顯示，臺灣原住民族語整體上面臨著較為嚴重的生存危機，其中泰雅、賽德克及布農的族語均處於「確有危險」狀態。在族語聽說讀寫能力的掌握上，泰雅與賽德克均處於「不安全」狀態，而布農處於「確有危險」狀態（見表3-3）。

　　在臺灣原住民社會，因各年齡階段族人所處的社會背景不同，他們對於族語與「國語」的語言掌握能力也呈現出差異性。但整體而言，臺灣原住民族語的使用率在降低，而「國語」變得越來越普及。

（二）不同場合的語言使用

　　在現實生活中，人們往往根據所處的場合選擇要使用的語言，不同場域的語言選擇反映語言權力、語言推廣度及語言基本生存狀況。「國語」與族語是臺灣原住民目前使用的主要交際語，且使用「國語」的人口規模大於使用族語的人口數。「原民會」的語言使用比率調查結果顯示，臺灣原住民在日常生活中最常使用的語言是「國語」（89.37%），其次為「族語」（64.62%）、「閩南語」（28.63%），最少的是「客語」（1.32%）。從年齡層來看，年紀越大，使

用自己族語的比率越高。〔註 14〕目前,「國語」是臺灣原住民社會的強勢語言,其推廣度已超過原住民族語,原住民族語的地位受到威脅。

1. 族語的使用

人們主要在族群社會內部使用族語,所以族語的使用場域相對有限。臺灣「原民會」就族語使用場域調查訪問了 13,724 位原住民,調查數據顯示,臺灣原住民最常使用族語的地點為「家裏」。有 84.34%的訪問者在家裏使用族語,其次為「族人聚會場所」(62.57%)、「傳統祭儀活動」(42.21%)、「部落活動中心」(33.48%)、「教堂／教會或廟宇」(32.24%)。〔註 15〕可見,大多數族人主要在族群內部使用族語,而在其他場域較少使用。

走在原住民部落中,經常可以看到三五位中老年原住民朋友,聚集在店鋪門口、某家院子裏,或是村里的活動中心。他們彼此分享著當天的心情、遇到的新鮮事或人,有時也會就部落的一些公共事務閒聊上幾句。在此過程中,他們不用理會旁人,可以使用族語暢談。而當像我這樣外來者在場,且加入他們的談話時,這些原住民朋友馬上會適時地使用「國語」作出回應。村辦公室是村工作人員處理村務的辦公場所,一般情況下,召開村落會議,村長、村幹事商討公共事務,或村民諮詢某些事宜時,通常都使用族語。同樣地,泰雅人、賽德克人在感恩祭典這樣的傳統祭儀活動中,也常通過使用族語,以凝聚在場族人的向心力。總之,族語在族群內部使用的頻率相對較高,日常的非正式談話、村落的正式會議、祭典活動等都是較常使用族語的場域。

族語使用場域的多少關係到族語的生存狀況。如表 3-3 所示,族語使用場域的得分情況反映出族語生存的危機狀態,得分越低,說明該族語的使用場域越少,族語生存的危機性也就越大。泰雅、賽德克及布農語的族語使用場域均比較有限,族語的生存狀況令人堪憂。其中,泰雅與賽德克族語的使用場域均僅得 3 分,其族語發展處於「確有危險」狀態,布農語的使用場域得分略高(4 分),但其族語仍處於「不安全」狀態。

調查發現,有的原住民家庭也不常使用族語交流,這主要有兩種情況:

〔註 14〕「臺灣原住民族委員會」:《原住民族語言調查研究三年實施計劃 16 族綜合比較報告》,第 8 頁。

〔註 15〕「臺灣原住民族委員會」:《原住民族語言調查研究三年實施計劃 16 族綜合比較報告》,第 20 頁。

一是在原漢通婚家庭中，家庭成員交流多用「國語」或閩南語進行交流；二是個別家庭為了培養下一代的「國語」水平，有意識地為他們創造非族語的語言環境。SHM 老師是賽德克人，曾在仁愛鄉的多個部落小學任職，已從事原住民教育工作多年。她認為，有些家長在對族語與「國語」重要性的認知上存在偏差：

> 有些原住民家長認為，只有學好「國語」才能夠取得較高的社會地位，因而非常注重孩子的「國語」教育培養，而忽視了族語教育。有這樣想法的人還挺常見，畢竟越來越多的年輕人在都市中打拼，那裡是以漢人為主的社會，漢人的語言、漢人的思維，哪個不懂都不行。我們部落的一些人剛到臺中或者北部（指臺北、新北等地）的時候，很不適應，多數是因為不懂漢人的語言和文化引起的。只有學好「國語」，才能慢慢融入漢人社會，才能在都市立足。但這樣的想法根本就是狹隘的，族語與「國語」學習當然可以同時進行，而且（由於）現在使用族語的人越來越少，家長應該更重視族語的教育才是。〔註16〕

總體而言，臺灣原住民的族語使用場域以家庭、原住民聚會及傳統祭儀活動為主，族語的推廣度和使用度不高。

2.「國語」的使用

目前，「國語」是各原住民族群日常生活最常使用的語言。就筆者在仁愛鄉的考察，「國語」在族內與族際交流中均經常使用。

陳淑娟、江文瑜在調查泰雅部落時發現，族人現在在家庭中與晚輩（如子女）大多以國語為主要交流語言，「國語」已經侵入家庭，成為下一代的家庭語言。〔註17〕這一現象在仁愛鄉原住民部落也極為常見。筆者在田野訪談中得知，在原住民家庭內部，長輩（祖父母輩、父母輩）之間的交流多使用族語，而祖父母與子孫輩、父母與子女輩之間的交流則多用「國語」。中正村耆老王阿伯一直生活在部落裏，他親眼目睹了布農語的式微。在談及中正村布農語的發展狀況時，王阿伯感歎道：

> 現在的布農小朋友，甚至一些十幾二十歲的布農人，都聽不懂

〔註16〕訪談時間和地點：2015 年 7 月 27 日，仁愛鄉互助小學。
〔註17〕陳淑娟、江文瑜：《語言能力、語言使用與族語維繫——以泰雅族水田部落為例》，《「國立」新竹教育大學語文學報》2005 年第 12 期。

族語。他們的父母平時忙於工作，沒時間教他們族語，「國語」已成
為他們與父母之間的交際語。

王阿伯還在言談中表現出他對布農族語使用現狀的擔憂和無奈：

> 我們這一年代人在部落裏習慣了講族語，現在孫子、孫女都住
> 在都市，聽不懂布農語。他們回到部落時，我們也不得不用「國語」
> 跟他們聊天。有時刻意教他們布農語，他們還會顯得很為難，我也
> 只好作罷。你說，這樣下去，布農語靠誰來傳承。〔註18〕

此外，「國語」在族際交流中尤為流行，並已成為仁愛鄉各原住民族群之
間交流的常用共同語。由於泰雅、賽德克及布農之間的語言不通，各族群在
鄉公所、市集與學校等公共場合基本上都使用「國語」交流，只有這樣才能
保證族際交流的暢通。

多族群和多語言國家的族際共同語產生於各族群的語言之中，一般使用
的是主體族群的語言，或政治、經濟及文化上占主導地位的族群的語言。這
種語言使用人口多，通行範圍廣，在歷史上向來有被其他族群學習和使用的
傳統。〔註19〕「國語」成為原住民地區的族際常用語首先是「國語運動」的
同化結果，其次也是各族群為了更好地適應與融入現代社會而自主學習的結
果。國民黨政府的「國語運動」帶有濃厚的強制同化色彩，這無疑嚴重阻滯
了臺灣各族群語言的發展與傳承。但從另一方面講，共同語的推廣和習得也
為族際交流提供了便利條件。

語言作為文化的重要組成部分，不僅是一個族群傳統文化的載體，同時
也是人們相互交流的工具，它本身就具有文化性和工具性的雙重意義。〔註20〕
在臺灣原住民社會，族語既是族群的文化象徵，也是族群成員進行日常交際
的工具，兼具文化性與工具性。相較而言，國語更多數時候是作為族際間的
交流共同語，其工具性較為明顯。

三、多語言共存

在仁愛鄉原住民社會，語言掌握與使用情況雖紛繁複雜，但各種語言之
間基本處於和諧共處的局面。

〔註18〕訪談時間和地點：2015 年 11 月 14 日，中正村卡度部落。
〔註19〕德沙：《談談族際共同語》，《中國民族》1989 年第 11 期。
〔註20〕馬戎編著：《民族社會學——社會學的族群關係研究》，北京大學出版社 2004
　　　　年版，第 358 頁。

首先，泰雅、賽德克及布農的族語均仍有人在使用，且各族群之間的語言處於平等地位，彼此互不干涉。

族語，是文化象徵的一種符號，也是族群文化傳播的重要渠道。人類學與民族學家將語言視為族群性的表徵，認為各族群會根據語言，以辨識「我群」與「異己」。語言符號的維持加強了個人對群體的認同，增進了群體成員之間的情感。〔註 21〕語言認同是族群語言存續的重要原因，但在多族群社會中，單純的語言認同並不足以保證族群語言的存續，各族群之間的語言尊重與互不干涉同樣是族群語言長期共存與並行發展的重要條件。

仁愛鄉泰雅、賽德克與布農族語能夠長期並存發展正是互不干涉的結果。歷史上，仁愛鄉的泰雅、賽德克與布農之間互相沒有從屬關係，各族群亦是均權社會，各族群處於平等地位。用當地原住民的話講就是，「每一群都是一個國家，甚至每個部落都是一個獨立的國家」。各族群社會內部都有較為完整的社會制度，各部落在政治、經濟及文化上互不干涉。正因為此，各族群的語言才得以順利存續，並一直處於平等與和諧相處的狀態。

自 20 世紀 90 年代開始，臺灣原住民語言發展開始受到政府的重視。1993年，臺灣原住民族語言教育正式列入教學內容，學校成為原住民子女接受族語教育的重要場所。隨後，「原民會」著手舉辦原住民語言能力認證考試，通過這種方式培育原住民語言教學及研究人才。在政府政策的扶持下，臺灣各原住民語言共同開啟了族語發展的新進程。

其次，在不同的交際場合，族語與「國語」形成了良性功能互補，彼此都發揮著重要交際功能。

單純強調族語的獨特地位並不利於族際交流，各族群成員應在強化族語認同的同時，積極發展族際共同語。在臺灣原住民社會，「國語」逐漸發展成為各族群間的交流共同語，族語和「國語」實現了功能互補。雖「國語」在推廣之初遭到原住民的排斥，但出於現實的交際需要，人們逐漸開始自覺地學習和使用「國語」。通常情況下，人們對某種語言的認同程度與該語言的社會交際功能強弱有很大關係，某種語言的交際功能越強，人們對它的認同度就越高。〔註 22〕在泰雅、賽德克及布農社會，族語和「國語」在不同場合發揮

〔註21〕馬戎編著：《民族社會學——社會學的族群關係研究》，第 358 頁。
〔註22〕李志芬：《貴州省望謨縣油邁村瑤族語言使用調查研究》，碩士學位論文，中央民族大學 2011 年，第 42 頁。

著各自的交際工具作用。族語是家庭和族群社會內部主要的交際語言,是聯繫家庭成員與其他親屬成員感情的紐帶,而「國語」在族際交往中發揮著不可替代的作用,是本族人與其他族群成員進行正常交流的重要媒介。

在文化交流與整合日益加快的當今社會,語言作為人際聯繫、族際交往最直接的工具,早已打破相互區隔的藩籬,顯示出了越來越強的開放性和交融性。正因為語言本身的雙重性特徵,人們在選擇交際用語時,面臨著把它在感情上看作「文化象徵」和理性上看作「交流工具」這樣一種雙重性。前者注重族群以往的演變歷史和文化價值,後者則注重在族群成員現實生活中的實際應用價值和未來發展機會。〔註23〕各族群對自身族語有較高的認同感,這是人們對語言作為族群重要象徵以及族語是本族群成員之間情感聯結紐帶的一種自覺意識。原住民對於「國語」的態度經歷了從排斥到接受,再到自覺學習的過程,但這並不意味著原住民語言已完全同化於「國語」。人們對漢語言態度的轉化與語言的實用性、工具性有關,是人們為適應現代社會文化環境而進行調適的結果。換言之,原住民在語言情感上,既保持了對族語的原生性情感,又發展出對「國語」的工具性情感。

第二節　宗教層面的互動

宗教作為一種社會文化形式,反映著人們的宇宙觀。臺灣光復後,基督宗教〔註24〕在原住民地區迅速傳播,並逐漸發展成為各原住民主要的宗教信仰。宗教生活的基督教化深刻影響著臺灣原住民的日常生活和群體認同。初期,不同教派為發展各自的勢力而相互鬥爭,部落成員被切割成相互對立的信仰團體,這些信仰團體因教義及宗教儀式的差異而發生衝突。後來,隨著各教派發展勢力的穩定,不同信仰團體之間的衝突也逐漸減少,相互認同不斷強化,這既有助於族群歷史矛盾的緩和,也能夠增強各族群在宗教生活上的聯繫。

一、宗教生活的基督教化

早在 17 世紀,臺灣原住民就開始接觸基督宗教,但在清朝 200 多年的

〔註23〕馬戎編著:《民族社會學——社會學的族群關係研究》,第 358 頁。
〔註24〕1945 年後傳入臺灣原住民地區的外來宗教包含了基督教、天主教及其他多個教派,本文以「基督宗教」作為這些不同外來教派的統稱。

統治中，基督教傳教士的宣教活動頻頻受到打擊。日本殖民者據臺後，一面傳播神道信仰，強迫臺灣民眾崇拜日本天皇，一面嚴厲打壓基督宗教在臺的傳播勢力。日人在山地原住民地區設置「蕃界」，規定教會人士不得入山傳教，山地教會遭到政府嚴厲壓制。日據時期，井上之助、葉資及孫雅各等傳教士為基督宗教在臺灣原住民地區的發展做了一定的努力，但由於政策限制，他們取得的成效極為有限，且其傳教範圍以臺灣東部為主。國民黨政府接收臺灣後，倡導宗教信仰自由，基督宗教在臺的發展逐漸進入調適期。各國基督教宣教機構紛紛派宣教士到臺傳教，以至於在短短的二、三十年間基督宗教便席捲了每一個原住民部落。基督宗教在原住民部落發展的一個突出特點，就是派別紛雜林立，幾乎每一個部落都同時存在幾種不同的教會。仁愛鄉原住民部落目前主要有基督長老會、真耶穌教及天主教等教派。

（一）基督宗教在仁愛鄉的傳播

1. 基督長老會

基督長老會最先在仁愛鄉原住民部落有規模、有計劃地傳播開來，其主要透過醫療救助獲得原住民的認可和接納。

早在 1946 年之前，羅文福牧師就曾到仁愛鄉宣傳基督長老會，但因日本人的限制，當地原住民無法真正接觸到基督教。1949 年，今花蓮太魯閣的傳教者分成兩組，在仁愛鄉原住民部落開展傳教工作，一組由高添旺牧師率領，以春陽部落為傳教起點。當時春陽部落共有 11 人接納長老會，成為第一代信徒。之後，基督長老會輻射至盧山、平靜、平生及靜觀等部落。另一組由周玉葉率領，前往中原、清流與眉溪等部落傳道，並被部落居民所認可。〔註25〕

長老會在泰雅部落的傳播並不如其在賽德克社會那樣順利。花蓮太魯閣信徒芝苑等人於 1947 年、1949 年先後兩次到望洋一帶傳教，但收效甚微。直到 1950 年，羅文福牧師才將長老會成功傳播到泰雅瑞岩部落。泰雅的第一間長老教會於 1952 年在望洋部落成立，之後又有數位牧師到紅香等泰雅部落傳道，並創立教會，逐漸擴大基督教在泰雅的影響力。〔註26〕從 1947 年起，仁愛鄉布農人開始頻繁接觸到基督教。中正、法治村同在 1952 年創立教會，萬

〔註25〕酋卡爾主編：《臺灣基督長老教會原住民族宣教史》，臺灣基督長老教會總會原住民宣道委員會 1998 年版，第 80 頁。
〔註26〕酋卡爾主編：《臺灣基督長老教會原住民族宣教史》，第 282 頁。

豐部落族人在 1955 年成立教會。〔註27〕（圖 3-1 所示為中正村卡度基督長老教會）

　　總體來說，基督長老會在仁愛鄉的傳播較為順利，這與其自身的組織制度以及政府的政策支持有關。長老會在組織上比較完備，傳道人受過相當程度的教育，且欣然協助國民黨政府對山地原住民部落的開發。此外，基督長老會培養了一批原住民身份的牧師及傳道者，這些人後來成為基督教在原住民地區迅速傳播並紮下基礎的中堅力量。

圖 3-1　中正村卡度基督長老教會

2. 真耶穌教

　　臺灣光復後，真耶穌教與長老會幾乎同時在山地原住民社會開展宣教活動。1946 年 1 月 19 日，第一個原住民地區的真耶穌教會在臺東縣太麻里鄉成立，從此真耶穌教由東部逐漸往中央山脈的南投縣傳佈。〔註28〕與長老會不同，真耶穌教的神職人員主要憑藉聖靈和神跡奇事吸引信徒。

　　真耶穌教在仁愛鄉的傳播始於 1950 年，這一年花蓮縣山里教會信徒許真信到賽德克地區開展傳教工作。1953 年，仁愛鄉第一所真耶穌教會——精英教

〔註27〕酋卡爾主編：《臺灣基督長老教會原住民族宣教史》，第 349～351 頁。

〔註28〕楊森富：《臺灣真耶穌教會史略及發展原因分析》，《臺灣文獻》2001 年第 52 期。

會建成（今平靜教會），之後又陸續成立盧山教會（1954）、親愛教會（1956）、春陽教會（1956）及合作教會（1975）。據記載，春陽真耶穌教會是仁愛鄉當時各真耶穌教會的中心，無論什麼會議都在春陽教會舉辦（見圖 3-2）。〔註29〕仁愛鄉泰雅部落接受真耶穌教也始於 1950 年，這一年臺中的信徒到新生村傳教。經過六年的努力，新生教會終在 1956 年建成。此外，另有花蓮南澳村傳道者洪忠誠至仁愛鄉力行村傳教，並於 1956 年建成力行教會。隨後，慈峰（1957）、紅香（1958）、翠巒（1967）及瑞岩（1972）等仁愛鄉泰雅部落亦先後成立真耶穌教會。在布農部落，真耶穌教目前僅在法治村設立一祈禱所。

　　分析發現，真耶穌教的勢力主要在仁愛鄉的泰雅與賽德克社會，其在布農部落的勢力相對較弱。據筆者的初步瞭解，仁愛鄉多數布農人不太認同真耶穌的部分教義，因而對真耶穌產生較強的排斥。但也有布農人反映，他們並沒有極力排斥真耶穌教會的傳道者，但由於長老會與天主教在傳入時提供了許多族人所急需的物質，因而族人大多數都信奉了長老會或天主教，而真耶穌教當時並沒有如長老會與天主教一樣為部落帶來實質性的福利。對於真耶穌教未能在仁愛鄉布農部落迅速發展起來的原因還有待進一步深入考察，但就目前的情況來看，真耶穌在仁愛鄉泰雅、賽德克及布農的勢力分布的確不均衡。

圖 3-2　春陽真耶穌教會

〔註29〕真耶穌教會臺灣總會編著：《真耶穌教會臺灣傳教五十週年紀念刊》，臺中：真耶穌教會臺灣書報社 1976 年版，第 156～157 頁。

圖 3-3　萬豐天主堂

3. 天主教

　　20 世紀 40 年代初期，天主教教廷的重心在中國大陸，在臺灣地區主要以平地傳教為主，因而進入臺灣山地原住民地區的時間比長老會及真耶穌教都要晚。至 20 世紀 50 年代，天主教在臺灣山地原住民的傳教才從南部的屏東、東部的花蓮與臺東等地開始，再逐步擴展到其他地區。天主教以發放救濟物資為傳教策略，這使其在傳教初期就成功地吸引到大量信徒。另外，天主教對原住民傳統習俗的包容性較大，許多被其他教派視為「陋習」的習慣（如喝酒），天主教反而可以接受，這成為其他教派部分信徒改宗天主教的重要緣由。

　　1953 年，花蓮縣太魯閣教會賈振東神父到埔里區傳教，並成立埔里堂區，同時他也開始向仁愛鄉的原住民部落傳教。1954 年 8 月 17 日，仁愛鄉第一個原住民地區的天主教教堂——眉溪教堂成立。同年，賈神父帶領傳教人員至互助村、新生村傳教。在傳教師的努力下，互助村、新生村的原住民對天主教紛紛表示接納。1955 年，天主教開始進入春陽部落，並受到族人廣泛而強烈的認可。1960 年，明惠鐸神父到霧社賽德克地區傳教。他使用當地語言傳教，並向當地居民提供救濟品，從而吸引了不少賽德克人受洗。1961 年，胡德克與馮盛泉兩位神父以春陽天主堂為中心，開始向周邊的發祥村、翠巒、力行、廬山及靜觀等部落傳教，各部落居民相繼接受天主教。仁愛鄉布農部落的天主教也由賈振東神父帶來。1957 年，賈振東神父從埔里到萬豐部落宣揚天主教，吸引了不少族人入教。次年，賈神父帶領萬豐部落族人建成萬豐天主堂（見圖 3-3）。之後，中正、法治村也分別成立天主堂。

天主教在仁愛鄉的傳播與發展也較為順利，其憑藉發放救濟物資的宣教策略迅速在各原住民部落發展壯大起來。

（二）仁愛鄉各基督教派的力量對比

西方宗教進入部落伊始，各族群在入教行為上都有一些明顯特徵。布農人因很重視家族的群體性，所以其一般都以家族為團體入教。只要親族家族中的領袖加入某一教會，整個家族就會跟著一起入教。〔註30〕泰雅、賽德克等族群成員以祭祀團體為單位選擇要歸信的教派團體，這體現了傳統部落社會互動合作與分享友愛的群體關係。〔註31〕

基督宗教力量的強勢進入，造成了原住民部落教派團體林立的局面。筆者將仁愛鄉各原住民部落的基督宗教發展情況列於附錄三。

基督長老會、天主教及真耶穌教等教派進入仁愛鄉之初，曾形成激烈競爭的勢頭。但因長老會稍早幾年就在部落發展信徒，培養傳教工作者，奠定了一定的基礎，所以整體而言，長老會的勢力還是要強於天主教及真耶穌教等教派。目前仁愛鄉基督長老教會的數量多達 24 間，其中天主教堂 12 間，真耶穌教會 9 間，其他教派則相對較少些。基督長老會、天主教及真耶穌教並存於大多數原住民村落，安息日等新興教派的力量則相對分散，但它們對部落宗教生活的影響仍不可低估。社會的開放與包容給了人們更多的選擇，所以現在仍有越來越多的新教派進入部落。這種狀況令人擔憂，因為部落的整合力量難免會因教派的增多而削弱。

二、教派與族群

（一）教義不同引起的爭議

任何宗教都有其教義教規，這些教義教規包含著一套行為道德準則與規範，塑造信徒的道德觀念和行為方式。在多種宗教並存的民族社會中，「宗教歧義構築民族壁壘」，〔註32〕各教派的宗教立場不盡相同，它們在教義上也存在或多或少的差異，這些都容易導致早期各教派之間的日常紛爭。

真耶穌教與長老會在教義上的歧異較大，各自信徒之間的隔閡也較為明顯。

〔註30〕蕭耀松，鄭榮洲：《南投原住民信仰天主教之歷程》，《臺灣人文生態研究》2004年第 6 卷第 2 期。
〔註31〕姑目・荅芭絲：《部落記憶——霧社事件的口述歷史》（II），第 307 頁。
〔註32〕徐紅霞：《略論宗教的族群認同和族際排斥功能》，《前沿》2005 年第 9 期。

首先，兩教派在「神觀」上有不同看法。真耶穌教強調「獨一神觀」，認為不論是耶穌、上帝或聖靈都是同一個神，而長老會的教義則認為神、耶穌與聖靈三位一體。〔註33〕其次，兩教派對禮拜日的規定也有所分歧。真耶穌教認為聖經中規定的安息日應為星期六（如圖3-4所示），這一天是教徒休息的日子，因而這一天耶穌教會沒有禮拜活動，禮拜應安排在星期日。長老會及大多數基督宗派則認為星期日才是安息日，因而禮拜聚會一般都在星期六。最後，真耶穌的教義規定信徒不食用由動物血製成的食品，而長老會則沒有這方面的規定。

在實際的宗教生活中，長老會及其他教派的信徒都普遍認為，真耶穌教的「聖靈」觀帶有一些迷信色彩，因而人們有時會刻意迴避真耶穌教的活動。曾有人向筆者這樣描述真耶穌教的禮拜儀式：

真耶穌教信徒在做禮拜時會身體發抖、抽搐，場面極為嚇人。

還有人對筆者說：

真耶穌教信徒常常開展一些秘密聚會，好像在做一些見不得人的事情，因而很少有其他族人參加他們的活動。〔註34〕

以上這些對真耶穌教的看法或多或少帶有個人的偏見，但產生偏見的主要原因應該是不同教派在教義上存在的差異。

圖 3-4　真耶穌教會新生教會聚會時間表

〔註33〕張藝鴻：《Utux、Gaya 與真耶穌教會：可樂部落太魯閣人的「宗教生活」》，碩士學位論文，臺灣大學 2001 年，第 103 頁。
〔註34〕訪談時間及地點：2015 年 7 月 18 日，新生村眉原部落。

長老會與天主教的教義在某些方面也存在較大分歧，例如長老會禁止信徒碰觸煙酒，而天主教在這方面則體現出極大的包容性，兩教派信徒因此而相互敵視。長老會信徒表示「看不起」天主教信徒，認為無節制的飲酒行為不僅浪費金錢，還耽誤正常工作。而天主教信徒則認為長老會的規矩過多，不夠自由。

（二）教派競爭與族群分化

首先，臺灣光復初期，各教會為了擴大自己的勢力，發展出不同的宣教策略，爭奪信徒的情況時有發生，這在無形中分化了族群的力量，也使部落的團結精神受到衝擊。

具體而言，臺灣光復初期，各基督教派爭相進入山地原住民社會，為了吸引族人成為其信徒，採取了多種宣教手段。如前所述，天主教在傳入原住民部落之初，常以發放救濟物資為誘餌，吸引人們入教。仁愛鄉的原住民在提到天主教剛到部落的情形時，一般都會回憶起外籍神父、臺灣本地或原住民的傳教師在部落裏發放麵粉、牛奶、衣服等日常物資的情形。當時原住民部落的生活物資匱乏，這些救濟物資的發放，自然非常受民眾歡迎。眉溪天主堂的信徒在講到當時的情形時說：

> 我們一看到神父過來，就都跟過去，因為我們知道他會給我們帶來吃的、用的。我們當時也不知道天主教是幹什麼的，我們只在乎是否能搶到麵粉和衣服。我們都很感恩，後來神父、傳道師常常跟我們講一些上帝的福音，我們就都信（天主）教了。〔註35〕

天主教傳入後，一些長老會信徒為得到救濟物質而改宗，這自然引起了長老會的不滿，長老會信徒與天主教信徒過去常常因此而發生爭辯。長老會的工作人員認為：「救濟物品純粹乃為救濟使用，不能用於傳教。但天主教常用救濟品為得信徒之方法。」〔註36〕《臺灣基督長老教會百年史》記錄了東排灣地區長老會與天主教之間的衝突：長老會駱先春牧師在東排灣地區傳教時，遇天主教、長老會派信徒為了救濟物資爭辯。天主教常分送物資給村民，以至於信徒認為物資是天主教贈予的，但駱牧師在各教會則強調，救濟品是美國委託天主教福利會辦理配給的。這一言論引起天主教神職人員的不滿，

〔註35〕訪談時間及地點：2015 年 7 月 24 日，南豐村眉溪部落。
〔註36〕臺灣基督長老教會總會歷史委員會編：《臺灣基督長老教會百年史》，臺灣基督長老教會 2013 年版，第 381 頁。

遂控告駱牧師毀損名譽，結果法官認為控告內容有諸多矛盾，最終以此案件不起訴處分。後天主教提出上訴，但遭法院駁回。〔註37〕長老會與天主教為了推展傳教工作，吸引更多族人入教，相互競爭，從而導致族群內部不同教派信徒間的衝突。

再者，天主教對教徒開放飲酒、抽煙，長老會則勸告信徒禁煙禁酒。臺灣原住民日常有飲酒的習慣，這確實在一定程度上影響到長老會的發展。1949年，長老會進入眉溪部落。在牧師周玉葉的努力下，大部分族人都加入了基督長老會。1953年，賈振東神父將天主教帶進眉溪部落，並於第二年建立天主堂。此時，眉溪部落的長老教會正因缺乏牧師宣教而陷入困境，於是天主教「趁虛而入」，許多原本信仰長老會的信徒都改信了天主教。〔註38〕據眉溪部落的耆老描述，天主教之所以能夠成功吸引族人受洗，除了因天主教用母語傳教、提供物資及醫療服務外，另一個重要的原因是，天主教並不禁止族人抽煙、喝酒，這使得族人更傾向加入天主教，而非更早傳入的長老會。至今，眉溪的天主教信徒在數量上仍遠多於長老會信徒。

最後，各教派神職人員的工作態度也會對信徒的宗教認同產生影響。例如，賽德克平靜部落原有基督長老會與真耶穌教兩大教派，彼此相互對立，但勢力相當。〔註39〕後來，這種勢均力敵的局面逐漸被打破，真耶穌教的信徒規模超過了長老會。其背後的原因其實主要是幾個偶發性事件：一是由於在一次鄉公所活動中，長老會信徒表現不積極，且活動所得款項被來自長老教會的村長代表私吞，這一事件成為真耶穌教信徒譏笑長老會信徒的把柄，長老教會內部也因此而起內訌；二是另一位村長代表，同時也是長老會信徒，因失職導致教會信徒的土地利益受損，族人對長老會逐漸失去信任。對長老教會最致命的一擊是一場火災。一位長老會信徒家發生了一場火災，財物受損嚴重。真耶穌教會伸出援手，積極幫助其重建家園。受此影響，該長老會信徒改信了真耶穌教，甚至還包括他的親戚。〔註40〕

〔註37〕臺灣基督長老教會總會歷史委員會編：《臺灣基督長老教會百年史》，第 440～441 頁。

〔註38〕劉得興：《基督宗教與原住民文化——天主教在賽德克族眉溪部落的本地化》，碩士學位論文，臺灣輔仁大學 2003 年，第 48 頁。

〔註39〕陳茂泰：《從旱田到果園：道澤與卡母界農業經濟變遷的論適》，《中央研究院民族學研究所集刊》1973 年第 36 期。

〔註40〕陳茂泰：《從旱田到果園：道澤與卡母界農業經濟變遷的論適》，《中央研究院民族學研究所集刊》1973 年第 36 期。

（三）政治選舉中的教派之爭

近些年，各教派的力量對比已基本趨於穩定，但部落族人認為，部落主義式分類械鬥的情結，似乎再度隱約浮現在部落生活的各個層面。〔註 41〕在政治選舉中，一些候選人會利用部落的宗教力量開展政治角力，從而導致各教派因政治傾向不同而面臨分化的危機。在選舉之前，常常可以在各種宗教活動場合見到候選人的身影，他們有的借助牧師或神父的影響力拉票，有的則找教會中的親戚幫忙。例如，在周末的禮拜活動中，會看到有人逐一跟信徒們握手，說：「請大家支持我們的弟兄〔註 42〕」。有時，也會看到某候選人及其團隊突然出現在某婚禮現場，他們先是給新郎、新娘送上祝福，然後借機拉票。匆匆地喊完拉票口號後，這些人又會轉戰下一個場地，繼續他們的拉票，而婚禮依然照常繼續進行。

事實上，很多原住民朋友都曾向筆者透露，神職工作者的高參選率是原住民選舉文化中的一大特色。杜贊奇在研究我國華北農村時也發現，在傳教士的聯絡下，基督徒往往可以聯合起來形成更大的力量與村中其他勢力相抗衡。〔註 43〕這一點體現在臺灣原住民社會，即是神職人員與其他地方派系的政治競爭中，有些候選人本身就是教會的工作人員，或以前曾在某教會服務，他們憑藉自己的影響力，在選舉時比其他人佔有更大的優勢。

社會學家涂爾幹曾指出：「宗教是建立在神聖之上的信仰和實踐，反對世俗的不敬。」〔註 44〕宗教的信仰與實踐影響著族群關係能動性載體的形成，參與民族文化的構建、分化與整合，宗教信仰的準則與內容對族群關係各個層次的發展起到了影響與制約的作用。宗教信仰的同質性使不同族群的個體和群體聚集起來，結成緊密的族群關係，而宗教信仰的異質性則將各族群區分開來，信仰不同的族群間的關係在宗教互動中呈現出無交集地排他的傾向。〔註 45〕在共同宗教信仰的影響下，各族群的信徒在日常行為習慣、思維觀念

〔註 41〕姑目・荅芭絲：《部落記憶——霧社事件的口述歷史》（Ⅱ），第 307 頁。

〔註 42〕在基督宗教的思想中，信徒之間互稱「弟兄姐妹」。

〔註 43〕杜贊奇：《文化、權力與國家——1900～1942 的華北農村》，王福明譯，江蘇人民出版社 1996 年版，第 115 頁。

〔註 44〕邁克爾・休斯，卡羅琳・克雷勒：《社會學導論》，周揚、邱文平譯，上海社會科學院出版社 2011 年版，第 348 頁。

〔註 45〕夏妍：《村落中的民族關係研究——以天堂村為例》，博士學位論文，蘭州大學 2010 年，第 110 頁。

上趨同，異文化間的偏見、摩擦、衝突或對抗則逐漸減小。所以，借由共同信仰建立起來的族群關係處於交好、融洽狀態。相應地，宗教信仰不同的信徒在日常習慣、思維方式上可能存在較大差異，具有不同宗教的兩個族群在互動中可能會因此發生摩擦與矛盾。如今各教派之間的相互敵視與排斥已較為少見，但平時各教會各自分開舉辦活動，昔日全體族人共同祭祀的氛圍已不復存在。

三、宗教認同的建構

（一）神聖性與衝突彌合

經過長期的發展與磨合，各基督教派在仁愛鄉的勢力範圍已基本趨於穩定。近年來，在政府相關部門、各教派工作人員及部落耆老的共同倡導和努力下，基督長老會、天主教與真耶穌教很多時候都盡可能擱置爭議，求同存異。經過不斷的磨合，彼此逐漸形成了相互認同的情感。這種認同情感的建立，對於化解族群間的歷史與現實矛盾，具有不可小覷的重要作用。

在早期的部落拓展過程中，仁愛鄉的泰雅人、賽德克人與布農人為爭搶獵場或耕地，時常互相獵首，摩擦與衝突不斷。而在日據時期，由於日本殖民者的「以蕃制蕃」，各族群之間的嫌隙逐漸加深。臺灣光復後，鄉公所、部落耆老及基督宗教工作者都希望通過基督信仰來彌合族群間的矛盾。起初，各教派神職人員的努力並沒有取得很好的效果。如臺灣光復初期，真耶穌教在 Toda 群部落較早發展起來，但當傳教人員從 Toda 群擴展到其他部落傳道時，卻頻遭拒絕，其原因是「霧社事件」之後，Toda 群遭致其他族群的非議、怨恨和排擠。〔註 46〕

眉溪部落與馬力巴部落之間也有類似的故事，清流部落的民間文化工作者郭老師親自從部落耆老那裡聽到這樣的故事：

> 一日，眉溪部落的天主教傳教人員前往馬力巴部落傳道，剛踏進部落，就被馬力巴的人丟石子。

郭老師解釋道：

> 在泰雅和賽德克社會，朝人腳下丟石子，是驅趕和不歡迎的意思。這也算是我們的一種 Gaya，以前我們的族人遇到外人突然來

〔註 46〕陳茂泰：《從旱田到果園：道澤與卡母界農業經濟變遷的論適》，《中央研究院民族學研究所集刊》1973 年第 36 期。

訪，擔心會是外地入侵，有時就會朝其腳下丟石頭，表示驅趕，催他趕緊離開。〔註47〕

原來，那個時候，天主教剛進入仁愛鄉不久，人們對它的瞭解還不深入，加之泰雅人曾在「霧社事件」中協助日本人搜查賽德克的抗日者，兩族積怨加深。所以，當眉溪部落的傳教士前來傳教時，馬力巴部落的泰雅人擔心賽德克人是前來復仇，所以就極力排斥。

隨著時間的推移，基督宗教對原住民部落社會的影響越來越大，原住民的價值觀和世界觀都發生了重大改變。有族人自稱：「我們歸信基督教之後，我們才真正走上和解之路。」〔註48〕以下是筆者摘錄的一位賽德克德固達雅群耆老的信仰獨白：

> 基督信仰的真理改變了人的心，我們以前跟 Mqtina（布農）的關係交惡，Mqtina 也很害怕我們。歸信基督教之後，我們的關係和好，並且有來往關係。現在已經沒有什麼懷恨心理，也沒有什麼交惡的情形發生。自從進入教會之後，我們就不會對罵。我們以前的人會彼此對罵說，「Toda Laman」（懶惰的人）。Toda 部落的人也會罵我們說，「Tkdaya Neykan」（貪吃的人）。〔註49〕

另一位耆老（賽德克都達群）的信仰自白同樣讓我們看到基督教信仰對族群關係的改善作用：

> 我們以前的部落呈現群雄割據的局面，我們以前跟中原部落、馬力巴部落都沒有來往。成為基督徒之後，上帝真正地讓我們學會彼此饒恕，不會懷恨在心，這是（我們）真正發自內心的和解關係。改變人心的是上帝的愛，來自上帝的愛改變我們，為的就是要拯救我們。〔註50〕

再如，以前萬大部落的泰雅人與鄰近萬豐部落的布農人彼此仇視，互相不能侵犯傳統領域，否則將遭致禍害。兩族群之間常因領域之爭，在交界地帶發生武力衝突。日據時期，日方曾將合作村一部分強悍的賽德克人遷移至此地（今松林部落），期望通過賽德克人來牽制萬大與萬豐兩個部落，協調兩

〔註47〕訪談時間和地點：2017 年 7 月 1 日，南投縣埔里鎮。
〔註48〕姑目・荅芭絲：《部落記憶——霧社事件的口述歷史》（II），第 307 頁。
〔註49〕姑目・荅芭絲：《部落記憶——霧社事件的口述歷史》（II），第 310 頁。
〔註50〕姑目・荅芭絲：《部落記憶——霧社事件的口述歷史》（II），第 311 頁。

社群間的關係。但據賽德克人與布農人雙方的口述，最初，松林部落的賽德克人與鄰近的布農人也是格格不入。為抵禦布農人的入侵，松林部落的巫師在自身領域做蠱，詛咒布農人若超越其領域，就將拉肚子，甚至死亡。直至基督宗教傳入仁愛鄉後，萬大與萬豐、松林與萬豐之間的關係才有所改善。基督宗教倡導分享、奉獻和合作，這些教義深深感化了萬大與曲冰、松林部落族人的心靈，改變了他們之前相互仇恨的心理，並逐漸開始友好接觸，最後甚至相互通婚。

（二）多層次的聯合活動

雖然基督長老會、天主教及真耶穌教等教派平常各自舉行活動，但不可否認的是，在某些重要或特殊的日子，各教派也會聯合起來，共同舉行宗教活動。「某種宗教通過向成員提供共同信仰對象、教義信條、禮儀典章、宗教語言、價值取向、生活方式及風俗習慣等，將信仰者聚合成一個緊密而穩定的社會文化共同體。」〔註 51〕基於上述不同層面的相似性或共通性，不同信仰、不同教派同樣可以暫時打破族群壁壘，進行友好交流與互動。

原住民常說，「宗教無界」。近年來，隨著宗教觀念和社會環境的改變，人們在宗教上的聯合活動日漸增多。從族群關係的層面看，原住民社會的宗教聯合活動可分為族群內部的聯合與跨族群的宗教聯合兩種。多層次的聯合活動既是宗教相互認同的表現，又是族群融合的象徵。

1. 族群內部的宗教聯合

族群內部的宗教聯合首先指的是同一族群內部，相同教派之間的聯誼。例如，賽德克的春陽天主教會就經常與同為賽德克的中原天主教會之間，舉行不定期的聯合彌撒。這種跨越部落的同族同宗聯合活動，既可以增進族群成員內部的團結，又可以增強彼此在宗教信仰上的認同感。人們在聯誼中交流情感，分享信仰感悟，從而有利於培養跨區域的族群意識。2015 年 8 月 27 日至 29 日，布農（花蓮）、南布（高雄）、中布（南投）三個布農長老會中會〔註 52〕，聯合在臺東巴喜告教會和布農部落屋，舉辦第一屆「青年領袖高峰會」，主題為「Bunun, tumananu」，意為「布農人加油、出力！」。此次峰會依靠宗教的力量，將三地布農青年集聚在一起，其主要目的就在於促進各地

〔註 51〕徐紅霞：《略論宗教的族群認同和族際排斥功能》，《前沿》2005 年第 9 期。
〔註 52〕基督長老會在組織架構上分為總會、中會與地方等不同層次。

布農青年之間的交流，勉勵他們共同守護族群文化。

　　原住民地區的長老會每年都會舉辦各類聯合活動，除上述「青年領袖高峰會」外，還有各地教會聯合舉辦的青年信徒夏令營、冬令營，以及各地中會召集舉辦的多種宗教知識培訓活動等。與天主教、真耶穌等教派相比，原住民部落的長老會尤其注重與在地文化的融合。各部落長老會在舉辦此類活動時，多融入當地族群的一些傳統文化因素，比如用族語傳道，或在一些重大活動中穿著族群服飾等。由於族群身份、族群文化的共性，加之具有共同的宗教信仰，所以族群內部、同一教派間的宗教聯合活動尤為常見。

　　其次，族群內部的宗教聯合還指同一族群內部，不同宗派之間的互動。這一類活動的開展一般由神父、牧師或傳道者，以及信徒自主決定，在地的神職人員及信徒往往根據部落的現實需求來策劃活動。同一族群、同教派間的聯合活動形式多樣，可以是聯合禮拜、聯合祈福，也可以是聯合詩歌禮讚等。中原部落的基督長老教會與天主教會之間，就經常在聖誕節期間舉辦聯合活動。中原部落的賽德克人在聖誕節這一重大節日中，通過舉辦聯合的教會活動，共同感受節日的歡愉氣氛，從而增進族群成員間的親密關係。

　　中正村卡度部落長老會與天主教會聯合舉辦的年度音樂會尤為引人關注。自 2008 年起，每年的八月下旬，卡度部落的長老會都會和天主教會一起舉辦音樂會。音樂會由雙方交替主辦，表演內容包括宗教詩歌演唱、布農傳統歌謠演唱、青少年原住民舞蹈等。音符將族人串連在了一起，通過各種歌舞表演，部落成員之間的情感得以增強。由長老會與天主教會共同舉辦的音樂會已在卡度部落延續了 9 年，卡度部落天主堂的神父認為，天主教會能夠與長老會協力合辦音樂會，靠的是多方面的共同努力，他說：

> 神父與牧師的個人修養是影響在地居民宗教生活是否和諧的重要因素。我作為具有原住民身份的神父（該神父來自仁愛鄉眉溪部落，為賽德克人），長期在各原住民社區服務，非常瞭解原住民部落的情況。不同教派之間自然存在著這樣、那樣的差異，但作為傳道者，應以傳播愛與和諧為主，不應對族群抱有偏見，也不能對其他教派有誹謗之言。無論面對的是哪個教派的信徒，我們都要以禮相待。對於同一個部落的信徒而言，他們不僅是信徒，還是親人、朋友。卡度長老會的牧師跟我一樣，都希望看到部落團結，不同教

派之間和睦相處，這是卡度部落音樂會一直能夠延續的一個重要原因。在其他部落，（我們）看不到這樣其樂融融的局面，大部分是因為傳道者的意見不合、立場不同。當然，鄉公所、社區發展協會的支持和協助，以及各位信徒的配合也至關重要。缺了哪一方，我們的音樂會都沒辦法舉辦。〔註53〕

另外，在某些重要祭典活動中，各教派為了共同的目標也能夠暫且擱置爭議，團結在一起。例如，在2008年的賽德克「正名」感恩系列活動上，借著和解儀式的舉行，賽德克部落的天主教會、長老教會、真耶穌教會及安息日會彼此團結合作，共同推動賽德克人的「正名」運動。

同一族群內部不同宗派之間的這種聯誼為各教派之間的溝通與交流提供了橋樑，有利於緩和早期因信仰之爭引發的偏見與不和。由於這種性質的活動可以是同部落內的，也可以是跨部落的，因而既能促進部落內成員的聯結，又能推動不同部落成員之間的和諧相處。

2. 跨族群的宗教聯合

跨族群的宗教聯合同樣可分為兩個層面：

其一，是不同族群、相同教派之間的交往。如2015年4月5日，泰雅的發祥天主堂與賽德克的春陽天主堂，共同舉行復活節彌撒。天主教、長老會、真耶穌教也都常通過教派內的福傳講座、靈修課程等活動，將各區域的原住民族群聯合起來，共同研習基督宗教知識與精神。

傳道師的封牧就職禮拜或牧師的續任禮拜，也是一種具有特殊意義且規模較大的聯合活動。2015年10月25日，萬豐村舉辦了長老教會牧師的續任禮拜活動（見圖3-5）。在此次活動中，出席者除了萬豐村的長老教會信徒以外，還有仁愛鄉其他族群的長老教會信徒。受邀教會的牧師著正裝出席，其他信徒也都經過一番精心打扮，穿戴整潔、得體，有的信徒還著民族服飾出席。如今，原住民多會在一些盛大的活動中穿著民族服飾，以示對活動的重視。在活動開始前，各族群的長老會信徒互道「平安」〔註54〕，相互問候。活動正式開始後，在場信徒集體祈禱，有的教會還特意準備了吟唱讚美詩等節目。基督宗教信徒們認為，讚美詩是表達他們內心感謝和祝福最簡單也最

〔註53〕訪談時間和地點：2017年6月25日，中正村卡度部落。
〔註54〕信徒之間互道「平安」是基督長老會中一種日常的問候形式，用來展現信徒之間的相互關心和友愛。

真誠的形式。各教會的信徒在隆重而莊嚴的氣氛中祝福續任的牧師。正式的
禮拜儀式結束後，萬豐長老教會為各位到場的嘉賓準備了宴席。宴席中少了
幾分禮拜儀式中的嚴肅，更多的是歡愉。人們飲酒、歌唱，在頻頻的「乾杯」
聲中，繼續祝福牧師的續任。時不時會有萬豐長老教會的信徒上臺表演，他
們謝幕後，其他教會的信徒朋友又會接著表演。經過一系列的儀式和活動，
各族群信徒的內心建立起高度的情感認同，共同的基督信仰成為凝聚各族群
信徒的主要力量。

　　同一教派、不同族群之間的聯合活動加強了族群間的交流，促進了彼此
的瞭解與尊重，有利於推動族群的融合。同時，信仰活動的共同舉辦，也為
族際通婚的實現提供了機會與可能。

圖 3-5　萬豐村喜瑪恩教會設教 60 週年暨全成功牧師續任感恩禮拜現場

圖 3-6　九族群聯合禮拜現場

　　其二，是不同族群、不同教派之間的交流。這種族群、教派大融合的場面往往在一些重大的活動或儀式中可以見到，通常也是一種自主性的行為表現。2014 年 10 月 28 日，筆者參加了在南投縣「九族文化村」舉行的跨族群、跨教派的聯合禮拜活動（見圖 3-6），參加此次聯合禮拜活動的有布農天主堂、魯凱長老教會等等，他們應「九族聯合長老教會」的邀請前來。這次聯合活動的目的一是為了支持和慶祝「九族聯合長老教會」發行原住民歌舞 CD，二是借機加強各地原住民宗教組織之間的聯繫。「九族聯合長老教會」包含了來自阿美、排灣、魯凱、泰雅、布農及鄒族等不同原住民的族人。布農天主堂的一位信徒在此次活動開始之前，向筆者介紹了「九族聯合長老教會」的形成與發展過程：

「九族文化村」本身是一個以原住民文化為主題的商業遊樂區，1979 年投入建設，1986 年正式使用。當時臺灣僅有九族群〔註55〕，所以取名為「九族文化村」，（雖然）後來又有其他族「正名」成功，但文化村的名稱一直都沒有改變。在這裡，有來自各個原住民的工作人員，他們從事不同的工作。這些工作人員原本在家鄉有固定的教會生活，但參加工作後，大家都忙於工作，而且各個教派的信徒之間無法達成信仰一致，所以「九族文化村」裏的原住民信徒長期無法開展正常的教會生活。

2009 年，（受臺灣基督長老教中布中會的差派）金國寶牧師到「九族文化村」園區服務，不久後便建成福音中心。「九族文化村」的董事長本身不是基督徒，但他在經過一段時間觀察後發現，自從有了福音中心，員工們的工作態度也變得積極起來，於是同意金牧師加蓋聚會場所。就這樣，聯合教會終於在 2011 年 8 月 8 日落成。到現在，它還算是一個年輕的教會。〔註56〕

至於這些來自不同宗派的信徒如何在聯合教會中開展宗教生活，在場的一位布農傳道師的解釋說：

這些信徒原來所屬的宗派不一，有的是天主教，有的是長老會，有的是安息日等，剛開始在「九族聯合教會」參加活動時，大家互相排斥。但後來經過金國寶牧師開導，大家才冰釋前嫌，畢竟各教派信徒上教會的目的，都是為了敬拜上帝，求同存異嘛。〔註57〕

作為此次聯合禮拜的主持人，金國寶牧師在活動中強調：

此次活動的主要目的是打破宗派界限，鼓勵各族群、各教派的基督信徒相互瞭解，相親相愛，同時希望大家多多關照我們「九族文化村」的聯合教會，帶領這些年輕的弟兄姐妹認識主。〔註58〕

從屏東遠道而來的魯凱長老教會的牧師在致辭時也表示：

「九族文化村」的教會是一個大家庭，它雖然還很年輕，但很有活力。在這裡，也有我們魯凱的年輕人，我們當然希望他們能在

〔註55〕「九族」指的是阿美、泰雅、賽夏、布農、卑南、魯凱、排灣、鄒與雅美。
〔註56〕訪談時間與地點：2014 年 10 月 28 日，南投縣九族文化村。
〔註57〕訪談時間與地點：2014 年 10 月 28 日，南投縣九族文化村。
〔註58〕訪談時間與地點：2014 年 10 月 28 日，南投縣九族文化村。

這裡過上穩定的宗教生活。今天，我們受邀參加此次聯合禮拜，就
是希望能夠給這裡的年輕族人帶來鼓勵。〔註59〕

民族社會學認為，宗教活動有助於培養某種跨族群的認同。在許多情況下，宗教因素在族群認同方面的作用要甚於語言。〔註60〕在聯合聚會中，人們拋開繁重的工作壓力、複雜的人際關係，通過唱讚美詩、學習聖經、信徒見證與集體禱告等活動，融入在愛與分享的場景中。族群之間的身份區隔暫時被隱匿，人們在聚會上盡情釋放內心的焦慮，情感訴求高度一致，共同的情感價值促進了集體團結。仁愛鄉的泰雅、賽德克及布農三族群通過舉辦定期或不定期的宗教活動，強化了彼此間的情感聯絡，族群關係變得越來越融洽。

事實上，族群共融是各教派近年來積極倡導的理念。第二次梵蒂岡大公會議（1962～1965）曾提出「教會本地化」的期望，倡導各地區教會能夠相互尊重、關懷不同族群文化的差異性，並在融洽的氛圍下真誠交流。臺灣玉山神學院作為培養神職人員、宣傳宗教理念的重要陣地，近年來在教學過程中也開始重視各族群的文化特殊性。臺灣教會公報曾發表題為「玉山神學院，守護部落的忠僕」的專題報導，稱「玉山神學院提供了族群共融的環境，在這裡，大家彼此尊重、互相接納、開懷，一起融洽生活，每個學期輪流舉行各族群的特色禮拜，並從其中看見各族群之美，帶領大家接受不同文化的洗禮。」〔註61〕

功能主義認為，宗教儀式為人們創造了加強社會聯繫的共同儀式。〔註62〕在宗教生活中，教會是不同族群成員間聯絡情感的重要場所。在禮拜或彌散的宗教儀式中，不同族群的社會成員聚集在一起，借由宗教信仰和宗教行為建立起親密聯結。儀式的重複展演強化了各族群成員間的親密關係，彼此的瞭解不斷增多，理解逐漸加深。擁有共同信仰的不同族群在宗教活動中相互依存、分享情感，進而達到族群融合，充分展現出宗教信仰對群體的凝聚作用。

〔註59〕訪談時間與地點：2014 年 10 月 28 日，南投縣九族文化村。

〔註60〕馬戎：《族群關係變遷影響因素的分析》（民族社會學連載之二），《西北民族研究》2003 年第 4 期。

〔註61〕《玉山神學院，守護部落的忠僕》，《臺灣教會公報》（臺灣）2016 年 4 月 25 日～5 月 1 日第 33248 期。

〔註62〕邁克爾·休斯，卡羅琳·克雷勒：《社會學導論》，周揚、邱文平譯，第 359 頁。

第三節　婚姻層面的互動

　　族際通婚是反映族群交融的程度最明顯、最直接的文化現象。族際通婚不僅是兩個個體的結合，還涉及通婚的雙方家庭、所在社區和族群之間的互動與交流。通婚的家庭又通過培育下一代，使姻親關係增附了血緣的紐帶。

一、從族內婚到族際婚

（一）實現族際通婚的原因

　　日據以前，泰雅、賽德克與布農社會並不嚴格限制族外婚。但由於風俗習慣、生活方式以及語言等因素的制約，族際交流和往來很有限。加之各族群之間常因爭奪山林、獵場等發生衝突，導致相互仇視，因而各族群普遍盛行部落內婚，族際間鮮有通婚。部落內婚在當時被視為是一種維護本族群利益的理性行為，而與外族通婚則是一種「冒險」行為，有可能因文化差異引發族群矛盾。另外，在意識的層面上，歷史上的族群間偏見或衝突也對族群成員的擇偶傾向有相當影響。馬戎認為，「兩個族群整體如果相互關係緊張、彼此仇視、他們成員之間的相互接觸會受到許多外部限制，雙方成員的內心對對方接觸也會存在某種隔閡與障礙，通常是很難建立戀愛關係並最終締結婚姻的。」〔註 63〕

　　據口傳，過去賽德克人的結婚對象主要以血族團體內的成員為主，但為了避免近親結婚，有時也與鄰近部落的賽德克人通婚。〔註 64〕泰雅的通婚對象也以本族為主，據日人調查，泰雅人多在流域同盟的部落間實行通婚。同流域同盟一般由同族的不同部落構成，對內使泰雅諸部落得以維持友善和好的關係，進一步的作用則在於把對內之通婚、往來及貿易的範圍，擴展到另一部落的區域。〔註 65〕在泰雅與賽德社會，嫁娶婚最為流行，雖然有的部落也出現過入贅婚、交換婚，搶奪婚也偶有發生，但總體數量較少。〔註 66〕在實行部落內婚或族內婚的同時，泰雅人、賽德克人為防止亂倫，而制定出近親禁婚的原則。李亦園在調查泰雅部落時發現，泰雅人近親禁婚的範圍包括

〔註 63〕馬戎編著：《民族社會學——社會學的族群關係研究》，第 432～433 頁。
〔註 64〕簡鴻模、伊婉・貝林：《中原部落生命史》，臺灣原住民同舟協會 2003 年版，第 57 頁。
〔註 65〕臺灣總督府臨時臺灣舊慣調查會：《番族慣習調查報告書第一卷（泰雅族）》，「中央研究院」民族學研究所編譯，第 264 頁。
〔註 66〕廖守臣：《泰雅族的社會組織》，第 118～120 頁。

父方同高祖五代親屬及母方同曾祖四代親屬，這個近親禁婚群被稱為 Qutux galu（意為同一個九）。〔註67〕賽德克人的近親禁婚群與泰雅人基本一致。

臺灣光復以前，布農社會普遍存在聚落內婚的傾向，在婚姻方式上以嫁娶婚為主，搶奪婚也較為常見。有的部落還有童養媳婚的現象，但入贅婚和交換婚極為罕見。〔註68〕同樣的，布農社會中也存在著近親禁婚群。布農的氏族精神強調共祖、共家原則，婚姻法則與氏族組織直接相關。布農社會禁止與同一聯族內的異性結婚，禁止與母方的父系氏族成員結婚，當事人雙方的母親屬同一父系氏族者也禁婚。〔註69〕布農人相信，同氏族或同聯族的成員血脈相連，彼此間有親屬血緣關係，不可通婚。同時，布農人還認為，若與來自母方氏族的成員通婚，有可能造成遺傳上的生理缺陷，因而禁止族人與母方的氏族成員通婚。

臺灣光復後，部落社會逐漸開放，人口流動變得頻繁，族際之間的瞭解不斷增多，仁愛鄉各原住民族群間的婚姻往來變得越來越普遍。在婚姻方式上，傳統的嫁娶婚最為普遍，偶而也有個別的入贅婚，但交換婚與搶奪婚都早已銷聲匿跡。泰雅、賽德克及布農三族群從族內婚走向族際婚的原因主要有以下三個方面：

第一，不同族群成員接觸與交往機會的增多為族際通婚提供了客觀條件。

在早期部落社會中，各原住民族群均以自給自足的生產方式為主，加之地理空間的阻隔、語言交流的不暢等，社會處於相對封閉狀態，不同族群成員間日常接觸與交往的機會很少。自 1945 年以後，「國語」的共同習得為不同族群成員間的交流提供了條件，各族群成員可以使用「國語」順利溝通與交流。此外，隨著社會流動性的增強、交通條件的便利，人際交往的場所不斷增多，各原住民成員接觸的機會也隨之增加，族際交流變得越來越頻繁。如今，同學或朋友聚會、工作單位、市集、教會等，逐漸成為不同族群成員開展社會交往的新場所，人們在不同的社交場所中分享和交換信息、交流情感，彼此的包容和接納度日益增強，相互間締結婚姻的可能性也逐漸增大。

〔註67〕李亦園等：《南澳的泰雅人》上，第 195～201 頁。
〔註68〕韃虎‧伊斯瑪哈單‧伊斯立端：《高雄縣那瑪夏鄉布農族親屬與文化之研究》，第 152～154 頁。
〔註69〕馬淵東一：《馬淵東一著作集》，社會思想社 1974 年版，第 93～171 頁，轉引自黃應貴：《「文明」之路：「文明化」下布農文化傳統之形塑（1895～1945）》（第 1 卷），第 93 頁。

　　來自清流部落的賽德克女生 L〔註70〕，出生於 1992 年。三年前，她在一次小型的朋友聚會上，認識了來自萬豐村曲冰部落的布農男生 M。當地的聚會根據功能、性質等不同，可以分為幾種不同形式，有些聚會安排有特殊的儀式、表演等活動（如祭祀聚會），參加的人員也相對固定；而有些聚會沒有固定的儀式和流程，相對開放和隨意。聚會的主要目的，一般都是為了滿足人的交往、娛樂或精神訴求。在聚會上，那些原本不那麼熟悉甚至相互陌生的人，可以建立起新的關聯。日常的朋友聚會相對開放，形式簡單，參加的人員一般沒有限制。L 與 M 就是在這樣的聚會上，經朋友牽線搭橋，從聚會上的陌生人變成了私下裏的熟人，也慢慢從普通朋友關係發展成了戀人關係。雙方屬於自由戀愛，比較注重雙方之間的感情，在確定戀愛關係後，也未遭到雙方家庭的反對。後來雙方順利結婚、生子，又因工作需要，共同居住在南投埔里鎮。女方的長輩認為，現在的年輕人有很多與外界接觸的機會，認識新朋友的機會自然就會跟著增多。而且年輕人的思想越來越開放，在選擇戀愛、結婚對象時，不會過多在意對方的族群身份，彼此之間的感情基礎更為重要。長輩看到子女開心、幸福，自然不會也提出反對意見。

　　不同族群成員之間社會接觸與交往機會的增多，有利於消除心理障礙，為建立情感進而促成族際通婚提供了客觀的社會條件。

　　第二，族際通婚態度的轉變是推動族際婚發展的主觀原因。

　　仁愛鄉泰雅、賽德克及布農間已不存在整體性的文化偏見與刻板印象。不斷開放與包容的文化態度，也是導致族際通婚日益增加的重要原因。以前各族群的長輩均不支持也不允許族人跟其他族的人通婚，所以年輕人都在自己或鄰近部落尋找結婚對象。現在的年輕人視野越來越開闊，不再受歷史偏見的影響，對族際通婚的態度也變得十分開放。親愛村分布著賽德克與泰雅兩族人，早期兩族間因為歷史恩怨、資源競爭等因素相互牽制，相互間鮮有通婚。賽德克人與泰雅人都認為，與仇敵通婚是違背傳統規範的行為，必將遭到懲罰。但近年來，雙方之間的溝通和交流增多，族人在通婚態度上也發生了改變。親愛村萬大部落一位泰雅報導人曾感歎：

> 日本人在的時候（指日據時期），萬大與隔壁部落（指親愛村松林部落）不怎麼友好，更不用說通婚，（如果有族人偷偷與松林部落的賽德克人結婚）是要被趕出部落的。但後來，我們劃在了同一個

〔註70〕應訪談人的要求，此處隱去當事人的真名和真實姓氏，而採用代稱。

村，也就是現在的親愛村，好多活動都一起舉辦，好多事務也一起商量處理，關係也慢慢好起來。我們與賽德克人歷史上的恩怨也逐漸變淡，我們越來越覺得不應該讓歷史上的那些恩怨一直影響兩個部落之間的關係。〔註71〕

仁愛鄉鄉公所的一位工作人員認為，族際通婚與人們的知識水平也有關聯，他告訴筆者：

現在人們的知識水平越來越高了，大家都知道近親結婚不好，跟外族人結婚就可以避免（因近親結婚帶來的不良後果）。我們部落有鄒、泰雅、賽夏，都是外嫁過來的。部落也很歡迎各族群新娘。現在都沒有什麼歧視了，你情我願就行。〔註72〕

如今，在中正、法治及萬豐三個布農村落，都有泰雅和賽德克嫁過來的新娘。而在泰雅、賽德克的部落中，也有來自布農的新娘。泰雅與賽德克之間的通婚亦變得頻繁。

在婚姻對象的選擇上，各族群成員除突破族群身份的約束外，也打破了區域的限制。例如，在賽德克部落中，除了有仁愛鄉的泰雅新娘外，也有來自新竹的泰雅新娘。在泰雅部落中，也同時有來自仁愛鄉和信義鄉的布農新娘。清流部落的江姓泰雅新娘女士來自新竹縣，早些年跟自己的丈夫在都市裏打工認識，後來兩人一同回到清流部落發展，並生兒育女。江女士表示，她剛到清流部落時，由於不熟悉賽德克人的文化，多少有些不適應。但時間久了，跟部落的人漸漸熟絡起來，原來的不適感也慢慢消失。近年來，清流部落大力發展旅遊觀光業，江女士也在努力學習、宣傳賽德克人的文化，現已成為清流部落一名資深的導覽解說員。

族際通婚態度的轉變反映了某一族群對異文化的認知程度，也反映不同族群間的社會距離。仁愛鄉各原住民趨於開放與包容的族際通婚態度，有利於促進各族群間的婚姻往來。

第三，人口相對規模的差異是推動仁愛鄉族際通婚的特殊原因。

有研究指出，人口因素，尤其是族群人口的相對規模和性別比，是考察族際通婚時不可忽視的一個面向。人口的相對規模會影響本族群成員與其他族群成員交往和通婚的機會。如果特定區域內或某個社區中某一族群的人口

〔註71〕訪談時間和地點：2014 年 11 月 28 日，親愛村萬大部落。
〔註72〕訪談時間和地點：2015 年 7 月 15 日，春陽村春陽部落。

數量相對較少，再加上性別比例、年齡分布等因素的限制，在本族尋找配偶的可能性相對較小，那麼有時就不得不到鄰近的社區尋找配偶。〔註73〕簡言之，在特定區域內的人口規模相對小的群體中，更容易發生高比例的族際通婚率。這一觀點，可以從仁愛鄉清流、中原及眉原三部落的通婚狀況中得到佐證。

　　清流、中原及眉原三個部落的族人毗鄰而居，清流與中原部落多為賽德克人，眉原部落則多為泰雅人。在這三個部落中，泰雅的人口規模相對少於賽德克人，且由於早期多為族內婚，眉原部落內部以及與鄰近的泰雅部落之間，已經建立起繁密的姻親關係網絡。隨著時間的推移，眉原部落的泰雅人在本族內尋找配偶的可能性越來越小，因而不得不到鄰近的賽德克部落尋找。對此，眉原部落一位報導人曾表示：

　　　　我們現在跟清流、中原（部落）的很多人都是親戚，我們都嫁
　　來嫁去的。以前我們只能跟泰雅人結婚，一個部落裏都是親戚。後
　　來為了避免亂倫，我們就開始到隔壁（指清流與中原部落）找對象。
　　清流和中原的人比較多，而且我們以前經常互相幫助，大家都比較
　　熟悉。〔註74〕

　　眉原部落的林先生，出生於 1942 年，本身是泰雅人，太太是清流部落的賽德克人。據他講，他們年輕時，部落裏的人口流動遠不如今天。他們那一代人找結婚對象時，多遵循「就近原則」，或是親戚介紹。所以，眉原與中原、清流部落間有著複雜的姻親關係。林先生在訪談中還講到，當年他與太太剛結婚時，由於自家兄弟多，沒有房屋居住，所以他不得不與太太暫時寄住在清流部落丈人家。在清流部落，他一面幫丈人家做農活，一面在外面工作賺錢。待經濟條件好些後，他才與太太在眉原部落修建了自己的房子，並一直居住至今。據林先生反映，眉原與清流部落一直維持相對和平的關係，他隨太太居住在清流部落時，並沒有遭到丈人及其他部落族人的排擠和嘲笑，反而經常會得到部落成員的幫助。他在談起眉原部落與清流部落的關係時說：

　　　　我以前聽我們的長輩說，清流的人剛從霧社遷過來的時候，沒
　　有土地，也沒有種子耕種。日本人先是讓我們騰出一塊地，給賽德

〔註73〕莊世恒：《論現代化進程中影響族際通婚的因素》，《內蒙古社會科學》（漢文版）2006 年第 4 期。
〔註74〕訪談時間和地點：2015 年 7 月 13 日，新生村眉原部落。

克人居住和種稻。我們的長輩還算友好，不僅讓出土地，還提供糧食和作物的種子。賽德克人也知恩圖報，當他們種的水稻或其他作物收穫時，還會送一些到眉原部落，作為回禮。就這樣，我們在一起相處了多年，關係還不錯。以前眉原部落的男人結婚時多在自己部落找對象，後來部落慢慢飽和了，男人總不能打光棍兒吧，所以不得不到發祥等較遠的泰雅村落找對象。接著，清流部落的賽德克人來了，我們開始通婚。再後來，中原部落的賽德克人也來了，我們也跟他們通婚。

眉原人講泰雅語，而清流、中原部落的人講賽德克語，雙方語言並不通，那他們通婚後如何溝通呢？林先生解釋說：

我們也不是一開始就通婚，也有一段相互瞭解的過程。日本人還在臺灣的時候，我們很少通婚。清流部落經過霧社事件後，人口所剩不多，又多是老弱病患，年輕人很少。剛到的時候，清流人先要解決的是生存問題，好在在眉原人的幫助下，他們慢慢過上了正常的生活。至於我們從什麼開始通婚，我也說不清楚。說到我們眉原與其他兩個部落的溝通問題，還得回到日本人在的時候。日本人當時在部落裏建學校，我們三個部落的人在同一所學校讀書，就是現在的互助小學。當時，部落的人接受的是「蕃童教育」，得學習日語。雖然日本人不允許我們講各自的族語，但彼此在私下裏還是用族語交流。我們當時也相互學習了（對方族群的）一些日常用語。時間久了，我們聽得多了，自然多少也會講一些彼此的話。由於賽德克的學生比我們多，我們學賽德克語的機會也相對較多。這也是為什麼如今在這三個部落中，眉原泰雅人會講賽德克話的人比清流和中原部落會講泰雅語的人要多。所以你剛剛提到的溝通障礙問題，從一開始就不大，之後更是慢慢變小。再說我們後來又都學會了「國語」，所以交流更不成問題。〔註75〕

（二）仁愛鄉族際通婚的特徵

仁愛鄉原住民的族際通婚呈現出一些特徵：

首先，在婚姻對象的選擇上，各族群均未設定特別的身份限制，而是以

〔註75〕訪談時間和地點：2015 年 7 月 13 日，新生村村辦公室。

遵從個人意願為前提。

　　就筆者在仁愛鄉的觀察，各原住民族群的年輕人可以自由地在各族群中選擇自己的結婚對象。泰雅人的可以自由地選擇與賽德克或布農人結婚；賽德克人也可以根據自己的意願，選擇與泰雅或布農人結為夫妻；布農人在選擇通婚對象時也沒有特別的限制。在結婚對象的選擇上，各族群成員享有充分自由，族群身份已不再是通婚的屏障。大多數時候，個人意願才是首要考慮的因素。人們現在普遍認為，年輕人在選擇結婚對象時都很自由，不管對方是什麼族，只有兩個人你情我願、相親相愛，彼此之間符合結婚要求，長輩們都不會有太多意見。以前泰雅人不和布農結婚，但現在很多泰雅人也嫁到卡度（中正村）、武界（萬豐村）布農去了。雖然過去他們的先輩不和睦，但兩族如今相處得很好。過去的仇恨是先輩的事情，並不妨礙兩族年輕人現在的戀愛和婚姻。

圖 3-7　原住民婚禮現場

注：女方為泰雅人，男方為賽德克人

　　來自法治村武界部落的王先生與來自春陽部落的劉女士為高中同學，前者是布農人，後者是賽德克人。畢業後，兩人都在臺北工作，平日往來頻繁。原有的「同學情」加上「鄉情」，使兩人的關係變得更密切，最終兩人確定了婚戀關係。據王先生的姐姐介紹，父母曾囑咐他們兄弟姐妹，結婚對象不可為泰雅人、賽德克人和漢人，原因在於布農人曾經與泰雅人、賽德克人和漢人不和，互為世仇。但事實上，王先生和他的兄弟姐妹都沒有受到歷史上的族群關係的影響，他們認為，父母所謂的「世仇」在他們這一代已經變得很淡，年輕一輩不再刻意強調歷史上發生過的衝突。在婚姻大事上，年輕人比較注重個人的意願，而父母或者其他長輩考慮到子女的幸福，也不會過多阻撓。

　　一位賽德克的耆老就現在日益普遍的族際通婚現象發表了自己的看法：

　　　現在我們想攔也攔不住，年輕人有自己的想法，為了他們的幸福，我們會尊重他們的選擇，孩子們開心就好。在結婚前，我們會再三地囑咐他們，要對自己的選擇負責。〔註76〕

　　其次，人們在擇偶時越來越重視門第觀念與經濟條件。

　　擇偶觀作為一種思想觀念，從一個層面反映了族群交往時的心理狀態。擇偶習俗以及通婚範圍及其標準的產生，往往與一定的社會文化、價值觀念、經濟發展、家庭關係、職業類型、個人素質及個人感情等主客觀因素有密切聯繫，是多方面綜合因素共同作用的結果。〔註77〕

　　早期，泰雅、賽德克及布農的擇偶觀較純粹，男的看打獵技能，女的重紡織工藝，這種擇偶觀的衍生與早期的社會經濟條件密切相關。在農耕與遊獵社會中，物質資料的匱乏使人們必須依賴男子狩獵以獲取食物，而家庭成員的服飾則主要依靠女子的紡織，因而擅長狩獵的男性與精通紡織的女性，在部落都享有較高的社會聲望和地位。如今，基本的物質生活條件很容易得到滿足，狩獵與紡織不再是族群男女必備的技能，所以人們在選擇通婚對象時，開始轉向重視門第及對方的經濟條件。

　　門當戶對講究的是婚姻雙方的家庭在政治、經濟及文化等層面的地位相當。筆者發現，在諸如知識分子、公務人員等具有一定社會地位的家庭中，父母尤其重視門第觀念。在他們看來，結婚雙方社會地位的懸殊可能導致家

〔註76〕訪談時間和地點：2017年6月23日，南投縣埔里鎮。
〔註77〕楊築慧：《當代侗族擇偶習俗的變遷》，《中央民族大學學報》2005年第1期。

庭衝突，而政治地位、經濟水平、價值觀與審美情趣等相似，才能確保夫妻在婚姻生活中的平等地位，進而保障婚姻關係的和睦。

除重視門第外，臺灣原住民也越來越注重聘禮。聘禮的數量和種類的差異，可以透視不同民族社會分層的狀況，是區別富貴貧賤等不同社會等級的顯著標誌，聘禮的多寡成了區分不同社會階層的象徵符號。〔註78〕人們通過聘禮來判斷一個家庭的經濟實力，也借由收到聘禮的多寡來顯示自身的社會地位。隨著人們對金錢的看重，現在的原住民在結婚時越來越重視聘禮的數量和價值。很多人都認為，收到的聘禮越多，越能證明自己家在部落的社會地位高。力行村的一位村幹部在談到當地聘禮的現實狀況時表示：

> 原住民對聘禮的要求越來越高，這是跟漢人學來的。以前泰雅、賽德克及布農結婚，需要分豬肉，象徵性地送一些聘禮就可以了。現在人們也開始學漢人，以金錢當聘禮，而且要求的聘禮數額越來越高。〔註79〕

其實，在原住民傳統社會中，聘禮一直都是存在的，只是它往往與各族群的價值觀相關。以泰雅和賽德克為例，在他們的傳統社會中，各個亞群對聘禮的要求不一，但珠裙一般是必需的聘禮，另外有的部落還要求聘禮中有農具、獵槍等物品。〔註80〕珠裙是一種貝珠衣。貝珠衣是泰雅、賽德克社會最貴重的禮服，繫以厚重的硨磲蛤磨製成細小圓柱狀的白貝珠，橫綴或縱綴於麻織布上，並排對齊。其形式除珠裙外，還有長背心、胸布及護腳布等，並有腰飾、腳飾、腕飾及臂飾等裝飾品。過去只有頭目、族長以及「出草」最多的勇士這些具有一定社會地位的人，才有資格穿戴貝珠衣，而且是在舉行特定儀式的時候。在他們的傳統觀念中，珠裙可以作為聘禮，娶妻的男方需根據女方的要求準備珠裙，少則一件，多則十數件不等。以此作為聘禮，既能體現男方家族在自己部落中的聲望和地位，更能夠展現對女方家族的尊重。聘禮的多少還與女性自身的織布工藝有關，泰雅、賽德克尤其看重女性的織布手藝。織布手藝越高的女性，在社會中的地位就越高，其結婚時要求的珠裙數量一般也較多。當然，傳統的聘禮數量一般也會照顧到男方家族的實際

〔註78〕瞿明安：《跨文化視野中的聘禮——關於中國少數民族婚姻聘禮的比較研究》，《民族研究》2003年第6期。
〔註79〕訪談時間和地點：2014年11月27日，力行村馬力巴部落。
〔註80〕廖守臣：《泰雅族的社會組織》，第129～130頁。

經濟情況，不至太過苛求。而如今，女方有時為了追求社會地位，要求的聘禮數額已遠超過男方實際經濟能力所能承受的範圍，而且只是以金錢的多寡來衡量。所以，有些人為了娶到心儀的新娘，不得不通過向親人借錢，甚或向銀行貸款，來支付高額的聘禮，由此給家庭帶來了沉重的經濟負擔和心理壓力。

最後，建立在業緣、學緣等關係基礎上的族際通婚變得頻繁。

簡單來說，業緣關係是指圍繞職業活動建立起來的人際關係，如同事關係、生意夥伴關係等。隨著工業化和城鎮化的發展，仁愛鄉的泰雅、賽德克及布農年輕人紛紛走出部落，到埔里鎮、臺中市甚至臺北、高雄等地尋求工作機會。來自不同族群的個體在城鎮結為同事，他們在工作中相互交流、瞭解，彼此熟知，情感交流日漸深入，建立起戀愛關係。以業緣關係為主體媒介的場域，為各族群青年男女重構了交往的空間，族群歸屬不再是主體因素，個人的特質成為締結婚姻的決定性因素。鄉土社會的人倫規範和傳統禁律對流動到城市的青年男女的威懾力大為減弱，使跨族群的婚姻成為可能。〔註81〕

來自發祥村的劉某是在埔里鎮打工的泰雅人。為了找到更好的就業機會，他很早就跟部落裏的其他年輕人一起來到埔里。在工作中，他遇到很多同鄉的賽德克人和布農人，白天他們一起在工作，晚上有時候會在一起喝酒、聊天，感情相處得十分融洽。當問及這劉某是否有意願與賽德克或布農的同事戀愛或結婚時，他表示並不排斥。業緣關係的建立與不斷擴展，在一定程度上改變了個體的社會關係網絡，為不同族群間的婚姻交往提供了便利。

學緣是通過學業活動建立起來的人際關係。從通婚圈來看，學校本身就是一個重要的婚姻市場，高等學校尤其如此。這些具有相近教育程度的人，往往有較多的共同語言和接觸機會，這種認同感和在一起學習成長的客觀條件增加了通婚的可能性。〔註82〕一些正在大學讀書的年輕人表示，同學之間有很多共同的愛好，在交流內容和層次上沒什麼障礙，所以校園戀愛比較普遍，以後結婚的可能性也比較高。

〔註81〕莊世恒：《論現代化進程中影響族際通婚的因素》，《內蒙古社會科學》（漢文版）2006 年第 4 期。

〔註82〕楊元麗：《從族際通婚看少數民族關係——以月亮河流域布依族為例》，《民族論壇》2015 年第 6 期。

　　此外，宗教因素對族際通婚的影響也在逐漸加強。自 1945 年以來，西方基督宗教紛紛在臺灣原住民社會發展起來，同教派的信徒之間因共同的信仰認同，更容易建立起婚姻關係。如前文所述，教會已發展成為不同族群的成員進行社會交往的新場所，這種交往也加大了族際通婚的可能性。

二、多族群親屬網絡的形成

（一）多族群成員組合的親屬網絡

　　婚姻關係的確立，不僅意味著男女雙方夫妻關係的締結，還意味著新的社會關係網絡的建立。通過族際通婚，不同族群的家庭建立起姻親關係，多族群親屬關係網絡由此形成。在一個核心家庭裏，可能形成兩個不同族群的親屬網，而在擴大家庭裏，甚至可能出現兩個以上的多族群親屬網絡。曾有報導人在接受訪談時誇張地說：

　　　　整個仁愛鄉的原住民都是親戚，他們部落的「公主」」指未婚女

　　　　性）嫁過來，我們部落的「公主」嫁過去，一來二去，大家都變成

　　　　親戚了。〔註83〕

　　這種多族群成員組合的親屬網絡在現實生活中發揮著重要作用，閻雲翔認為，「姻親關係是家庭之間的橫向聯繫，是一種實踐性親屬關係，它不是從父母或先祖繼承而來的，而是經由通婚建立起來的。出於自身的實際利害，人們願意利用姻親關係辦事情。」〔註84〕來自不同族群的親屬成員掌握著不同的社會資源，處在這個親屬網絡的成員有時共享彼此的社會資源。對於通婚的雙方家庭、社區，甚至族群而言，姻親關係具有一定的實際功能，包括經濟、社會和宗教、調解和政治等方面。〔註85〕

　　族際姻親關係的締結為族際的交流與融合奠定了堅實基礎，多族群親屬網絡的形成將區域內的族群社會連結成一個共生結構。從這個意義上說，族際通婚是聯接各族群成員的親屬紐帶，是族群關係進一步融洽的重要推動力。

〔註83〕訪談時間和地點：2015 年 7 月 18 日，新生村眉原部落。

〔註84〕閻雲翔：《禮物的流動——一個中國村莊中的互惠原則與社會網絡》，李放春、劉瑜譯，上海人民出版社 2000 年版，第 115 頁。

〔註85〕葛伯納：《小龍村——蛻變中的臺灣農村》，蘇兆堂譯，聯經出版社 1980 年版，第 198 頁。

（二）子女族群身份選擇的多樣化

對於族際通婚家庭而言，男女雙方來自不同的族群，具有相異的族群身份。在臺灣，各原住民在政治、經濟與文化上享有同樣的族群政策，族際通婚家庭子女族群身份的選擇一般不受族群政策的影響，更多的是父母雙方自主決定的結果。調查發現，仁愛鄉各原住民的通婚家庭中，子女族群身份具有多樣化的特徵，在不同家庭中，人們做出的選擇也有所不同。

第一種情況是，子女從父方族屬。由於泰雅、賽德克及布農傳統上都是父系社會，因而，一般情況下，在族際通婚家庭中，子女的族群身份從父方族群身份。質言之，子女從父方族屬是傳統社會習俗的體現。

第二種情況是，子女從母方族屬。這種情況極為少見，一般僅見於入贅婚的家庭。在有的入贅婚家庭中，通婚雙方往往為了讓子女更好地融入當地文化，而選擇讓子女從母方族屬。一位入贅泰雅人部落的布農人與太太育有兩個子女，這兩個孩子現在都是泰雅人。這位布農人說，將兩個子女都登記為泰雅是為了讓孩子更好地融入當地的泰雅文化。

第三種情況是，在同一個家庭中，有的子女從父方族屬，有的則從母方族屬，即當一個家庭有多個子女時，可能會出現子女族群身份不一的現象，有的從父方，有的從母方。據瞭解，這種情況多是父母雙方共同決定的結果，表明通婚雙方對彼此所屬族群都有一定的認同感，且夫妻雙方在家庭中的地位平等。

在子女族群身份的實際選擇過程中，傳統社會習俗仍有較強的影響力，因而大多數通婚家庭中的子女從父方的族群身份。但同時，越來越多的通婚家庭在子女族屬選擇上也表現出開放與包容的態度。在仁愛鄉的族際通婚家庭中，子女對於自身族群身份也表現出開放的態度。有原住民朋友介紹自己的族群身份時，會開玩笑說是「太曬」族（「泰賽族」的諧音）、「太不」族（「泰布族」的諧音）。這些都並非單一的族群稱謂，而是包含了兩個族群，如「泰賽族」指的是泰雅和賽德克，「泰布族」指的是泰雅與布農，族人常以此來表示自己父母來自不同的族群。

在族際通婚家庭中，子女族群身份的選擇是衡量不同族群彼此認同強度的指標，能夠表明族群地位的高低。仁愛鄉各族群際通婚家庭對於子女身份的選擇具有多樣化、開放性的趨向，各族群處於平等地位。

三、族際關係的改善

族際通婚的實現意味著一個「異族人」被吸引進本族群，因而族際婚姻關係的締結不僅僅是通婚雙方個體的私事，同時深刻影響著族際關係的發展。

（一）族際通婚的頻繁表明族際關係的根本改善

仁愛鄉各原住民族群從族內婚走向族際婚，且族際通婚日趨頻繁，可以表明彼此關係已有根本性的改善。

在部落社會時期，泰雅、賽德克及布農之間少有通婚，各族群為了爭奪有限的生存空間和生產資料，彼此互有獵頭。按照他們的傳統，與仇敵部落的人結婚是違反祖先禁忌的，需要受到懲罰。而如今，仁愛鄉泰雅、賽德克及布農之間的通婚越來越普遍、越來越頻繁。馬戎認為，族際通婚反映族群關係深層次的狀況。一個人只有對另一個人在感情和心理上都認為「可以接受」和感到十分親近的時候，才有可能考慮與對方締結婚姻的問題。〔註86〕各族群成員在日常交往中對歷史有了更為客觀和理性的認知，對於族群間的文化差異也有了更多的理解和寬容，彼此的關係日漸親密，族群身份的界限也被打破。萬豐村布農的廖先生曾感歎道：

> 以前我們的族人跟泰雅、賽德克的人打來打去，心裏充滿了仇恨，不怎麼來往，這個大家都知道。這三族群的人都是愛打獵的族群，以前免不了為了生存相互『出草』，後來（人們）都不打獵了，年輕人也受到很好的教育，我們的關係也慢慢緩和了一些。現在，我們也相互通婚，大家都成了親戚，時不時聚到一起喝酒、聊天，（關係）親得很。我做村長的時候，參加了好多場我們族人跟泰雅和賽德克人的婚禮，氣氛都好得很。

廖先生還開玩笑道：

> 就算現在我們（三族群）之間有什麼小矛盾，幾杯啤酒下去就都解決了。〔註87〕

泰雅、賽德克及布農之間的普遍通婚，表明彼此之間已經建立起親近與友好的關係，族際關係得到了根本改善。可以預言，隨著各族群之間通婚的日益頻繁，他們的族際關係也將越來越融洽。

〔註86〕馬戎編著：《民族社會學——社會學的族群關係研究》，第436頁。
〔註87〕訪談時間和地點：2014年10月25日，萬豐村曲冰部落。

（二）族際通婚對象的靈活選擇表明族群地位的平等

在族群分層較為明顯的社會中，各族群所處的社會地位有高有低。在這種情況下，人們傾向於在社會地位較高的族群中擇偶，以便實現自身階層的向上流動。相對地，社會地位較高的族群則傾向於在本族群或其他地位相當的族群中選擇結婚對象，而較少在社會地位較低的族群中進行擇偶。在族群地位相對平等的社會中，人們在通婚對象的選擇上較為靈活，沒有特殊的族群傾向性。

仁愛鄉各原住民族群在族際通婚對象的選擇上，表現出自由與包容的態度，泰雅、賽德克及布農沒有表現出強烈的族群排斥，也沒有表現出明顯的族群選擇傾向，這表明各族群的地位相對平等，沒有明顯的族群分層。

（三）族際通婚有利於增進族群交往，促進相互認同

隨著族際通婚的日益普遍、通婚半徑的不斷延伸，不同族群成員間的社會距離在逐漸縮短，不同族群成員間交往的深度和廣度都得到延伸，族群關係不斷得到改善。

通婚就其形式來說，是兩個不同家庭的結合，是對對方生活習慣的相互適應。在族際通婚中，來自不同族群的男女雙方更是要面臨異文化的接觸、衝突與適應。可以說，族際婚姻的締結是兩種不同文化互動與調適的結果。在這個過程中，使用不同語言、文化相異的人們結成姻親，共同組成新的家庭，個體成員間的相互瞭解不斷增強，族際間的交往不斷深化，從而推動了族際關係的融洽。根據筆者對仁愛鄉族際通婚家庭的調查，人們普遍認為，外族新娘的到來給部落增添了新的活力，使部落文化變得豐富多彩。通過族際通婚，外族人既帶來了新鮮的文化血液，也把通婚族群的文化傳播了出去，他們成為多元族群語言及風俗文化的傳播者。例如，有排灣新娘把自己族群的藝術文化帶進了通婚的賽德克部落，她將兩族群的音樂或舞蹈進行結合，發展出新的藝術表演形式。

族際通婚率是衡量族群融合的重要變量之一。通婚不僅僅是兩個不同族群個體的結合，還涉及兩種族群文化、雙方所在家庭與社區的認同。儘管文化差異仍舊客觀存在，但隨著族際通婚的頻繁，族群交流將日益加深，不同族群文化間的相互理解與認同，通婚雙方所在家庭與社區的相互認同都是可能實現的。

族際通婚本身就是良好族群關係推動的結果，它同時也會促使這種關係

更進一步發展。族際通婚的漸趨普遍，提升了各族群成員對異文化的瞭解與認可度，增進了彼此間的交往和友誼，從而極大地改善了族際關係。

族際通婚是仁愛鄉各原住民族群關係深化的重要體現。但是另一方面，當族際婚姻破裂時，也有可能導致不同族群之間產生隔閡與歧視，因而我們在考察族際婚姻時亦不能忽視族際離婚的現象。

目前，仁愛鄉族際離婚的案例尚不多見，筆者在走訪中僅瞭解到一個布農人與阿美人離婚的案例。據女方當事人講，她與丈夫因性格不合而離婚，兩人的離婚對於雙方所在社區、所在族群的關係影響並不明顯。這位當事人明確表示：

> 現在結婚自由，離婚也自由，雙方性格不合，自然就過不下去。

這些都是個人的選擇，與部落和族群沒什麼太大關係。

當她聽到我問「您認為您和前夫的離婚是否會影響布農人與阿美人之間的關係？」這位布農朋友覺得很驚訝，反問道：

> 難道有哪兩族會因為這樣的事情翻臉嗎？還是我說的那樣，離
> 婚是個人的事，跟我們所在的族群沒什麼關係。再說了，我這樣的
> 也只是少數，並不是所有布農人和阿美人結婚都會離婚。〔註88〕

在現實生活中，有時候也會發生外族新娘因不瞭解本地文化而與丈夫發生爭執的現象。通常情況下，父母或部落裏的其他長輩會進行勸解。夫妻矛盾較深的時候，雙方父母會聚在一起共同調解。早些時候，部落長輩認為離婚是很不光彩的事情，所以部落裏很少有人離婚。但現在，部落長輩的觀念也隨著社會的發展發生了改變，儘管他們仍然認為離婚不太好，但他們同時認為，現在年輕人的思想越來越開放，日子實在過不過下去，離婚也沒什麼關係，所以其結果並不會對兩個族群有特別大的影響。

有研究認為，族際通婚對族群關係有「深度影響」，而族際離婚對族群關係僅有「有限影響」。〔註89〕考察發現，仁愛鄉的族際離婚並不普遍，且雖然族際離婚有時會導致族群隔閡的產生，但就目前的情況來看，尚不足以影響族際間的友好交往。此外，父母及其他長輩在晚輩的婚姻關係中具有調解作用，能夠在一定程度上保障良好族際婚姻關係的維持。

〔註88〕訪談時間及地點：2014 年 9 月 26 日，中正村卡度部落。

〔註89〕何生海：《青年族際離婚的現狀、特點及發展趨勢研究——以阿拉善左旗為例》，《西北民族研究》2016 年第 1 期。

小結

族群文化是族群成員辨識「自我」與「他者」的主要標誌，文化領域的互動是反映族群交融程度的一個重要指標。本章選取了語言、宗教及婚姻層面對仁愛鄉原住民族群的文化互動進行解讀。

自 1945 年以來，仁愛鄉泰雅、賽德克及布農在語言、宗教與婚姻等文化層面的互動越來越頻繁。在頻繁的交互往來中，儘管滋生出一些新的矛盾與分歧，對族群關係造成了一定的負面影響，但更為重要的是，各族群間原有的文化隔閡和偏見逐漸減少，歷史矛盾也部分得到了緩和，族群交流不斷深入。

首先，從仁愛鄉泰雅、賽德克及布農的語言生存與掌握情況來看，仁愛鄉形成了多民族語言共生的局面，但這並沒有成為彼此交流與互動的障礙。「國語」的學習與掌握，為各族群的溝通奠定了語言基礎，使相互的交往越來越深入。在臺灣原住民社會，族語與「國語」實現了功能互補，前者可作為族內日常用語，而後者則是族際共用語，惟使用的場域有族內或家中與族外或公共場合之分。

其次，臺灣光復後，基督長老教、天主教及真耶穌等西方宗教在原住民地區迅速傳播，並逐漸成為各原住民主要的宗教信仰。宗教生活的基督教化深刻影響著臺灣原住民的族群關係。西方基督宗教傳來之初，不同教派為發展各自的勢力而相互鬥爭，致使部落成員被切割成相互對立的信仰團體，這些信仰團體常因教義及宗教儀式的差異而發生不快。後來，隨著各教派發展勢力的穩定，不同信仰團體之間的衝突也逐漸減少，並逐步通過各種方式，建構起相互理解與認同。各教派在宗教生活上的聯繫日益緊密，這既有利於族群歷史矛盾的緩和，又能加強族群成員間的凝聚力。

最後，族際通婚是反映族群交融的程度最明顯、最直接的文化現象。族際通婚的實現表明族群關係處於深層友好狀態，能夠促進族群偏見與刻板印象的消除，從而推動區域族群的大融合。儘管族際離婚現象不可避免，但多為婚姻雙方的個人行為，在族際關係平等、和諧的社會背景下，仁愛鄉地區尚未出現因族際離婚而引發的族群矛盾或衝突。

在多族群社會，語言、宗教與婚姻的互動形態能夠充分反映出當地的族群關係面貌。綜合來看，仁愛鄉泰雅、賽德克及布農在語言、宗教與婚姻上整體保持著交融與友好互動的態勢。

第四章　經濟互動中的族群關係

　　臺灣光復後，原住民社會傳統的生計和交換方式已無法適應社會的發展，結構調整成為原住民經濟發展的必由之路。在經濟調適過程中，一方面，各族群取長補短，實現了經濟上的互通有無；另一方面，在經濟交往中，群體間往往因經濟利益而產生競爭、較量，甚至是衝突。利益上的矛盾與糾紛將導致群體間的隔閡與疏離，而經濟上的互助合作可以使族群關係更為緊密。

第一節　經濟社會的轉型

　　臺灣光復以後，臺灣原住民的社會經濟發生了巨大變化，尤其是從 20 世紀 60 年代開始，資本主義市場經濟在臺灣起步，並迅速進入各原住民地區。在新的經濟環境下，臺灣原住民的經濟觀念、生計方式等都發生了轉變，族群內部、族群與族群之間的關係也隨之呈現出新的特徵。

一、土地私有觀念的強化

　　早期，泰雅、賽德克及布農的生計方式均以遷徙游耕為主，欠缺土地所有權的觀念。日據時期，日本殖民政府掌握了山地原住民土地的所有權，剝奪了原住民大部分的生活空間，僅劃出「高砂族保留地」作為原住民生活與活動的場域。山地保留地政策的施行，使原住民的土地利用空間被侷限於保留地之內，部落的土地範圍被固定下來，無法再隨著部落勢力的興盛而向外擴張。也因此，臺灣原住民的土地私有觀念逐漸萌芽。

　　臺灣光復以後，國民黨政府延續了日本殖民政府的原住民保留地政策，

並逐步將原住民的土地私有合法化。1948 年，國民黨政府頒布相關法規，規定：本辦法所稱山地保留地係指日據時代維護山地人們生計及推行山地行政，所保留之「國有」土地及其地上產物而言，將日人所定的「番人所要地」改名為「山地保留地」，專供作為原住民生計及推行山地行政之用。1966 年，臺灣當局完成了臺灣原住民的土地測量與登記，準確掌握了各原住民部落的土地實際利用和發展情況。因此有人認為，「土地測量是將土地私有完全合法的關鍵。」〔註1〕

同年，國民黨政府對 1948 年頒布的土地管理辦法進行了修正，並頒布施行新的條例，其中明文規定：農地登記耕作權，於登記後繼續耕作滿 10 年時，無償取得土地所有權。自住房屋建地登記地上權，於登記後繼續無償使用滿 10 年時，無償取得土地所有權。且依照此辦法，原住民保留地所有權歸由原住民個人所有。1990 年，臺灣當局又將原住民取得土地所有權的年限縮短為五年，即原住民農地登記耕作權，及自住房屋建地登記地上權，在登記後並繼續耕種或無償使用滿五年後，就可取得其所有權，但仍維持所有權歸原住民個人所有的規定。

在國民黨政府的土地政策下，臺灣原住民的土地資源日漸稀少，且個人使用土地的範圍被最終確定下來。人們若要取得土地所有權，必須經過耕作權、地上權等相關登記，原住民土地制度私有的趨向漸趨明朗。

無論是日本殖民政府，還是臺灣國民黨政府，其在規劃山地保留地的過程中，都僅以原住民個人物質生活的基本需求為考量，而缺乏部落傳統公共文化空間的思考。〔註2〕在這樣的觀念主導下，原住民傳統的獵場、林地及祭祀場地等攸關傳統文化存續的土地往往被劃歸國有，嚴重挫傷了原住民的自尊心。

二、產業結構的調整

臺灣光復初期，原住民的農業生產仍以自給自足為主，各村落自成一個經濟活動單元，只有零星的市場交易。從 20 世紀 60 年代開始，臺灣原住民社會開始進入市場經濟，各族群的產業結構也發生了轉變。

〔註 1〕邱國民：《鄒族傳統的地權結構與轉化過程——以阿里山達邦社的發展為中心》，碩士學位論文，臺灣政治大學 1995 年，第 85 頁。
〔註 2〕梁煒智：《百年來臺灣原住民族土地分配制度的變遷與國家法令》，碩士學位論文臺灣大學 2000 年，第 95 頁。

（一）高經濟作物的普遍種植

在民族地區，特色優勢農業的發展有利於提高農業競爭優勢和市場優勢，進而有助於促進各民族地區經濟發展和農民收入水平的提高。

日據時期，日人已將高經濟作物引進原住民地區，但由於當時各族群成員的農業知識和種植技術有限，新農作物生產處於初步發展或探索階段。進入市場經濟階段後，先進的種植技術、豐富的農業知識不斷輸入原住民部落，為原住民鄉村農業結構的調整提供了有力支持。仁愛鄉原住民利用得天獨厚的生態環境，轉變農業意識，在政府指導下，積極發展和推廣各類高經濟作物，在經過不斷地嘗試與探索後，高冷果蔬、有機蔬菜、高冷花卉及高山茶葉等高經濟作物的規模種植，已經成為本鄉經濟發展的重點。具體而言，仁愛鄉發祥、翠華等村以種植高冷果蔬為主，春陽、大同等地以發展茶葉和花卉為主，互助、新生等村積極培育種植咖啡、檸檬，萬豐等地則以種植有機蔬菜為主（見圖4-1、4-2）。高經濟作物的普遍種植，推動了仁愛鄉經濟的快速發展，各族群成員的生活質量也得到了極大改善。

受資本主義市場經濟的影響，仁愛鄉原住民的經濟頭腦越來越發達，不少人都開始積極學習先進的農業種植和生產技術。且由於自然環境優越，仁愛鄉的高山茶、高冷蔬菜越來越受到市場的青睞。仁愛鄉原住民在農業結構的調整過程中，以市場為導向，以農業比較優勢為基礎，依靠先進的種植和培育技術，不斷改善農產品的品種與質量，大力促進農業結構的優化升級。

圖4-1　萬豐村曲冰部落種植的有機辣椒和芭樂

圖 4-2 互助村清流部落培育生產的咖啡與檸檬

　　近年來，仁愛鄉的農戶緊跟社會發展腳步，大力種植和推廣有機作物。前文提到的萬豐村的廖先生種植的有機果蔬頗受消費者歡迎，他培育出的有機芭樂個大味甜，價格實惠，得到了買家不錯的評價。調查期間廖先生正在擴建他的果蔬園（見圖 4-3），有意擴大有機芭樂的種植面積，並引進其他種類的經濟作物。萬豐村曲冰部落有優質的水源，肥沃的土壤，廖先生在規劃自己的果蔬園未來發展時，將部落的地理環境優勢與市場需求緊密結合起來，並計劃借助驗證單位對土地、灌溉水源及栽培過程進行嚴格把關，爭取將部落的有機種植規模化、規範化。廖先生強調：

　　　　對於我們很多普通的農戶來講，與市場接軌，或者學習那些新
　　　　的培育技術剛開始會比較困難，但為了擴大生產、提高收入，我們
　　　　必須一點一點學起來。

圖 4-3 萬豐村廖先生和他的果蔬園

　　廖先生在回顧自己的創業經歷時，道出了其中的艱辛：

　　　　現在做農不像以前，那個時候沒有有機種植的觀念，也沒有農
　　藥這些東西。現在市場要求我們這些農戶保證果蔬的品質，我們萬
　　豐人也在慢慢摸索新的種植技術。其間經歷過失敗，有的人放棄了，
　　而我一直堅持了下來。從土壤、水源的檢測，到果蔬苗的採購，再
　　到各類作物疾病的預防等等，我都認真學習。從剛開始時什麼也不
　　懂，到現在已經掌握了不少相關知識。我投入了大量的時間和金錢，
　　也有人勸我放棄，覺得不值得，但我認為有機作物的前景很好，還
　　是堅持了下來。什麼事情都得求精，做農也是一樣。只有這樣，我
　　們這些有機作物才能真正獲得消費者的信賴，我們與消費者也才能
　　建立長期的合作。我的很多客戶在食用過我種的芭樂和蔬菜後，直
　　接打電話下訂單，不需要再到現場去看。一些老客戶也是，他們基
　　本在果子成熟之前就預先下好了單。〔註3〕

　　清流部落的郭大姐近年來也致力於推廣有機檸檬和咖啡。郭大姐說，他
們家種植檸檬和咖啡時不用農藥，她和她的幾乎每天都要去山上，觀察檸檬
樹和咖啡樹的生長情況，嚴格按照有機法培育。郭大姐說：

　　　　現在的人追求綠色和健康，農藥殘留對人的身體危害很大。我
　　們追求綠色有機，一方面是為了滿足市場需求，大家都曉得有機的
　　東西能賣出不錯的價錢，但另一方面也是為了我們自己和大家的健
　　康，我們的家人也都食用自己種出的檸檬和咖啡，大家的健康都一
　　樣重要。〔註4〕

（二）觀光產業的發展

　　除積極優化農業生產結構外，觀光產業也在原住民地區逐步發展起來。
自聯合國宣布 1993 年為「國際原住民年」後，臺灣掀起了一股原住民熱潮，
原住民的歷史文化及部落風光逐漸被展現出來。與此同時，臺灣原住民部
落也主動思考如何恢復部落文化，發起以文化產業的形式來重振部落經濟
的社會活動。在這樣的時代背景下，臺灣原住民部落觀光營造運動應運而
生。〔註5〕原鄉地區獨特的文化資源、原生態的自然環境，為當地發展觀光

〔註3〕訪談時間和地點：2014 年 10 月 14 日，萬豐村曲冰部落。
〔註4〕訪談時間和地點：2014 年 11 月 19 日，互助村清流部落。
〔註5〕王亞欣：《對臺灣原住民部落觀光營造的思考》，《旅遊學刊》2006 年第 4 期。

文化產業提供了客觀條件。

觀光產業是市場經濟行為催生的產物，因為旅遊作為一種開放性活動，只可能存在於開放社會中，而這種社會只能是市場經濟社會。〔註6〕對於經濟發展相對落後的山地原住民來說，將族群文化資源轉化為文化產品投入到觀光產業中，成為其發展經濟的一條有效途徑。仁愛鄉在發展觀光產業上十分注重資源的開發和整合，經過多年的發展，當地觀光產業已相對穩定，並形成了本土特色。

首先，多樣性的原住民文化資源與獨特的生態景觀是當地發展觀光產業的重要基礎。文化資源是指「人類在漫長歷史發展過程中所積澱的，通過文化創造、積累和延續所構建的，能夠為社會經濟發展提供對象、環境、條件、智慧與創意的文化要素的綜合。」〔註7〕族群文化資源是特定族群集體智慧的體現，是最具特色的文化資源，既可以提升觀光旅遊的文化品位，又能夠彰顯族群文化的獨特魅力。仁愛鄉原住民部落的族群文化資源主要包括以下四種類型：（1）民俗風情，包括民族歌舞、民族體育、民族祭典及民風民俗等。民族歌舞是民族文化的重要構成，也是民族文化旅遊資源開發中最早開發和最普遍推廣的旅遊產品。（2）民族歷史文化，包括歷史文化遺址、歷史博物館與歷史紀念館等。（3）民族建築，主要指具有獨特的藝術形態和審美價值的家屋建築，如石板屋、祖靈屋等。（4）民族飲食，包括地方特色小吃和民族風味餐飲等。多族群、多層次的文化資源為仁愛鄉發展觀光產業提供了重要支撐。

如表 4-1 所示，清流部落的族人通過開發本族的狩獵、射箭及織布等文化資源，發展出一條深度旅遊的特色遊覽行程。在當地，「體驗式觀光」越來越受到各地觀光客的追捧，人們在「體驗式觀光」中不僅能夠通過導覽解說暸解地區文化的特徵與發展脈絡，更重要的是能夠通過體驗式參與親身感受原住民傳統文化的魅力。

〔註6〕申保嘉：《論旅遊是市場經濟發展產物》，《旅遊學刊》2008 年第 8 期。
〔註7〕姚偉鈞主編：《從文化資源到文化產業——歷史文化資源的保護和開發》，華中師範大學出版社 2012 年版，第 4 頁。

表4-1 清流部落賽德克深度旅遊遊覽行程表

時　間	行程安排
08：00～	到達清流部落
08：00～08：30	紋面、著賽德克服裝
08：30～09：30	體驗賽德克狩獵文化（陷阱體驗及射箭）
09：30～10：00	賽德克傳統織布教學
10：00～10：30	體驗原住民傳統搗米文化
10：30～11：00	參觀「餘生紀念館」
11：00～11：30	賽德克舞蹈教學
11：30～12：00	參觀當地民族手工藝作坊
12：30～13：30	品嘗賽德克特色美食
13：30	返程

　　郭老師是清流部落的一位在地文化研究者，他退休後一直專注於賽德克人歷史與文化的重建。閑暇時，他會應旅行社的邀請，為來自各地的觀光客講述賽德克人的歷史發展（見圖4-4）。郭老師說，他希望通過生動有趣的講解，將賽德克的優秀文化宣傳出去，讓更多的人真正瞭解清流部落，瞭解賽德克人的歷史和文化。除他以外，旅行社也會邀請部落的其他長輩、獵人，現場展示賽德克的紡織工藝和狩獵文化。

　　在清流部落，有人專門負責為觀光客講解、展示賽德克人的狩獵文化（見圖4-5）。在展演現場，他們會穿著賽德克的傳統服飾，腰配獵刀，肩背自製的弓箭，細心地為觀光客講述賽德克人狩獵的方式和過程。在做完口頭講解後，還會在部落中選擇一塊合適的場地，指導觀光客親自體驗賽德克人的狩獵文化。講解者強調，在賽德克人的社會中，狩獵是男人的事，所以只邀請男性觀光客學習和體驗。至於女生，她們要學的是織布文化。

　　清流部落的觀光模式受到了各地觀光客的喜愛。仁愛鄉一位旅行社的負責人介紹說：

　　　　近幾年來，清流部落的觀光業發展得還不錯，我們推出的觀光路線受到大家的歡迎。為了讓觀光客更深入地瞭解賽德克的文化，我們也會真誠地邀請部落的耆老，或者懂部落文化的族人，一起加入到觀光活動中來。好在部落的長輩們都很配合，也很積極，我們現在做得很好。這樣的體驗方式既有趣，又有意義。我們把自己部

落的文化推出去，同時也把觀光客吸引過來，這對部落來說豈不是
一件好事？〔註8〕

圖4-4　部落歷史解說現場

圖4-5　狩獵文化展演現場

〔註8〕訪談時間和地點：2015 年 7 月 4 日，互助村清流部落。

　　仁愛鄉有豐富的瀑布、溫泉景觀與林場資源，這些也都成為部落族人重點開發的觀光資源。如表 4-2 所示，仁愛鄉原住民憑藉天然、獨特的生態自然景觀，打造出別具特色的生態觀光路線。

　　其次，交通網絡體系的日趨完善，為當地居民參與觀光產業提供了有力保障。公路通向了大多數部落，便利的交通為在地居民提供了與外界溝通和聯繫的渠道，打破早前相對封閉的生存環境，為更多有意開發在地觀光資源的部落提供了便利條件，越來越多的原住民部落投身到本土觀光事業的開發之中。同時，隨著交通及相關配套服務設施的完善，鄉內各部落的觀光資源被整合起來，各部落、各社區都涵括在這個網絡體系內。如表 4-2 所示，仁愛鄉根據當地交通發展情況規劃出六大觀光區域。這六大觀光區域將仁愛鄉的泰雅、賽德克及布農大多數社區規劃在內，充分發揮出本地的文化資源優勢，實現了資源的有效整合。

表 4-2　仁愛鄉六大觀光區域規劃及發展特色展示表

觀光區域	範　圍	主要交通路線	現有特色景觀
第一觀光區域	以霧社為中心，南豐村→大同村→榮興村線	臺 14→臺 14 甲	夢谷瀑布、楓林農場、碧湖介壽亭、霧社碧湖、清境農場、梅峰農場、合歡山等
第二觀光區域	春陽村→精英村→合作村線	臺 14 乙→投 85	春陽溫泉、傳統文化工作室、臺大農場一場、雲龍橋、廬山溫泉、馬赫坡岩窟、合歡瀑布、雲海、能高越嶺古道等
第三觀光區域	發祥村→力行村線	力行產業道路	泰雅人發祥地、瑞岩溫泉、紅香溫泉、帖比倫溫泉、翠巒舊部落等
第四觀光區域	親愛村→萬豐村→法治村	投83、親豐道路、武界林道	奧萬大森林遊樂區、曲冰遺址、石城谷、武界古道、原始楓林區
第五觀光區域	互助村→新生村線	臺 14 乙→投 21	蕙蓀林場、北港溪、泰雅度假村
第六觀光區域	以中正村線為主，並與魚池鄉進行觀光策略結盟	臺 14 乙→投 71→投 69	原住民生活體驗、布農文化生活社區、農特產品

資料來源：沈明仁：《仁愛鄉志》，南投仁愛鄉公所 2008 年版，第 1879～1881 頁。

三、部落市集的形成

市集，是各類商品流通的重要場所。自市場經濟發展以後，兼具意識形態屬性和商品屬性特質的多層次、多形式的文化經營項目大規模地進入市集，以致形成了一種特有的文化現象——部落市集。2014年9月，為推廣南投縣原住民部落健康農業形象及在地原住民文化，南投縣政府原住民行政局在仁愛鄉公所、仁愛鄉南豐村部落假日市集管理委員會的協助下，於大同村創設了「原鄉部落假日展售市集」（見圖4-6）。大同村是仁愛鄉的行政中心，是本鄉重要的交通樞紐，各部落居民往來於此較為便利。更重要的是，這裡還是各地觀光客前往清境農場、盧山溫泉、春陽溫泉等仁愛鄉熱門觀光景點的主要途徑地。每逢節假日，各地的觀光車大量湧進仁愛鄉，滾動的人潮激活了仁愛鄉各部落的經濟活力。「原鄉部落假日展售市集」的設立為仁愛鄉及埔里鎮原住民生產的農特產品、工藝品等，提供了公平的交易平臺，使生產者避免中間商剝削，獲得更合理的利潤，從而保障一線的生產者有更多餘力投注於生產技術的改進與產品質量的提升，並以此帶動南投縣原住民部落其他相關產業的發展。

圖4-6　仁愛鄉原鄉部落假日展售市集一角

圖 4-7　布蘭市集的宣傳條幅

「原鄉部落假日展售市集」內販售的產品主要來自仁愛鄉及埔里鎮本地。在地生產，又在地銷售，大大降低了產品運輸成本。交易雙方在市集議價，互相監督產品質量，也避免了惡性競爭。按照原有的規劃，該市集固定在每個禮拜六與禮拜日開放，僅設 16 個攤位，展售產品主要分為三類：手工藝，3 個攤位，包括手工藝工作坊及藝術工作室等（可兼售自產農特產品）；農特產品，8 個攤位，銷售當季蔬果、原鄉咖啡及加工產品等；熟食，5 個攤位，銷售香腸、風味烤肉及竹筒飯等原住民風味美食。

因部落市集攤位有限，商家需要提前向鄉公所提出申請，申請時需注意以下問題：（1）申請者需為設籍於南投縣，且具備原住民身份的個人或單位負責人（以設籍於仁愛鄉及埔里鎮者為優先）；（2）販售的手工藝需具備南投原鄉部落特色，農特產品產地也需於本縣行政區範圍內，並為原住民自己栽種；（3）在申請過程中，肢體障礙、單親、低收入戶及手工藝者優先（需開立相關證明），但各類別均不超過 1 個攤位；（4）申請者可提供過去相關經驗及產品認證相關數據（如生產履歷），以便確保產品的安全性及來源可靠；（5）申請者無不良展售記錄。

　　與大同村的假日市集不同，親愛村的市集則是由部落居民自主發展起來的，其興起主要得益於鄰近的奧萬大風景區。每年 10～12 月是奧萬大風景區的賞楓季，壯闊的楓樹林景觀吸引來了不少觀光客。2016 年 9 月，在奧萬大賞楓季即將到來之際，與奧萬大風景區相鄰的親愛村居民借機籌備開辦部落市集——布蘭市集〔註9〕，以期進一步挖掘部落的經濟發展潛力。據親愛村村長介紹，每到奧萬大風景區的賞楓季，不少觀光客從埔里鎮驅車，依次經法治村、萬豐村及親愛村，最後進入奧萬大風景區。本村居民藉此機會，經由市集展銷他們在地的農特產品、風味美食以及特色手工藝品，一來可增加經濟收入，二來可調動他們參與村公共事務的積極性。布蘭市集設立在親愛村的一片空地上，為了確保布蘭市集的有效運行，親愛村還專門成立了「布蘭市集管理委員會」。「市集管理委員會」負責市集設備（如帳篷、宣傳條幅等）的管理、攤位的分配及商家的監管等。布蘭市集約有 15～20 個攤位，一般情況下，管理委員會按照居民報名的先後順序分配攤位，但同時也兼顧商品的多樣性。據「布蘭市集管理委員會」的負責人透露，在分配攤位時，他們會盡可能地保證產品種類的豐富性與多樣性，各類產品的攤位數量也盡可能地做到均衡。即便有多家攤位銷售同樣的產品，「市集管理委員會」也會在與各商家協商後，確立統一的銷售價格，消費者根據自己的喜好挑選即可。「布蘭市集」的開放時間每年僅有三個多月，一旦奧萬大風景區的賞楓季結束，市集也隨之關閉。據瞭解，在這三個多月的開放期內，「布蘭市集」帶給親愛村居民生活不小的影響，有成功之處，也有尚需進一步完善的地方。「布蘭市集管理委員會」負責人表示：

　　　　在開辦市集初期，我們通過多次的開會商討，達成共識，以確保村民利益的最大化。從最後的結果來看，去年（2016 年）的市集很成功。剛開始，觀光客不曉得我們村有市集，畢竟我們是第一年開辦，影響力還不夠大，而且市集離奧萬大風景區還有一段距離。我們的村民就自發組成志願者隊伍，沿路懸掛條幅和標語（見圖4-7），引導人們在返程時到市集來採購。當然，由於是第一次，我們還有很多不成熟的地方，今年我們會爭取鄉公所、奧萬大風景區的協助，在衛生管理、基礎設施及市集規範等方面繼續完善。〔註10〕

〔註9〕「布蘭（Bulan）」，為親愛村松林部落的傳統名稱，布蘭市集位於松林部落，故以此命名。
〔註10〕訪談時間和地點：2017 年 6 月 29 日，親愛村松林部落。

臺灣原住民地區部落市集的形成與在地觀光產業的發展密切相關，市集的商戶主要來自原鄉部落，消費者以觀光客為主。學者 Little 曾將觀光客這一市場的主要參與者引入到市集研究中，認為觀光客類型的市集主要出售民俗藝品、針織品等手工藝品及燒陶器皿，且這一類市集的週期取決於觀光者的出遊檔期，而非商品的生產週期。〔註 11〕臺灣原住民部落市集的形成與發展情況與他的判斷基本相符，無論是大同村的假日市集，還是親愛村的布蘭市集，大部分攤位的商戶考慮到成本問題，其開放的時間都會充分考慮觀光者出遊檔期的影響。儘管也有部分攤位在觀光者的非出遊檔期仍然開放，但實際收益並不好。周邊居民到部落市集消費的頻次不高，多數時候，他們僅把部落市集當作打發時間、話家常或與朋友閒聊的一個新型空間。

土地觀念的轉變、產業結構的調整及部落市集的發展，將區域內的個體、群體密切地聯繫在一起，以市場為基礎的經濟活動逐漸活躍起來。而以市場為基礎的經濟活動，既是確立新型良性族群關係的催化劑，又是滋生各種經濟矛盾與衝突的溫床。〔註 12〕在新的經濟生活中，各種經濟關係日益複雜，競爭、利益及優勝劣汰等經濟因素催生了新型族群關係的形成。

第二節　經濟互動中的交流與合作

在市場經濟中，市場是全方位開放的，既不受地域界限的限制，也不受民族風俗與宗教信仰的限制，所有的商品生產者、經營者與購買者都能夠充分參與到市場交易中。正是市場的開放性，打破了仁愛鄉地區相對封閉的經濟形態，造就了本地區各原住民族群日漸緊密與相互依賴的經濟關係，彼此在經濟生活中友好互動。

一、農業生產中的密切合作

首先，開放性的經濟市場使農業耕作技術、生產工具及產銷知識等實現了跨族群的流通，各族群在生產和經營理念上不斷碰撞出火花，相互取長補

〔註 11〕Walter E. Little,Mayas in the Marketplace:Tourism, Globali 張某 ation, and Cultural Identity,Austin: University of Texas Press，轉引自李子娟：《國內外集市研究綜述》，《科技和產業》2011 年第 12 期。

〔註 12〕馬戎、周星：《中華民族凝聚力的形成》，北京大學出版社 1999 年版，第 396 頁。

短，共同發展。

　　泰雅、賽德克及布農在長期的社會發展過程中，都積累了一定的農業生產智慧。早期相對封閉的生存環境阻礙了彼此間農業知識的交流，而經濟市場的日益活躍加速了信息流通的速度。同時，新的生產技術、經濟營銷知識及新作物的引進等，為族群的經濟交往注入了新的活力。各族群在經濟生產中共同學習和分享新的知識經驗，彼此間的關係逐步加深。在今日仁愛鄉，賽德克人可以到布農部落學習有機果蔬的種植經驗，泰雅人也歡迎布農人到部落考察香菇種植基地，彼此都敞開心胸，沒有保留。現代網絡科技很發達，各部落的農戶還可以通過 Line、Facebook 等網絡通訊軟件進行信息交換和共享。

　　前文提到的桂校長一直對農業種植抱有極大的興趣，他曾在互助小學附近的一片空地上自己搭建起一個香菇僚，雖然面積不大，但經過他的悉心培育，也有不小的收穫。2015 年 7 月的一天，桂校長為了提高自己的香菇培育技術，以便退休後可以規模化培育，特意跟家人一起到發祥村，拜訪一位培育香菇的泰雅資深農戶，我也一同前往。本來，我還在擔心因為涉及到經濟利益的問題，此次拜訪會遭到對方拒絕。但最終結果證明，我的擔心是多餘的，發祥村的這位農戶非常熱情地接待了我們一行人。我們剛到部落，他就邀請我們去參觀他的香菇僚，並且詳細介紹香菇培育的技術、香菇烘乾的設備等等（見圖 4-8）。桂校長說，他此行收穫很大，對香菇培育的知識又有了更深入地瞭解。

　　2017 年 6 月，當我重返仁愛鄉補充調查時，桂校長已與發祥村的香菇培育戶達成合作協議，後者負責提供技術支持，雙方按一定比例共同提供資金投入。待收成後，雙方按照協議商定的比例分配產品數量，所得收入歸各自所有。這樣一來，發祥村的香菇培育戶不僅可以在資金上獲得支持，還能夠通過與桂校長的合作來分擔產銷風險。對桂校長而言，他成為了一位生意「合夥人」。他表示，這種合作模式具有現實意義：

　　　　這樣的合作模式是我們雙方共同商討出來的。我的泰雅朋友有技術，我能夠幫他提供一些資金投入，產銷任務共擔。我們達成共識後，一拍即合。到現在，我們合作已有半年多，雙方都有獲利，儘管很辛苦，也還是會碰到「天公不作美」等各種困難的時候，但我們雙方齊心協力，迎難而上，收益還算滿意。我和我的太太都是

教師，在泰雅朋友及其家人的慷慨幫助下，我們也開始慢慢地學會了做生意。〔註13〕

「合作無族界，有錢一起賺」，這是桂校長在接受訪談時的有感而發。在經濟領域中，各族群成員通過相互取長補短，創造了合作共贏的局面，這也印證了桂校長的想法。

圖4-8　桂校長（左一）向香菇種植農戶（左二）請教

再者，在市場經濟飛速發展的過程中，社會分工越來越細密，生產逐漸變得單一化、專業化，各生產者和生產單位只有相互密切配合和協作，才能順利完成整個生產過程。在農業生產中，種植戶不僅需要依靠自身積累起來的種植經驗，還需要借助其他專業人員的技術指導及各類先進的生產工具，才能更好地完成整個生產流程。

更為重要的是，人們還要依靠各類銷售組織或平臺，實現市場交易，以獲得最終的經濟效益。當原住民部落社會原有的經濟互助體制逐漸瓦解，而新的經濟體制又不斷地對部落居民的生活產生影響時，新的經濟組織便會隨之形成，其中典型的如生產合作社。

合作社屬於法人團體的性質，它基於社員的共同需要而形成，致力於在

〔註13〕訪談資料事件和地點：2017 年 6 月 22 日，南投縣埔里鎮。

互助、合作的基礎上，以共同經營的方式，謀求社員的經濟利益與生活改善。按照臺灣相關合作社管理規定，「合作社非有七人以上，不得設立」，且合作社設理事至少三人，由社員大會在社員中選任之。理事按照相關章程的規定，與社員大會之決議，執行任務，並互推一人或數人對外代表合作社。合作社理事的業務範圍主要包括聯絡外銷市場、監管商品交易過程、採購產品包裝等，有時還需要協助政府相關部門召集社員參加各類知識培訓。

圖4-9　仁愛鄉高冷蔬果生產合作社交易現場

在仁愛鄉，各部落農戶根據在地的經濟發展現狀，成立了高冷蔬果生產合作社、茶葉生產合作社等性質相同但業務內容有差異的農業生產合作社。在生產合作社中，每家農戶都擁有一個專屬的供應代碼（如圖4-9所示），合作社工作人員通過代碼來記錄各家的產品數量和交易金額。在大宗交易中，一個代碼對應一個銀行賬戶。合作社工作人員在扣除一定比例的中介費、服務費等費用後，其他交易收入則直接由買方轉到各代碼對應的農戶銀行賬戶中。合作社社員的組成沒有區域限制，如仁愛鄉高冷蔬果生產合作社，其雖位於春陽村，社員以春陽村農戶為主，但鄰近村落的農戶只要有意願、認可相關交易規則，同樣可以加入該合作社。據春陽村的農戶介紹，不管社員採收到的是一箱菜，還是一車菜，也不管社員來自哪個部落，哪個族群，只要能夠保證產品的品質，合作社都會盡力協助銷售。

由農戶聯手共同成立的經銷組織適應了市場經濟的發展需求。在合作社中，社員相互間都表現出充分的合作、互助精神。各農戶都需要借助合作社，實現產品的外銷，並通過合作社這一媒介，瞭解外面市場中各類農產品的價格與銷售行情。社員為提高產品品質和實際收入，常就各類農業種植技術進行切磋、交流，並協力擴大在地產品的品牌影響力。可以說，原住民部落的

生產合作社是農戶適應市場經濟的一種新型合作組織，是建立在農民自主性基礎上、共同抵禦市場風險的一種真正的合作行為，社員之間信息共享、風險共擔、利益共贏、品牌共創。

總之，社會分工要求各種植戶與區域內的其他生產與銷售部門相互配合、密切協作。在多族群地區，無論族群中作為整體還是其中的個體同其他族群發生經濟聯繫時，這種融洽的配合和協作本身，都可以看作是民族團結的一種象徵。

其次，經濟市場中大規模的人口流動促進了族際交往。美國學者特納在研究市場經濟時指出：「市場過程能夠擴大交換的範圍，並形成更大的互相（交換）鏈，促使更多的單位進入直接的或間接的交換關係中。」〔註 14〕多元經濟類型的發展需要引入更多的生產生活資料、勞動力及科學技術，這在客觀上促進了不同族群成員的自由流動，並將人們聯結成一個密集的關係網絡，每個個體都在其中扮演各自的角色，發揮著特定的作用，不可或缺。在這個經濟網絡中，每位成員都緊密地連接在一起，在其中從事不同的經濟活動，從知識與技術培訓到產品生產和銷售等，各族群成員之間建立起密切的協作關係，彼此互通有無，共同推動農業市場的發展。例如，現在網絡交易越來越普遍，有些部落的原住民對於這些技術掌握得不夠嫻熟，就必須請本部落或其他部落的專業技術人員來教授。

最後，有時為了保證產品的區域壟斷性，同一生產區域的族群還會制定出共同的經營規則，結成臨時性的營銷聯盟。為了更好地發揮「品牌效應」，實現經濟效益的最大化，生產區域內的不同族群會對某些產品的生產技術、品牌故事及實用功效等達成一致共識。在賽德克部落中，幾戶經營民族文化商品的店鋪極力向觀光客推薦一種調味料——「馬告」。「馬告」，又稱「山胡椒」，早期多被原住民代替鹽巴作為調味料，後來被發展成為一種民族文化商品。為了推銷「馬告」，清流部落的商戶共同為「馬告」附上了品牌故事。（見圖 4-10）在宣傳「馬告」的用途和功效時，將部落的歷史也融入其中。同樣地，「原鄉香料」、「馬告香腸」等也隨之成為本地民族農特產品的代表。泰雅、布農部落的商戶也認可清流族人創造的品牌故事，同樣利用品牌效應，極力宣傳「馬告」，以獲取最大的經濟利益。

〔註 14〕喬納森·特納：《社會宏觀動力學——探求人類組織的理論》，林聚任、葛忠明等譯，北京大學出版社 2006 年版，第 107 頁。

圖 4-10 「馬告」的品牌故事說明

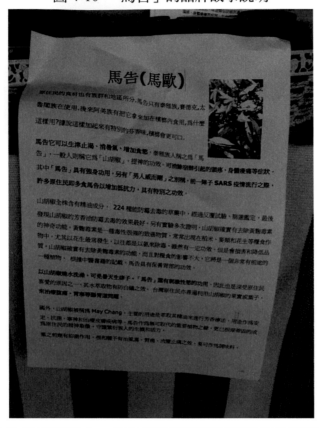

在臨時性的營銷聯盟中，各商戶間不需要簽訂嚴格的協議或合同，他們追求的是共贏，更在乎的是品牌的影響力與實際的經濟效益。

二、觀光事業中的資源整合

觀光產業的發展需要區域內各族群的相互協助與配合，這不僅能夠實現族群資源的整合，同時也能夠促進族群間的經濟交流與合作。

一方面，為了充分挖掘族群文化資源，推動部落觀光產業化，提高文化產品的競爭力，仁愛鄉逐漸發展出特色觀光區域（見表 4-2），充分體現出觀光產業中的族群協作關係。特色觀光區域的形成首先是基於族群文化的相似性與關聯性，其次是基於產業集群效應。以仁愛鄉「第四觀光區域」為例，該區域包括親愛村、萬豐村及法治村，其中有泰雅部落、賽德克部落，也有布農部落。這條觀光路線將奧萬大森林遊樂區、曲冰遺址、石城谷、武界古道及原始楓林區等不同族群的多樣性資源整合起來，使外來觀光客可以同時享

受休閒生態和歷史人文之旅。仁愛鄉公所通過整合本鄉泰雅、賽德克及布農民俗、歷史與文化等資源，充分發揮出族群文化資源的集群效應。實踐證明，區域內族群文化資源的空間集聚一旦形成，就將進一步促進彼此互相支撐、互相依託及互相促進的良好關係，降低集群內的資源交易成本，在同一空間內產生最大的經濟效益。〔註15〕

另一方面，為打造地區觀光產業品牌，區域內多樣性的族群文化資源需串聯起來形成多層次、多維度的地方觀光產業路線，這要求各部落、各族群加強交流，整合觀光資源，協作制定品牌觀光路線。在政府、鄉公所和部落族人的共同努力下，仁愛鄉發展出點—線—面式的生態旅遊資源，包括有奧萬大國家森林遊樂區、廬山溫泉、梅峰農場、霧社水庫及惠蓀林場等。

除生態旅遊資源的開發外，仁愛鄉原住民部落還積極發展自己的民族藝術文化，這成為當地觀光產業中的又一大亮點。仁愛鄉泰雅、賽德克及布農紛紛成立各自的表演團體，表演各民族特色的傳統歌舞，使之成為傳播在地民族藝術的重要窗口。泰雅人與賽德克人的山地歌舞、布農人的「八部合音」都成為當地觀光產業中的特色品牌。張某是中原部落巴蘭社舞蹈團的團長，這些年來他一直熱衷於傳承賽德克的文化藝術，他在部落裏召集在校的學生，教授他們賽德克的傳統舞蹈。巴蘭社舞蹈團在創建之初困難重重，資金短缺、成員積極性不高、場地缺乏等等。面對這些困難，張某團長一方面向鄉公所、社會企業等多方籌資，另一方面極力說服舞蹈團成員堅持排練。沒有專門的訓練場地，他就帶著舞蹈團成員在部落社區發展中心、學校操場等地方流動排練。在他的堅持下，巴蘭社舞蹈團獲得了越來越多的表演機會，進而將賽德克人的文化藝術推廣到了各地（圖 4-11 展現的是巴蘭社舞蹈在臺中某學校進行表演的現場）。發祥村的劉老師創立了「喜裂克文化藝術團」，推廣泰雅的藝術。法治村的族人也創立了專門宣傳布農文化的表演團。這些不同族群的表演團體，有時會出現在同一活動現場，相互交流和學習，並聯合宣傳仁愛鄉的原住民文化，從而加深了外界對仁愛鄉族群社會文化的瞭解。

由市場經濟所帶動的觀光產業的發展，必然會促進不同族群間的經濟與文化交流，對和平共處、友好往來族群關係的形成起到積極推動作用。

〔註15〕姚偉鈞主編：《從文化資源到文化產業——歷史文化資源的保護和開發》，第7頁。

圖 4-11　中原部落巴蘭社舞蹈團表演現場

三、部落市集中的友好交流

　　市集既是地方物質文化交易場所，也是重要的社交場所，還是人們消遣娛樂的地方。那些平時因為散居而消息閉塞的人們在那裡獲得並傳播各種信息。〔註16〕在仁愛鄉，部落市集逐漸成為區域內各族群交流互動的新平臺，人們在那裡進行物質文化交流的同時，也展開精神層面的互動。

　　一方面，部落市集是實現物品交換的場所，不同族群的文化產品、農業產品等在部落市集中實現了流通，來自不同部落的成員在那裡完成交易，獲取所需物品，這是友好經濟互動與交往的表現。市場經濟具有平等性，部落市集的貿易是一種自願交換，交換雙方具有自主決策的自由，因而部落市集是一個平等與公平交易的平臺，這為人們的友好貿易往來奠定了基礎。

　　另一方面，部落市集也是一個集會的地方，人們在那裡「重敘友情、訪親問友、說長道短，並在那裡跟上社會生活的潮流。」〔註17〕在部落市集中，閒聊、話家常與諮詢、分享等非經濟活動極為常見。在仁愛鄉市集，有時會

〔註16〕王笛：《跨出封閉的世界：長江上游地區社會研究（1644～1911）》，中華書局2001 年版，第 235～236 頁。

〔註17〕威廉·A·哈維蘭：《文化人類學》（第 10 版），瞿鐵鵬、張鈺譯，上海社會科學院出版社 2006 年版，第 216 頁。

看見幾戶來自不同部落的商家聚在一起，聊各自部落近期發生的大小事。他們在閒聊中分享著瑣碎的「新聞」，例如，誰家的女兒出嫁了，誰家又娶了新媳婦，等等。有時，一些商戶還會在中午空閒的時候，湊在一塊喝啤酒，順便聊聊自家作物最近的收成和買賣情況。運氣好的時候，有的商戶還能夠在閒談中學會新的推銷技能，或者發現新的銷售渠道。

通過這些非經濟活動，各族群成員之間建立起新的情感。各族群的商戶與消費者定期或不定期地聚集在部落市集裏，在完成商品貿易的同時，也經常圍繞著一些日常生活瑣事展開閒聊。久而久之，集市發展成一個信息庫，各類信息在此彙集、交匯和傳播，並且很快在各個村落擴散開來，形成一種特殊的鄉村話語體系。這在一定程度上有利於鄉村社會的整合，就像我們在大陸市集中常見的那樣。〔註18〕

由此可見，部落市集為散居各處的居民提供了商品交換與精神交流的雙重平臺，各族群成員不僅在市集中實現了經濟交換，同時還相互聯絡情感和交換信息，彼此的聯繫也因此越來越緊密。

第三節　經濟互動中的矛盾與糾紛

隨著市場經濟的發展，仁愛鄉的原住民族群關係得以擴展和深化，族群交往更加頻繁，關係更加緊密，族群間相互的依賴性也更強。但由於種種原因，各族群在經濟上的摩擦與糾紛乃至矛盾與衝突也不可避免。

一、市場貿易引發的矛盾

（一）日常經濟往來中的摩擦

在傳統部落社會時期，「互助」的理念扎根於部落。「食物共享」、「換工」等互惠性交換是常見的現象。從日據時期開始，原住民部落的經濟互助與共享理念開始鬆動，而隨著市場經濟的迅速發展，傳統的經濟觀念更是受到嚴重衝擊。市場經濟的引入徹底改變了泰雅、賽德克及布農舊有的交易和交換方式，貨幣觀念不斷強化，人們在貿易中也不得不遵從現代市場的交易規則。隨之，人與人之間的利益摩擦甚至衝突也逐漸增多。

〔註18〕參見王聰聰：《農村現代化的本土資源——集市在當前新農村建設中的作用》，《攀枝花學院學報》2016年第33卷第6期。

在現代市場經濟中，金錢逐漸成為人們經濟交換的媒介，經濟共享行為基本不復存在，傳統的「換工」轉變為「酬工」，勞動力發展成為一種商品，親屬與朋友之間原有的互幫互助精神逐漸變淡，甚至消失，「關係的情感邏輯被利益邏輯所取代。」〔註19〕2014 年 10 月，恰逢當年水稻收割，不少農戶因勞動力不足臨時雇傭部落的年輕人幫助收割，工錢一般是按天數結算。中原部落的一位年輕人被自己家舅舅雇傭去割稻，原本以為給自家舅舅幫工，應該可以拿到不錯的薪酬。結果，舅舅只付給了這位年輕人 1200 臺幣（約合人民幣 240 元）的工錢。年輕人抱怨說：

幫忙割了一天的稻子，才給了 1200 臺幣，很多人都拿的比這個高，早知道就不做了。而且還是自己的舅舅，還不如外人給的多。〔註20〕

而作為雇傭者，這位舅舅的看法卻有所不同：

現在錢比親情重要啊。以前都是換工的，一天換一天，很公平啊。那個時候哪兒要給錢啊，現在不給錢沒人做，給的少也沒人做，自家親戚也一樣。〔註21〕

在傳統社會中，相互饋贈是主要的交易方式，這種交易主要依靠人情來維持。貨幣流通減弱了原有以物易物與饋贈的必要，連帶地削弱了社會對互惠的依賴。〔註22〕且隨著社會生活愈發達，人與人之間的往來也愈繁重，單靠人情不易維持相互間權利和義務的平衡。於是，「當場算清」的需要也增加了。〔註23〕人們開始計較酬金的多寡，與以往的「換工」相比，「酬工」已基本脫離傳統的交換理念，熟人社會逐漸走向商品化，利益摩擦與矛盾可能會因此越來越多。

在部落市集中，個體之間的競爭、衝突也極為常見。個體處於集市場域的客觀環境中，其所面對的是一系列複雜的鄉村關係，既包括親屬關係、熟人關係，又包括顧主與商販關係等。在利益關係變量介入進來後，這種關係

〔註19〕路憲民：《社會文化變遷中的西部民族關係》，博士學位論文，蘭州大學 2005 年，第 63 頁。
〔註20〕訪談時間和地點：2014 年 10 月 15 日，互助村中原部落。
〔註21〕訪談時間和地點：2014 年 10 月 16 日，互助村中原部落。
〔註22〕黃應貴：《經濟適應與發展：一個臺灣中部高山族聚落的研究》，《中央研究院民族學研究所集刊》1975 年第 36 期。
〔註23〕費孝通：《鄉土中國》，人民出版社 2008 年版，第 92～93 頁。

將變得複雜化和明顯化。〔註 24〕因而，在市集中，除經濟交換關係外，往往還存在著更為複雜的複合型利益關係。早些時候，仁愛鄉有好幾個種植高麗菜的農戶，經常為了競爭一個攤位而相互排擠。現在市集的效益不如從前，攤位之爭也少了許多。在市集交易中，買賣雙方常因商品價格與品質等問題發生爭吵，這種現象再常見不過了。有時為了追求個人利益的最大化，買賣雙方都互不相讓，最後不僅交易沒做成，還傷了彼此間的感情。表面上大家都是熟人、親戚，但一旦開始做買賣，誰也不會認輸，誰也不會謙讓，人們越來越看重經濟利益的得失。

（二）觀光產業中的競爭與衝突

族群間的利益競爭與族群意識有密切關聯。族群意識在本質上是一種利益意識，〔註 25〕它包括兩個或兩個以上的社會成員對自己族群歸屬的感悟，及對自己族群利益的感悟兩方面的內容。〔註 26〕在經濟生產、交換與分配過程中，當經濟利益主體為獨立的族群時，各族群在經濟社會中的勞動分工、權力分配及資源配置等具體情況將被凸顯與比較，當族群的利益或參與的機會分配不均等時，就會催生強烈的族群意識，矛盾與衝突就會浮出水面。

在仁愛鄉，泰雅人會認為布農部落的文化產業發展比較成功，布農的圖騰及其他一些較有特色的文化元素都能在布農部落看到，越來越多的人開始認識和關注布農文化。而布農人則認為，泰雅和賽德克的文化觀光開展得有聲有色，觀光客來仁愛鄉一般都會去清流、霧社及萬大等賽德克部落，卻鮮有人到曲冰等布農部落。雖然布農部落也在積極開發部落觀光，但卻總感覺力不從心。在相互比較的過程中，族群意識逐漸顯現出來，其背後體現的是族群之間的利益較量與競爭。資源獲取的多寡、族群文化影響力的強弱等都關乎到部落、族群的整體榮譽和權益。當多個族群主體共同使用有限的資源時，他們在競爭圈中各占一角，族群性也隨之不斷凸顯。

族群間的利益競爭在觀光產業發展中尤為突出。文化旅遊本身作為一種族群認同形式，以文化的差異或某種文化的獨特性來吸引遊客，從而獲得社

〔註 24〕陳文超：《實踐親屬：鄉村集市場域中的交換關係》，《中共福建省委黨校學報》2010 年第 4 期。

〔註 25〕路憲民：《社會文化變遷中的西部民族關係》，第 198 頁。

〔註 26〕王希恩：《民族認同與民族意識》，《民族研究》1995 年第 6 期。

會或文化認同。〔註 27〕仁愛鄉各族群、各部落的人們為了吸引更多的遊客，也為了滿足客人追求特色族群文化的需求，充分挖掘特色的族群文化，不遺餘力地再現自己的傳統，將原本已經或即將消失的民族藝術、民族服飾與民族工藝等融入到觀光事業中，族群認同意識得到極大提升。族群意識的提升會強化族群內部的認同和對族群間差異的認識，引導族群成員關心、注重和維護自己族群的利益。然而，過於強烈的族群意識無疑會引起各族群在現行利益格局中展開利益競爭，並要求改變現行的各族群間的利益分配和關係格局，從而導致利益摩擦，使得族群關係格局面臨嚴峻挑戰。〔註 28〕

在觀光旅遊開發前，仁愛鄉各原住民主要以農業為主要生計方式，部落、鄰里及親戚之間沒有直接的利益之爭，彼此都樂於互幫互助。觀光旅遊開發後，原住民學會了做生意。在經濟利益面前，原住民投身與觀光業相關的商業活動，如經營民宿、銷售民族工藝品，或從事遊客導覽等工作。霧社一帶現有數十家民宿，不乏打著原住民品牌的商家。強烈的族群意識導致各商家之間開始爭相搶客拉客，不和諧的現象時有發生。民族工藝品的作坊或店鋪在仁愛鄉亦開設有多家，泰雅、賽德克的編織工作坊、布農的木刻工作坊共同出現在各觀光景點，各商戶常常為了推銷各自的品牌，經常會發生一些摩擦和衝突。

有學者認為，上述經濟利益帶來的衝突，「實質上並非族群關係的衝突，而只是利益主體的衝突」，〔註 29〕但是另一方面，「旅遊開發中夾雜的利益衝突也為以後的族群紛爭埋下了伏筆，使得原本在隔閡和互不瞭解狀態下產生的矛盾轉變為了帶有利益指向的矛盾。」〔註 30〕

在觀光產業中，個體商戶為了拉攏客戶有時也會相互排擠。例如，有的商戶與旅遊公司聯結在一起，當觀光團來到部落時，導覽一般都會將觀光團先帶到有合作關係的商戶那邊。但因為時間有限，其他商戶難免遭到冷落，不被遊客光顧。有商戶抱怨說：

〔註 27〕陳剛：《多民族地區旅遊發展對當地族群關係的影響——以川滇瀘沽湖地區為例》，《旅遊學刊》2012 年第 5 期。

〔註 28〕周平：《關注西部大開發中的民族關係變動》，《今日民族》2002 年第 10 期。

〔註 29〕孫九霞、陳浩：《旅遊對目的地社區族群關係的影響——以海南三亞回族為例》，《思想戰線》2011 年第 6 期。

〔註 30〕孫九霞、陳浩：《旅遊對目的地社區族群關係的影響——以海南三亞回族為例》，《思想戰線》2011 年第 6 期。

他們（指其他商戶）都給導覽吃回扣的，觀光團不知道罷了，

以為部落裏只有那幾家店鋪。我們做的本來就是小本生意，再給導

覽回扣，根本賺不到錢，所以只能這樣了。〔註31〕

有研究明確指出，市場經濟體制的建立催生出利益導向機制，社會成員的利益觀念和行為得以展現，利益成為差序格局中決定人際關係親疏遠近的一個重要緯度。〔註32〕在族群經濟關係發展過程中，利益競爭成為引發個體間和族群間摩擦與衝突的主要因素。

二、土地權益糾紛

（一）原住民保留地之爭

在傳統部落社會時期，土地交換或土地買賣多通過口頭協議完成。一塊貧瘠的土地若要置換成一塊相對肥沃的土地，須提供一定的補償，通常是牛、豬等家畜。而若要購得土地，雙方僅需商量好交換物品的數量，就可以獲取土地使用權。據瞭解，當時交換物品的價值遠低於土地的實際價值。如在泰雅社會中，買地者有時用貝珠裙、槍支等換得土地，有時也用乾煙草作為象徵性的交換物。交易的重點不在於交換物的價值，而在於談判時所體現出來的「義」。或者說，「真正構成交易不變的依據，卻是交易過程裏面，雙方所許下的『承諾』。」〔註33〕

隨著原住民保留地的私有化，越來越多的人開始認識到土地的經濟價值。於是，有人翻出「陳年舊賬」，試圖將早期先輩經口頭協議交換或割讓的土地要回，以便取得土地所有權。他們認為，早年的土地交易是非法的，對方並不能真正享有土地的所有權，要求收回土地，或得到賠償。在這些土地糾紛中，有些經雙方私下商議可得到解決，但有些最後不得不訴諸法律，原本互為親戚的雙方也因此變成了仇人。有的部落長輩無奈地感歎道：

現在的年輕人太看重錢了，為了錢六親不認啊！以前的長輩都

是用嘴講的，說什麼就是什麼，不會去翻舊賬。現在呢，都過了這

〔註31〕訪談時間及地點：2014 年 12 月 3 日，互助村清流部落。

〔註32〕楊善華、侯紅蕊：《血緣、姻緣、親情與利益》，《寧夏社會科學》1999 年第 6 期。

〔註33〕黑帶巴彥：《泰雅人的生活形態探源——一個泰雅人的現身說法》，新竹縣文化局 2002 年版，第 16 頁。

麼久了，卻有人因為幾個錢，而傷了彼此的感情。〔註34〕

　　仁愛鄉某原住民部落的一塊「山地保留地」已閒置多年，雜草叢生，無人管理。據說，部落裏 W〔註35〕和 L 倆家人為了爭奪這塊地的所有權，已相互糾纏多年，甚至還鬧上了法庭，但依舊未果。原來，這塊地原先屬於 W 家，後來與 L 家達成口頭協議，將這塊地賣給 L 家，L 家給了 W 家一頭牛和一些食物作為交換物。當時沒有土地所有權證書，族人之間的口頭協議具有法律的效力，於是 W 家的土地成了 L 家的財產。但隨著土地所有權觀念的深入，W 家的後人覺得，以前父輩之間的協議是無效的，而且，L 家以很少的交換物就獲得了土地的所有權，明顯不合理，所以強烈要求 L 家歸還土地，或者按照現在的土地交易價格進行賠補。然而，L 家不接受 W 家的要求。他們認為，父輩之間的交易在當時就是合法有效的，不應該用現在的標準去衡量過去發生的事實。兩家一直未能就此達成共識，本來是生活在同一部落的熟人，現在關係變得越來越僵。W 家和 L 家的這一段土地糾葛持續了很久，兩家人都不願多談，部落的其他人也多迴避不談，唯恐「惹禍上身」，遭到 W 家或 L 家的數落，由此導致該事件的諸多細節在田野調查中都無法瞭解。

　　仁愛鄉一位調解委員會的工作人員曾透露，土地矛盾是他們遇到最多、也最難調解的問題，大部分都是上一代遺留下來的，部落成員之間有時會因為爭一塊土地而撕破臉。可見，一方面，原住民保留地在一定程度上保障了原住民的土地權益，但另一方面也衝擊了部落傳統的社會關係，人們為了經濟利益而不惜相互對立。

　　伴隨著土地的私有化進程，即使是親兄弟之間，圍繞土地權益產生的糾紛也在日漸增多。在傳統的泰雅、賽德克及布農社會中，家庭成員在結婚後可在本族土地範圍內自行圈地建屋。但隨著土地範圍的固定化，以及土地私有化觀念的增強，土地成為各家族的重要財產，成為人們在分家時必須處理的財產之一。在土地分割過程中，有時會出現因分配不公，或分配理念不一致，而產生經濟糾紛的情形。例如，在泰雅、賽德克社會中，土地等財產實行的是「幼子繼承法則」，諸兄弟在結婚後會分得一部分財產，其餘的則歸幼子繼承。若無幼子，則血族團體群集體出面收回，交由家族勢力者管理、監督。

〔註34〕訪談時間及地點：2014 年 7 月 22 日，互助村清流部落。
〔註35〕此處應訪談人的要求，隱去案例中涉及到的兩家人的真實姓氏，而採用「W」和「L」代替。

〔註36〕由於當時土地所有權觀念淡薄，族人在土地的佔有和承繼上都體現出「公共性」的理念。雖然實行「幼子繼承法則」，但在無幼子的情況下，土地仍交回家族管理。因而有人認為，現今的土地繼承也應遵循傳統的規則和制度。但是，這一看法卻在部落中引起諸多的不滿。一位泰雅報導人就曾對筆者說：

> 以前（部落內部）分家不會因為土地發生什麼不愉快的事情，現在人們都知道土地值錢、有價值，如果再按照原來的土地分配法，很可能會導致親兄弟反目成仇。如果長輩不能公平地把土地分配給自己的下一輩，那麼下一輩人就會產生矛盾，幾家人都會弄得不得安寧。（所以）最好的辦法就是，邀請家族或部落中的耆老，參照政府的規定，再與家中的下一輩共同商議，最終達成共識。這樣既不違反法律，又不會破壞家庭和諧。〔註37〕

傳統權威在當前原住民社會仍發揮著作用，人們依靠耆老或部落其他精英發揮傳統規則對族人的約束力。儘管這種約束不如傳統社會時期那般有力，但仍可對部落中的失序行為起到一定的控制作用。目前，單個家族中因分家而引起的土地爭訟還不多見，此類爭議通常會通過部落耆老或家族中長輩的調解而得到解決。

（二）傳統領域之爭

原住民的傳統領域包括了傳統祭典的空間、祖靈聖地、舊部落及其周邊獵區，也包括生活區域範圍內的河流、山脈或平地。從日據至今，原住民的傳統領域經歷了從裂解到重構的過程，族群互動形態也隨之擺動。

在原住民的思想觀念裏，日常所居之地是其生活領域，而以前的舊部落、祖居地或傳統獵場則被後人視作是傳統領域。泰雅人及賽德克人的傳統領域有兩種意涵，廣義上是指血族團體所擁有的土地與獵區；狹義上則指部落血族團體所擁有的土地，其範圍涵蓋比較廣，包含家屋、道路、水源、耕地、溪流、原野林地及其副產物。〔註38〕與泰雅人、賽德克人基本相似，布農人同樣將氏族成員的耕地、獵場、家屋及林地等視為傳統領域。傳統領域是原住民生產生活的主要場域，也是各族群歷史與文化傳遞的載體，與之有關的傳

〔註36〕廖守臣：《泰雅族的社會組織》，第 203 頁。
〔註37〕訪談時間和地點：2014 年 11 月 25 日，新生村眉原部落。
〔註38〕廖守臣：《泰雅族的社會組織》，第 22 頁。

說故事、知識經驗成為連結過去與現在的文化圖式，並構成部落口述歷史與
共同記憶的重要部分。由於山地保留地政策的實施，今原住民的傳統領域絕
大多數為林務局、「國家」公園、臺灣大學實驗林及臺灣糖廠等單位所擁有和
管轄。「國家」公園及自然保留區附近的原住民無法充分利用該區域內的土地，
其傳統狩獵、採集和捕魚等行為因法令被禁止，衍生出許多問題，嚴重損害
了原住民族群權益，也撕裂了其集體記憶。

　　今清流部落中馬赫坡社後人（賽德克）多次組織回到今廬山溫泉一帶的
傳統領域，重走舊部落，體會先民留下的歷史印記。馬赫坡社經歷霧社事件
後，所剩後人不多，重訪祖居地，不由得會讚歎先民抗日的精神和氣魄，也
不禁會感傷日本殖民統治那一段特殊的歷史帶給他們的傷害。如今這塊土地
也不再屬於他們，只能依靠紀念、回憶來想像過去的歷史。傳統領域的失去，
不僅撕裂了原住民的集體記憶，也逐漸沖淡了後世族人的認同情感。族群成
員通過土地空間培養了集體認同感，也塑造了族群歷史的空間想像，為族人
提供了情感依附和歸屬，但如今，泰雅、賽德克及布農三群都面臨著同樣的
情感危機，年輕族人不知道本族傳統領域的位置，不知道那裡發生的歷史故
事，甚至也不關心傳統領域與族群存續的關係。

　　隨著原住民族群意識的覺醒，部落耆老、精英開始思考自身土地權益的
問題，尋回祖靈地、舊部落等傳統領域成為各族群共同的心聲。人們期望通
過找尋傳統領域，追溯先輩留下的部落歷史和記憶。然而，原住民傳統領域
的範圍和界限在外來力量的干預下不斷發生改變，「使得傳統領域土地的範
圍、區位及其社會文化基礎，尤其如部落內部或部落之間的土地權利的設
定方式與來源等習慣法理，往往必須經過回憶來重塑及建構。」〔註39〕且
由於族群遷徙的過程往往涉及不同族群曾遷移至或居住過相同區域，因此，
對同一地理空間的歷史記憶，可能引發不同的群體間直接或間接的衝突與
對立。〔註40〕

　　2010年歲末，仁愛鄉眉溪部落舉辦年祭及狩獵祭，經合法申請，部分族
人前往奧萬大南溪獵場打獵，結果引起當地親愛村族人的強烈抗議。雙方在

〔註39〕羅永清：《臺灣原住民族傳統領域土地調查數字化方法的實踐與應用》，《臺灣
　　　　原住民族圖書信息中心電子報》2007年第3期。
〔註40〕黃樹民：《全球化與臺灣原住民基本政策之變遷與現況》，張茂桂等：《族群關
　　　　係與國家認同》，業強出版社1993年，第39頁。

傳統領域的範圍認定上產生了分歧，兩部落都認為奧萬大南溪獵場是自己的傳統獵場，雙方各執一詞，爭執不下，最終經鄉公所出面協調，這次風波才得以平息。因傳統領域而產生爭端的案例在各原住民地區都不乏常見。因為爭執雙方都無法提供確鑿、有力的證據，此類糾紛還將持續下去。

近一二十年來，臺灣當局逐漸加強了對原住民傳統領域的關注。自 2002 年起，臺灣「原民會」啟動了原住民傳統領域的調查研究計劃，所調查的項目包括：（1）原住民保留地。（2）原住民祖先耕作、祭典及祖靈聖地之土地範圍。（3）原住民舊部落及其周邊耕墾遊獵之土地。（4）原住民使用之湖泊、河川浮覆地。（5）原住民傳統以來所屬漁場之海域。（6）政府徵收、徵用作為其他機關管理而目前已放棄荒置或未使用之土地。在開展調查過程中，糾紛與衝突仍時有發生，不同部落成員常在領域界限和範圍上各執一詞，互不相讓，從而導致「由部落主體所支持的地圖並非一蹴可幾，尤其是部落內部以及部落之間歷來溝通的隔閡往往是最難以克服的障礙。」〔註41〕

儘管如此，臺灣當局在原住民傳統領域調查上仍取得了一些成就。2003 年，臺灣各縣政府、鄉鎮市區公所，結合各原住民自治促進會及部落工作團體，在政府號召下，積極配合調查工作，查明轄區內各原住民傳統領域土地的範圍、自然文化資源概況，以及土地傳承的歷史經驗。是年，全臺 12 個縣、55 個鄉鎮市，計有 251 人加入到地方調查團隊，共完成 250 個部落，4,721 個地名的傳統領域調查。2004 年度，有 32 個鄉鎮完成了 83 個聚落單元（包括部落及鄉鎮）的調查，23 個鄉鎮在執行時未區分部落或村社單元，而以普查的方式呈現。2005 年度，完成 43 個鄉鎮資料的彙整及檢核，校正後獲得 274 個部落領域界線資料，以及 4 個以全鄉為一個部落的領域資料。〔註42〕這些調查成果在一定程度上使各地原住民部落的傳統領域範圍明晰化，有助於減少各族群因傳統領域之爭發生衝突的頻率。

小結

本章從臺灣原住民經濟社會的轉型入手，在介紹當代經濟社會特徵的基

〔註41〕羅永清：《臺灣原住民族傳統領域土地調查數字化方法的實踐與應用》，《臺灣原住民族圖書信息中心電子報》2007 年第 3 期。
〔註42〕《原住民族傳統領域土地調查〈第五年研究報告〉》，「原住民族委員會」2007 年版。

礎上，對仁愛鄉各原住民族群的經濟互動往來狀況作了詳細分析。

　　從 20 世紀 60 年代開始，臺灣原住民社會就開始進入飛快的市場經濟發展階段。市場經濟的發展促使仁愛鄉泰雅、賽德克及布農的經濟社會發生了巨大的改變，人們的土地私有觀念日漸強化，產業結構不斷優化，部落市集也隨之興起，各族群的生產者、生產單位都被捲入到市場經濟體系中，各族群間相對低度的經濟交往狀態逐漸被緊密的聯繫所取代。在新的經濟環境下，各種經濟關係日益複雜，競爭、利益及優勝劣汰等經濟因素催生了新型族群關係的形成。

　　一方面，隨著市場經濟的發展，仁愛鄉地區相對封閉的經濟形態被打破，各原住民族群之間的經濟關係日漸緊密。基於共同的經濟利益和發展目標，泰雅、賽德克及布農等族群在農業生產中建立起密切合作的關係，在觀光產業中較好地實現了資源整合，在部落市集中也營造出相對友好的交流氛圍，各族群在市場經濟中相互依賴與合作，從而使得族群關係變得更為緊密與融洽。另一方面，由於利益摩擦、觀念不和、資源競爭等帶來的經濟矛盾不可避免。這些矛盾具體表現為日常經濟交往中的摩擦，觀光產業發展中的利益競爭與衝突，以及土地權益爭奪中的糾紛。經濟互動中的摩擦、糾紛與衝突使各族群處於相互對立的立場，這不利於和諧族群關係的順利發展。

　　可見，伴隨著經濟轉型，仁愛鄉各原住民族群既緊密互動與合作，彼此往來密切，又相互爭搶利益，矛盾衝突不可避免。但利益矛盾與衝突多為個體間的，且是局部與暫時的，仁愛鄉各族群在新的經濟環境中總體上處於友好互動與合作共生狀態。

第五章　政治博弈中的族群關係

　　臺灣光復以後，多元治理主體的格局逐漸在原住民鄉村形成，加之現代政治選舉制度的推行，原住民社會原有的政治體系徹底被解構。在新的政治格局下，人際關係的模式與發展受到權力觀念的極大影響和干預，族群關係也因此變得複雜多樣。

第一節　鄉村治理中的族群互動

　　1995 年，全球治理委員會提出一份題為「我們的全球夥伴關係」的研究報告，報告提出：「治理是各種個人及機構、公共部門及私營部門管理共同事務之諸多方式的總和，是使相互衝突的或不同的利益得以調和並且採取聯合行動的持續的過程。它包括有權迫使人們順從的正式制度和規則，也包括人們同意或認為符合其利益的非正式安排。」[註1]所謂鄉村治理主體，指憑藉各種資源，參與鄉村治理活動的組織、機構和個體。[註2]雖然治理的概念在 20 世紀 90 年代以後才逐漸被各界熟知與運用，但各地的鄉村治理實踐卻一直在進行。在不同歷史階段，各統治與管理階層對區域社會的治理邏輯各不相同。

〔註 1〕Commission on Global Governance, "Our Global Neighbourhood:The Report of The Commission on Global Governance," New York:Oxford University Press, 1995, p2~3，轉引自俞可平主編：《治理與善治》，社會科學文獻出版社 2000 年版，第 4～5 頁。

〔註 2〕任豔妮：《鄉村治理主體圍繞治理資源多元化合作路徑探析》，《農村經濟》2011 年第 6 期。

一、多元主體治理格局的形成

　　鄉村治理的格局往往與現代行政體系、社會團體或社會組織的發展密切相關。1945 年以來，臺灣原住民部落在國民黨政府的管理下逐漸形成鄉鎮政府、村里組織、社區發展協會、農會及部落會議等多元主體治理的格局，其中村里組織、社區發展協會以及部落會議的發展對地方族群關係的影響較為突出。

（一）村里組織的建立

　　目前臺灣社會最基層的地方行政組織為村里。依照臺灣地區的有關規定：鄉以下設「村」，鎮、縣轄市及區〔註3〕之下設「里」，此即「村里組織」。村里組織主要由村里長、村里幹事及村里民大會所構成。村里長為村里行政中心首腦和治理主體，由村里中的公民選舉產生，受鄉鎮市區長指揮，負責監督及辦理村里公務。村里幹事由政府按照「一村里一幹事」的原則配置，主要協助村里長執行政令，落實鄉鎮市區公所交辦的事項，並負責村里服務工作。村里民大會係由該村里公民集會，並依有關會議規則共同商議，解決村里事務，村里長擔任會議主席。一般情況下，村里民大會每年召開一次，但若遇緊急村務，則可組織召開臨時村里民大會。

　　目前臺灣社會普遍認為，村里並非地方自治團體，也無公法人之地位，僅是鄉鎮市區內的編組之一，村里僅為村里民所組成之地域性的非法人團體，〔註4〕因而僅將村里視為最基層的地方行政組織。

　　按照臺灣當局目前的行政區劃，仁愛鄉現轄力行、大同、中正、互助、合作、法治、南豐、春陽、發祥、新生、萬豐、精英、都達、翠華、親愛及榮興等 16 村，各村均設有村長、村幹事，並定期召開村里民大會。

（二）社區發展協會的建立

　　1955 年，聯合國發表了名為「通過社區發展促進社會進步」的專題報告，倡導在全球全力推動社區發展，倡導並鼓勵各地區在地居民參與社區事務。臺灣社會積極響應聯合國主張，於 1965 年頒布「民生主義現階段社會政策」，將「社區發展」列為社會福利七大項目之一，此為臺灣社區發展之開端。臺

〔註3〕鄉鎮市區是對臺灣的直轄市、縣、市所管轄的下級行政區之總稱，包括直轄市、市的區，以及縣所管轄的鄉、鎮、縣轄市。

〔註4〕陳彥宇：《地方部落會議問題之研究——以慕谷慕魚自然人文生態景觀區為例》，碩士學位論文，臺灣東華大學 2013 年，第 20 頁。

灣「社區發展工作綱要」於 1968 年頒布實施，次年開始在各地推行社區發展計劃。依據臺灣地區的有關規定：社區系指經鄉鎮市區社區發展主管機關劃定，供為依法設立社區發展協會，推動社區發展工作之組織與活動區域。社區發展係社區居民基於共同需要，遵循自動與互助精神，配合政府行政支持、技術指導，有效運用各種資源，從事綜合建設，以改進社區居民生活質量。社區發展是一種組織與教育的工作過程，其目的在於鼓勵社區居民參與社區建設，協調社區各界的關係，運用社區內外資源，採取自助的行動，以引導社區的社會變遷，從而提高居民的生活素質。

　　社區發展協會，由社區理事長、總幹事、理監事及社區會員構成，它以推動社區發展為首要目標。按臺灣地區的有關規定，社區發展協會的具體工作內容包括：（1）公共設施建設：包括新（修）建社區活動中心、社區環境衛生及垃圾之改善與處理、社區道路及水溝之維修、停車設施之整理與添設、社區綠化與美化等。（2）生產福利建設：包括社區生產建設基金之設置、社會福利之推動、社區托兒所之設置等。（3）精神倫理建設：包括加強改善社會風氣重要措施及「國民」禮儀範例之倡導與推行、鄉土文化及民俗技藝之維護與發揚、社區交通秩序之建立、社區公約之制訂、社區守望相助之推動、社區藝文康樂團隊之設立、社區長壽俱樂部之設置、社區媽媽教室之設置、社區志願服務團隊之成立、社區圖書室之設置及社區全民運動之提倡等。社區發展協會的工作涵括了社區內的大小事務，是社區居民直接參與社區建設的主要渠道。近年來，原住民地區的社區發展協會立足於族群文化，期望透過社區成員的全員參與，實現自主創新發展。1991 年，臺灣依據發展需求，將「社區發展協會」定性為人民團體，期望透過人民團體的組織運作，激發社區居民自主創新的精神，提升社區的凝聚力。

　　目前，仁愛鄉共有 21 個社區發展協會，分布在各個社區（具體設置情況參見附錄四）。其中，「南投縣仁愛鄉南豐社區發展協會」在推動社區發展的成就方面尤為突出。南豐社區發展協會以「復振 Gaya Seedig 的先祖文化，找回互助共享的部落核心價值，發展社區共存共榮的願景」為其宗旨。在社區發展協會的推動下，南豐村近年來積極推動部落歷史重建、族語教學及傳統建築復建等活動，不僅重新喚起社區成員對族群文化的認同，更將賽德克文化發揚光大，受到社會的廣泛認可。

（三）部落會議的發展

2006年，為協助原住民部落建立自主協商及發展機制，臺灣「原民會」決定設立「部落會議」。按照規定，部落會議設主席一名，由部落會議出席人員推選。參加部落會議應為設籍於部落的原住民，可以是傳統領袖、各家（氏）族代表或居民等。部落會議議決同意事項時，部落所在地之鄉（鎮、市、區）公所應依部落會議主席之請求提供下列協助。〔註5〕

根據有關規定，部落會議的職權主要包括訂定、修正部落章程、決議同意事項、決議公告事項等。〔註6〕以南豐村「眉溪部落會議」為例，依據「眉溪部落公約」（具體內容參見附錄六）的規定：部落內各機關、學校及社團組織等，為協商部落相關事務之處理，應經由部落會議凝聚共識，並依部落會議議決事項，作為部落各項政策之依據。部落會議處理的事務涵括了部落土地管理、部落生活及規範等方面。如「眉溪部落公約」規定：為顧及部落傳統領域之土地（公有或私有）環境安全性，如經部落議會向專家學者提出諮詢，認為可能會發生土石流或坍崩等災害之發生時，其開挖或變動規模應經部落會議討論；部落居民利用個人土地前，務必確認界線或申請鑒界，避免發生糾紛，遇有糾紛時得經部落會議協調之；部落居民有接受部落傳統文化習俗學習之義務，部落居民以復振傳統文化為最高榮譽；部落居民於傳統領域內使用、採集、狩獵，應合法合理，並遵守自然資源自治規則。

2013年，眉溪部落開始積極重建部落原有的蝴蝶生態。為了確保居民辛苦營造的成果，居民經召開部落會議，並在與村組織商議後，做出「禁止遊客於當地捕捉蝴蝶」的決定，並張貼公告警示遊客。部落會議設置的主要意圖在於，凝聚部落的集體意志，保障部落居民的正當權益，合理規範部落居民生活秩序，以促進部落安定發展。眉溪部落的「部落會議」充分發揮其社會功能，通過凝聚部落居民的集體意志，極力保障本部落社會秩序穩定和有序地發展。

發展至今，村里組織、社區發展協會與部落會議等構成了原住民鄉村的多元治理主體，共同參與鄉村事務的管理。各個主體的功能和性質不盡一致，其中，在村里組織中的村里長與村里幹事成為村落事務的直接推行者，社區發展協會理事長與部落會議主席等則構成非政府的領袖體系，配合政府各項

〔註5〕《諮商取得原住民族部落同意參與辦法條文》（2016年）第6條、第30條。
〔註6〕《諮商取得原住民族部落同意參與辦法條文》（2016年）第5條。

政策的實施，並在一定範圍內實行自主與自決。村里與社區同為地方基層組織，隸屬不同系統，前者依「地方制度法」而設置，屬民政體系；後者則依「社區發展工作綱要」而成立，屬社政體系。部落會議乃臺灣「原民會」為發揮部落自主、凝聚部落共識而設立的溝通機制，是實現部落與公務部門溝通的媒介與平臺。

二、多元治理主體的合作與較量

在當代的村落治理格局中，「多頭馬車」並進的現象使原住民鄉村的族群生態變得複雜。政府對於村里組織、社區發展協會與部落會議的性質及各自職能、權利與義務都有明確的定位和規定，有的治理主體能夠在行政工作中相互協助，但有的治理主體間仍不時發生摩擦甚至衝突。

（一）村里組織內部成員的互助合作

村里長為村里組織的領導人，負責推動村里業務，村幹事需協助村里長辦理該村里內所有的村里公務。就實地調查的結果來看，該地區村里長與村里幹事在日常工作中的合作較為融洽，雖有時難免會產生不同意見，但尚不至影響正常行政工作的開展。

村里長與村里幹事能夠融洽相處的原因主要有兩點：（1）他們都屬於政府的公職人員，有較好的政治素養，能夠在具體工作中儘量做到以大局為重。（2）一村的村里長與村里幹事通常是親戚，有的是遠親，有的是近親，他們大都在私下保持著友好或親密的互動，這有利於他們在工作決策上達成一致。大多數村幹事認為，他們跟村長都是為村民做事，雖然表面上看，他們是村長的副手，但在實際工作中，他們是合作夥伴。村里長與村里幹事是最貼近村民的公職人員，他們不僅負責宣傳、貫徹與執行政府政策，還負責向上級傳達基層民眾的權益訴求。部落居民平常遇到難題，一般會先向村幹事或村長求助，如果無法得到及時解決，村長或村幹事會再向鄉公所報告。村幹事或村長是部落居民與鄉公所之間的溝通橋樑。

仁愛鄉的原住民普遍認為，村里長與村里幹事在多數情況下都能夠在擁有共同工作目標的基礎上，相互尊重，互助合作，共同研商村內大小事務，做到以村民事務為重，進而推動村里事務的順利開展。

（二）社區組織與村里組織

村里組織與社區組織有不同的責任與職能，它們分屬於不同的資源與監

督系統，村里組織以基層行政服務為主，並充當鄉公所或其上級政府與基層民眾的溝通橋樑，而社區則主要負責辦理文化、休閒及教育性的活動。按臺灣地區的有關規定：社區發展協會應與轄區內有關之機關、機構、學校、團體及村里辦公處加強協調、聯繫，以爭取其支持社區發展工作並維護成果。社區組織與村里基層行政組織有著非常密切的關係，但實際上村里長與社區發展協會理事長常因政治理念不同、地方派系紛爭，甚至個人性格不合等因素而發生摩擦。換言之，在實際工作中，社區發展協會與村里組織的配合併不是很默契。

實地調查顯示，有的社區發展協會理事長由部落裏的年輕人擔任，這些年輕人有時對政府的規章制度不太熟悉，做事過於主觀，所以他們在制定社區發展計劃時常遭到村辦公室工作人員的批評。而年輕的社區發展協會理事長則認為，村長或其他村辦公室工作人員做事過於僵化呆板，缺乏創新。據瞭解，有些社區發展協會理事長是通過金錢交換得來的，這些人並不是真正為部落社區服務，而是借助社區發展協會籠絡民心，為以後參選村長或鄉民代表等做準備，因而從一開始他們就無法取得村民及村組織的充分信任。

此外，由於政治環境變遷，臺灣基層選舉競爭日益激烈，許多團體與組織都成為各政黨、派系拉攏的對象。社區發展協會理事長在工作中積累了堅實的人脈資源，因而在村里長選舉中，他們的支持與否有時就成為候選人成敗之關鍵，或者說在某些選舉中，社區發展協會理事長的支持是各候選人贏得選舉的重要籌碼。2002 年 8 月 19 日，臺灣某報紙發表了題為「村里與社區體制廢存之考量」的報導，該報導稱：「儘管社區發展協會之組織尚無法制化之依據，但該社區發展協會之理事長，經常係競選村里長敗北候選人之最佳歸處。由於有此政治活動基地，其對村里長而言，可採取支持或不支持，合作或抗衡之政治作為。質言之，村里長與社區發展協會理事長，在同一土地管轄內係處於對立之政治抗衡勢力。日久該村里即有二股嚴重不和諧之政治衝突效應。」〔註7〕至今，這種現象仍較為普遍。人們認為，社區發展協會與地方派系在選舉中的勾結或抗衡，嚴重影響了部落的穩定與和諧。如果這種現象得不到有效地控制和管理，勢必嚴重影響部落成員間的關係。

在臺灣原住民地區當下的鄉村治理中，村里的角色與功能日漸衰退，這

〔註7〕《村里與社區體制廢存之考量》，《中央日報》（臺灣）2002 年 8 月 19 日，第3 版。

使得蓬勃發展的社區有取而代之勢。又社區從事地方公共建設或舉辦各種活動的經費來源主要來自政府的補助，因此社區組織與地方政治間便產生了某種程度的關聯，部分社區成為選舉時地方派系動員的網絡之一，而該動員網絡通常是以社區理事長為核心，社區組織於是逐漸扮演起政治角色。〔註8〕有人認為，社區發展協會是權力鬥爭的源頭，更有人認為，村里與社區發展協會留一即可，兩者並存不僅沒有給部落帶來好處，還造成「社會內部各立山頭、相互對峙的局面。」〔註9〕薄慶玖在談到社區組織與村里組織的合併問題時指出，「關鍵恐不在可否合併，而在社區發展業務該應由誰主管，由於社政單位與民政單位互爭為主管單位，所以引發社區組織與村里組織可否合併之問題。」〔註10〕

無論是由於個人原因，還是制度原因，社區組織與村里組織的矛盾與對立在當代原住民社會發展過程中可能會越來越凸顯，並成為影響部落穩定發展及人群和諧相處的主要阻礙之一。

（三）部落會議與社區發展協會

部落會議與社區發展協會都以鼓勵社區居民的自主性為根本出發點，因而有人質疑，兩者是否會因領導者意見不合而導致部落秩序的失衡，也有人擔憂部落會議的設置將架空社區發展協會。

現行部落會議與社區發展協會的出發點相似，但部落會議主要是對內聯絡部落成員情感、凝聚集體意志的平臺，而社區發展協會則是對外、對公務部門的平臺。〔註11〕在實際工作中，社區發展協會的工作受部落會議監督，其作出的任何決策需充分考慮部落成員的集體意識，尊重集體意志的決定。如「南豐社區發展協會章程」（具體內容見附錄五）規定：會員有違背章程規定或不遵守會議決議者，提請部落會議紀律委員調解處理；仍然不聽從規勸者，得經理事會會議予以警告、停權或除名之處分。但從實地調查的結果來

〔註8〕林淑惠：《社區發展與地方政治──以臺中縣為例》，碩士學位論文，臺灣東海大學 2003 年，第 6 頁。

〔註9〕薄慶玖：《社區組織與村里組織可否合併之研究》，《中國行政》1985 年第 43 期。

〔註10〕薄慶玖：《社區組織與村里組織可否合併之研究》，《中國行政》1985 年第 43 期。

〔註11〕陳彥宇：《地方部落會議問題之研究──以慕谷慕魚自然人文生態景觀區為例》，第 27 頁。

看，部落會議與社區發展協會之間的配合度並不理想。

有學者指出，部落會議本是供社區族人共同決定部落事務及發展前景的協商平臺，但是目前成效還不是很好，大部分族人還是太注重眼前的利益了……部落會議目前也暫時依附在社區發展協會的組織下，這是一個極不正常的狀況。如今村落裏同時存在村民大會、社區發展協會及部落會議三個不同的組織體系，按照道理，各自的角色與功能都應該分得很清楚，但事實上，由於權力欲望的桎梏和牽絆，讓不同組織領導的角色顯得模糊，彼此權責不分，甚至相互衝突。〔註12〕又由於各部落組織只求獨善其身，排斥與其他單位合作，缺乏資源共享的觀念，由此導致社區的整合度較低。〔註13〕

面對不同的治理主體，有時普通部落居民也難以弄清楚其中的關係。中正村的辜先生原本是政府公務人員，現已退休多年，他的表述道出了普通部落居民的一些想法：

> 有的部落居民對社區發展協會與部落會議的認知比較模糊。公、私部門一起夾雜在部落裏，每個組織都有自己的領導，表面上看他們都是為部落服務的，但有時候族人也弄不清楚究竟應該聽誰的。到後來，大家也只能看誰能給部落帶來的好處多，就支持誰。

社區發展協會已經發展了數十年，而部落會議是近幾年才剛創建起來，兩者間免不了要質疑彼此的權威。這兩個組織之間要配合得好，恐怕還需要很長時間的磨合。就部落會議與社區發展協會的關係，辜先生也談了自己的看法：

> 在臺灣，社區發展協會發展得相對早些，而部落會議則比較年輕。在這種情況下，部落會議要插手部落的大小公共事宜，就難免引起社區發展協會的不滿。但有一個事實是，有些社區發展協會長期「不作為」，早就引起族人的反感。一些（社區發展協會的）理事長整天游手好閒，不做部落發展規劃，就算做了規劃，拿到經費之後，也不好好做事。部落會議剛好這時候成立，如果能夠長久地發揮監督和配合作用，也不是件壞事。但如果只是一陣風刮過，或者就是那麼幾個人自己在搞來搞去，也不會起什麼大的作用。所以啊，不是說建個協會、成立個部落會議，部落就能發展起來，還得分工

〔註12〕張進昌：《賽德克清流部落社區營造策略之研究》，第139頁。
〔註13〕張進昌：《賽德克清流部落社區營造策略之研究》，第146～147頁。

明確，各自幹好自己的活，不然這種組織再多，也只是添亂。〔註14〕

多頭管理的局面非但沒有有效地凝聚族人力量、解決部落事務，反而增加了部落內部的不和。臺灣「原民臺」曾以「展現部落自主性——族人如何建構自主的部落會議」為題，討論部落會議在原住民社會的發展現狀。〔註15〕從中我們可以發現，臺灣原住民對部落會議的發展尚存在種種疑慮，如部落會議的權限及位階在哪裏，部落會議是否造成地方事務更多頭馬車，如何建立相互溝通的協商平臺等等。

最後，就部落會議本身的角色而言，起初有人對其寄予厚望，認為通過部落會議就能夠讓政府瞭解部落居民的真正訴求。但實際上，部落會議這一新的組織形式或議事平臺是否能夠提升原住民參與部落公共事務的積極性，凝聚族人的主體共識，還有待進一步考察。一個部落內可能包含多個族群，部落會議如何解決族際衝突，形成地方共識，也是地方社會擔憂的問題。另外，部落會議在每個部落的影響力不盡相同。不同的部落擁有不同的傳統，會議主席也不一定由族長擔任，因此意見領袖可能會因為外在因素的介入，甚或是派系的對立，而改變部落會議的性質，使得部落會議反而成了部落分裂的因素。〔註16〕而當關乎到族群整體利益時，各部落會議表達的意見可能會有差異，甚至完全相左，那麼部落會議就可能成為族群衝突的推手。

臺灣光復以後，泰雅、賽德克及布農等族群傳統的社會運行單位，包括祭團、獵團或氏族等已逐漸失去意義，村落成為新的基本運行單位，村里組織、社區發展協會及部落會議等多元主體的鄉村治理格局也逐步形成。在實際的村落事務治理中，村里組織內部的工作主體相互配合得較為融洽，但村里組織、社區發展協會及部落會議等多頭馬車之間的角色衝突，則非但未能有效推動社區或部落的發展，反而可能引起社會內部的矛盾與衝突。鑒於此，如何在地方社會有效平衡地方自治機關、社會團體及其他權力組織的關係，如何在不同權力組織間分配資源，如何解決領袖角色的重疊與衝突，成為當前原住民社會亟待解決的問題。

〔註14〕訪談時間和地點：2015 年 8 月 2 日，南投縣埔里鎮。

〔註15〕「展現部落自主性——族人如何建構自主的部落會議」，臺灣原住民族電視臺：「部落大小聲」，2014 年 11 月 8 日。

〔註16〕陳彥宇：《地方部落會議問題之研究——以慕谷慕魚自然人文生態景觀區為例》，第 27 頁。

第二節　政治選舉中的族群互動

選舉，是選民表達利益訴求的工具。20 世紀 50 年代，臺灣開始實施地方自治，原住民社會也隨之步入現代意義的參選政治。在政治選舉中，既有族群成員間的合作和互動，又充斥著各種力量的角力與對抗。

一、選舉動員與人際關係整合

選舉動員是一種企圖改變選民態度、價值與投票行為的過程。〔註 17〕在臺灣原住民社會，親族動員、族群動員、黨派動員、在地有力人士動員及宗教團體動員等是常見的動員策略。在政治選舉中，各候選人通過搭建各類動員通道，盡可能在最大範圍內獲得選民支持。在選舉動員中，以候選人為核心的人際關係得到了充分、有效的整合。

（一）親族動員

候選人己身及其配偶的直系兄弟姊妹、叔伯、姑舅等是政治選舉中最為親密、最為堅固的人際關係網。泰雅、賽德克及布農的部落是以血親關係為主的社會組織，在社會發展過程中，他們與鄰近部落間又建立起緊密的姻親網絡。在現實社會中，具有血緣及姻親關係的成員間保持著密切互動，他們在基層選舉中的作用顯得尤其重要。

以 2014 年仁愛鄉互助村村長的選舉為例。在此次村長選舉中，互助村共設有兩個投開票所，其中第 0481 投開票所設於互助村中原部落活動中心，選民為互助村第 1～14 鄰〔註 18〕居民，即中原部落居民；第 0482 投開票所設於清流活動中心，選民為互助村第 15～22 鄰居民，即清流部落居民。在四位村長候選人中，一、三、四號候選人同出自中原部落，僅二號候選人出自清流部落。如表 5-1 所示，各候選人在自己部落的得票率均佔有較明顯優勢，這主要得益於其血緣關係網絡的牢固。具體而言，二號候選人來自清流部落，因而其在清流部落投開票所的得票率（27.27%）相對較高；而一、三、四號候選人同出中原部落，三人在中原部落投開票所的得票率（分布為 31.14%、29.59% 與 31.33%）相差無幾，均遠高於來自另一部落的二號候選人。一號候

〔註 17〕徐火炎：《認知動員、選舉動員類型與選民投票行為：第二屆國民大會代表選舉的分析》，《社會科學論叢》1994 年第 42 期。

〔註 18〕按照臺灣的行政區劃，村或里組織之下設有「鄰」，各村里依據規模大小及實際居住格局劃編各鄰。

選人能夠勝出，按當地人講是「贏在了清流」。其之所以在清流部落的得票率亦位居首位，主要原因是：（1）她本人曾任互助村村幹事，為村社區服務了八年，其功績也是有目共睹，群眾基礎比較牢固。（2）更為重要的是，清流部落有其近親，這些近親在選舉時竭力為她在部落拉票，充分體現了血緣關係的親密與可靠性。親屬關係是人際關係中最為親密、最為忠誠的部分，在村長選舉中，個人能力大小是獲勝的前提，而以親緣關係為核心的社會網絡強弱是影響最終選舉結果的關鍵。

表 5-1　互助村 2014 年村長選舉得票情況統計表

投開票所	候選人號次	得票數	得票率
第 0481 投開票所	一	161	31.14%
	二	41	7.93%
	三	153	29.59%
	四	162	31.33%
第 0482 投開票所	一	106	34.41%
	二	84	27.27%
	三	49	15.90%
	四	69	22.40%

數據來源：臺灣「中央」選委會網站。

（二）族群動員

族群動員是指某一族群為了追求集體目標，由族群精英、族群組織及政黨圍繞膚色、語言及習俗等族群認同特徵，將整個族群組織起來的行動和過程。在此期間，族群成員被激勵和組織起來，參與有目的的公共生活或政治行動。族群動員通常以實現族群利益訴求，中止族群所遭受的政治、經濟或文化歧視，改善群體生活條件或社會地位，擴大群體的影響，吸引投票及影響第三黨或組成聯盟等為目標。[註19] 在原住民社會的政治選舉中，競選候選人往往以改善族群社會政治地位、提高族群文化的影響力等作為口號，以期獲得族群成員的政治支持，並吸引投票。

在 2016 年 9 月的仁愛鄉鄉長補選過程中，布農候選人吳某以「力圖打造

〔註19〕嚴慶：《族群動員：一個化族裔認同為工具的族際政治理論》，《廣西民族研究》2010 年第 3 期。

布農第一位鄉長」為選舉口號，希望以此來凝聚仁愛鄉布農人的力量。吳某選舉團隊認為，萬豐、法治及中正三個布農村族人擁有共同的祖先、共同的文化，同時也應該有共同的政治使命，候選人應鼓勵布農族人團結起來，共同提高布農在仁愛鄉的政治地位。投票結果顯示，吳某在萬豐、法治及中正三個布農村的得票率均高於其他競選對手（分別為 87.92%、79.10% 與 61.69%），而在其他賽德克與泰雅的村落則大都未過五成。臺灣「原視新聞」評論稱：「吳某打族群牌，布農部落票數亮眼。」〔註 20〕仁愛鄉至今未產生過布農籍的鄉長，相對剝奪感或危機感使布農人在此次政治選舉中團結起來，一同支持和擁護本族的競選候選人。也正因為如此，吳某才能在三個布農村落獲得高投票率。仁愛鄉布農人認為，本鄉從來沒有產生過布農籍鄉長，三個布農村落的族人一直很不甘心。這次吳某出來參選，呼聲很高，族人們的期待值也很高，必須給予全力支持。

　　族群動員是一個為了達到明確目標，而有意識採取的群體行動，動員以族性為基礎，把族群成員對群體的情感、態度和忠誠轉化為看得見的族群行動或族群運動。〔註 21〕身份認同，是一種非理性、象徵性與情感性的認同感，有利於強化社會成員的族群意識。在族群動員過程中，候選人通過不斷強調自身的族群身份，講述自身與族群社會的淵源和聯繫，強化其與選民共同的身份認同，從而影響選民的投票傾向，贏得選舉結果。

（三）政黨動員

　　臺灣選舉體現出鮮明的政黨化特徵，政黨認同在政治選舉中發揮著有效的動員作用。政黨認同傾向是選民對某一政黨的長期心理依附情感，是選民瞭解複雜政治世界的指引，並會影響選民的政治態度。〔註 22〕在臺灣原住民社會，國民黨的認同度明顯高於其他黨派。

　　自 20 世紀 50 年代以來，國民黨陸續在臺灣各鄉鎮（含山地鄉）設立鄉黨部（民眾服務站）。在原住民地區，國民黨從各族群部落中挑選出意見領袖與政治精英進入黨部工作。平時，黨務組織是聯絡本黨派與原住民感情的橋

〔註 20〕「仁愛鄉長補選，江子信自行宣布當選」，臺灣原視新聞（TITV）報導，2016年 8 月 6 日。

〔註 21〕嚴慶：《族群動員：一個化族裔認同為工具的族際政治理論》，《廣西民族研究》2010 年第 3 期。

〔註 22〕陳陸輝：《臺灣選民政黨認同穩定度的分析》，碩士學位論文，臺灣政治大學2009 年，第 61 頁。

樑，而在選舉期間，這個組織便轉變為政黨造勢與投票動員的有效管道。所謂國民黨「原住民黨務組織」並不侷限於表象所見的官僚階層式的黨部組織結構，還包括因原住民特有的部落或血親關係建構起來的社會關係網絡。借由整合這個社會關係網絡內的意見領袖進入國民黨的組織體系，國民黨得以將對原住民選舉動員的影響力擴大至超越「黨部行政組織」的範圍，而滲透到整個原住民社會。〔註 23〕國民黨借助黨務組織在原住民地區建立了相當堅實的民眾基礎，因而長期以來臺灣社會都普遍認為，原住民地區是國民黨的「鐵票倉」。

圖 5-1　仁愛鄉某鄉長候選人宣傳標語

　　在以往的原住民地方選舉中，「支持國民黨」是凝聚民眾政治認同的最常見口號（如圖 5-1 所示）。事實證明，政黨動員對投票結果確實有極大影響。以原住民「立法委員」的選舉為例，1972～2016 年，在臺灣原住民「立法委員」66 個席位中，國民黨就佔據了 43 席，所佔比例高達 65%。就「立法委員」的選舉來看，原住民對國民黨的認同感高於其他政黨，國民黨在原住民地區的政治優勢一直持續到 20 世紀 90 年代。據仁愛鄉的原住民反映，原住民地區一直是「藍天」，能夠獲得國民黨提名的競選候選人往往都有較高的勝算。被提名者擁有黨政競選組織的輔選動員及各項資源的供給，因此只要是被黨組織提名者，也就等於宣告「準當選」。

〔註 23〕包正豪：《國民黨的原住民選舉動員：一個社會文化互動途徑的初探分析》，《臺灣原住民族研究季刊》2013 年第 6 卷第 2 期。

受各方面因素的影響，從 20 世紀 90 年代開始，原住民對國民黨的信任和支持度開始下降。在「立法委員」選舉中，無黨籍人士參選的比例增高，原住民的政黨意識逐漸淡化。事實上，由於近年來國民黨政績不佳，且時常被爆出政黨領導濫用職權的現象，原住民對國民黨的政治認同有所減弱，民眾批判與抱怨的聲音此起彼伏，從而發出「換黨做做看，換人做做看」的心聲。在 2014 年的選舉中，南投仁愛鄉（山地）縣議員、鄉長均由無黨籍人士獲任，國民黨籍候選人慘遭失敗。實際上，如今包括仁愛鄉在內的 12 個山地鄉，均已從國民黨執政轉變為無黨籍人士執政。〔註24〕

雖然目前原住民的政黨意識有淡化的傾向，但以政黨認同尤其是國民黨整體建構起來的人際關係網絡，仍在選舉中發揮著不可忽視的作用，部分民眾對於無黨籍及其他黨派的完全信任還需花費更長的時間建立。

（四）地緣、業緣等關係的調動

1. 椿腳

椿腳是臺灣社會對某類人物的特有稱呼，是指建立在特定人際關係上，擁有動員其他人員的能力，能為特定政治人物提供選票者，他們是連接政治人物和選民的中介者，一般是農會總幹事、宗親會理事長、村長、里長、廟會管理委員會總幹事，或其他在地方有一定影響的人物，甚至是黑道分子。〔註25〕椿腳根據能力及負責的具體事務有大、小之分。政治人物和大、小椿腳之間的關係大多是建立在政治、經濟利益交換的基礎上，一般是工程預算、職業介紹或人事安排等等。〔註26〕椿腳以選票作為交換籌碼，一面積極幫候選人拜票、拉票，開展各種造勢活動，一面又以此「綁架」候選人，要求候選人當選後兌現先前的「利益承諾」。

椿腳在選舉中扮演著相當關鍵的角色。在高層級的選舉中（如縣級、「中

〔註24〕12 個山地鄉指南投仁愛鄉、宜蘭南澳鄉、桃園復興鄉、新竹五峰鄉、苗栗泰安鄉、屏東三地門鄉、霧臺鄉、瑪家鄉、春日鄉，臺東蘭嶼鄉、花蓮萬榮鄉、秀林鄉。但由於仁愛鄉長在選舉中存在違法亂紀的行為，最終被判決當選無效，後由國民黨籍候選人於 2016 年補選上任。目前，仁愛鄉縣議員為無黨籍，而鄉長為國民黨籍。

〔註25〕林麗芬：《臺灣的「椿腳」及其「椿腳文化」》，《現代臺灣研究》2007 年第 5 期。

〔註26〕林麗芬：《臺灣的「椿腳」及其「椿腳文化」》，《現代臺灣研究》2007 年第 5 期。

央級」等），候選人與選民多互不相識，沒有直接的社會關係。候選人為了獲取選票，必須借助椿腳代替其去拉票。在小規模（如鄉級）選舉中，候選人與選民互動機會較高，彼此可能也互相認識，但因為人際關係網絡的重疊性較高，所以在選舉競爭激烈的情況下，候選人也必須借助椿腳，拉近與選民的關係，或者是通過椿腳的影響力（游說或勸服），拉攏政治立場中立或游離的選民。〔註27〕椿腳的多少依選區範圍大小而定，基本上選區內的每個部落都會有三、五個椿腳，甚至更多。他們不僅負責動員選民投票，還扮演著「聯絡人」的角色。椿腳需要準確掌握選情，哪些部落需重點鞏固票源、哪些部落屬於對手的陣營等，對這些問題，他們都需要了然於胸。

　　每個椿腳重點拉票的範圍，一般都是其自身所在部落，有時也包括了鄰近的部落，因而，椿腳及其動員拉票的範圍構成一個特殊的人際關係圈。來自翠巒部落的吳某曾是南投縣某縣議員候選人林某的椿腳。在選舉期間，吳某負責在翠巒部落為林某宣傳、拉票、固票，並及時向競選辦公室彙報結果。作為椿腳，他必須清楚地掌握部落每家每戶的票源流向，然後才能制定具體的拉票計劃。為了維持這個關係圈的穩定，他有時候也需要給選民支付金錢或發送禮品。林某表示，發送一些小禮品（如日常用的扇子、筆記本等）是極為必要的，一是為了感謝選民的支持，二是希望維持與選民之間關係的穩定。林某說，根據臺灣地區的有關規定，選舉期間送給選民的禮品價值不能超過30臺幣（約合人民幣6元）。候選人團隊在採購禮品時既要遵守相關規定，又要考慮到部落居民的實際需求。買得不好，或者不實用，反而起不到拉票的效果。所以，這些事情都得經過精心策劃和安排才行。

　　2. 在地有力人士

　　在地有力人士，是選舉中的另一重要群體，他們大都曾在縣府、鄉公所等公務部門任職，在地方享有一定聲譽，與候選人多為同學或同事關係。同樣以南投縣某縣議員候選人林某為例，林某本身是仁愛鄉的賽德克人，仁愛鄉也是林某的選區，其在籌備競選總部時，就積極拉攏原南投縣政府、仁愛鄉公所的退休幹部等人。在選舉中，競選總部主任、副主任及總幹事等職常由這些在地有力人士充任，他們身兼重責，構成競選團隊的決策組織。決策團隊成員需整合各部落的票源信息，統籌安排拜票時間與路線，他們也需要

<hr>

〔註27〕李睿：《臺灣選舉中的派系研究》，博士學位論文，華中師範大學2012年，第107頁。

充分利用自身人際關係資源，動員選民投票。這些在地有力人士清楚掌握選區內每個部落的選情，他們需要根據部落的實際情況，為候選人草擬政見。候選人想從與地方人士的接觸，到將其所擁有的人際關係資源，轉化為自己在選舉上動員的網絡，必須經過一段長時間的努力經營與運作。只有這樣，候選人才能將這些間接的人際關係串連起來，變成能夠在選舉中發揮動員效用的關係網絡。〔註28〕

地緣群體常與學緣、業緣等關係群體交織起來，共同構成候選人選舉團隊的重要力量，他們是選舉活動的決策者與動員者。

3. 尋求宗教團體的協助

基督宗教在臺灣原住民社會具有強大的影響力，因而在政治選舉中，各候選人也利用各種教會資源進行選舉動員。候選人不僅依靠牧師、傳道師等神職人員參與動員，也常借著基督信徒的身份籠絡民心，他們借助教會活動造勢的現象更是習以為常。

「政教聯合」已成為臺灣選舉文化中越來越突出的特徵，其中基督長老教會與臺灣政治社會的關係尤為密切。1945 年以來，臺灣基督長老教會一直積極參與民主改革與民主自治活動，被外界看作是最關心政治的宗教團體。臺灣基督長老教會如此積極地參與社會與政治運動，是受到了教會神學思想、教會領導人特質與歷史脈絡及政治環境等諸多因素影響的結果。教會在政教關係上的立場，並沒有隨著政黨輪替而改變。〔註29〕

2015 年 11 月，正值「臺灣大選」的緊張備選階段，賽德克族群基督長老教區會於 13 日召集賽德克全體教會牧者、長執會友、各教會社會關懷小組、部落族人及其他志願者，在「Tgdaya 德克達雅教會」（位於仁愛鄉中原部落）舉辦了一場「關心臺灣前途研討會」。在會上，基督長老教就「臺灣基督長老教總會總幹事與立委選舉支持原則」、「臺灣原住民自治願景」兩個內容展開了充分討論。基督長老教希望能夠借助自身的力量，參與到臺灣的政治發展中。長老教在原住民社會有堅實的根基，在原住民的選舉活動中，總少不了它的聲音。筆者在參與某賽德克長老教會禮拜活動時發現，有候選人團隊的

〔註28〕陳介玄：《派系網絡、椿腳網絡及俗民網絡：論臺灣地方派系形成之社會意義》，東海大學東亞社會經濟研究中心主編：《地方社會》，聯經出版社 1997 年版，第 52 頁。

〔註29〕黃昭弘：《臺灣基督長老教會政教關係之研究》，博士學位論文，臺灣東吳大學 2008 年，第 166 頁。

工作人員借著參加教會活動的機會趁機拉票，也有候選人直接在教會活動中極力宣傳自己的政見，希望得到教友的支持。筆者還發現，有候選人甚至借助教會表演團體，在其政見宣講會上渲染氣氛，希望藉此獲得同教派信徒的信任和支持。

長老教會在仁愛鄉原住民部落具有強大的勢力，相對天主教與真耶穌教等教派，其信徒規模較大，加之長老教會熱衷於政治參與，教會神父或牧師、長老等工作人員的政治態度或支持偏向對教會信徒都有一定影響，因而在各種選舉中，長老教會神職人員及其信徒常成為各候選人積極拉攏的對象。

近年來，也有原住民神職人員參與政治選舉並勝選的案例，他們憑藉自身在部落的廣闊人脈在政治選舉中脫穎而出。如眉溪部落的瓦歷斯‧貝林，其本為天主教神父，後辭去神父一職，積極投入政治選舉，並多次當選山地原住民「立委」。原住民地區的神職人員在部落有著良好的人脈基礎，這使得他們在參與政治選舉時佔有相當優勢。

圖 5-2　仁愛鄉某縣議員候選人拉票車隊及活動現場

人際關係網絡通常建立在親族社會倫理的基礎上，以親族成員為中心，向四周擴散至其他人群團體，從而形成了一個包括不同圈層的、漣漪狀的人際關係圈。對於親族以外的人群，則是以擬血緣的方式，形成人際關係網絡。圍繞這個人際關係網絡，形成了各候選人參與選舉的基本支持群體。這一支持群體的忠誠度一般都比較高，屬於「鐵票」群體。一般來說，愈到基層選舉，以親族關係為中心、以人情為紐帶組織選舉的特徵也就越明顯。〔註 30〕

〔註 30〕陳星：《臺灣選舉文化論略》，《北京聯合大學學報》（人文社會科學版）2006
　　　　第 4 卷第 4 期。

親族關係，配合族群、政黨及地緣、血緣等關係網絡，構成臺灣原住民政治選舉動員中強大的人際關係網絡（圖 5-2 所示為南投縣某山地縣議員候選人在仁愛鄉拉票的現場）。

二、權力失序競逐與族群分裂

在政治選舉中，各競選人圍繞著權力展開各种競爭，有合法的，也有非法的，有符合規則的，也有不合規則的。合法的和符合規則的權力競爭是社會民主的體現，能夠在一定程度上激發競選候選人的政治潛力，而非法的與不合規則的權力爭奪，則不僅擾亂了政治民主的程序，而且危害到地方社會的穩定。非法與不合規則的權力爭奪就是權力的失序競逐，它指的是在權力競逐過程中，出現的違反法規及民主程序的不法行為及失序現象。〔註 31〕權力的失序競逐具體表現為通過污名化行為損害競爭對手的名譽，通過賄選等方式影響選民投票意願，及競選結束後失敗一方沒有願賭服輸的心態，而是繼續與現任公職人員進行或明或暗的鬥爭，進而引發種種矛盾與衝突，等等。

（一）權力失序競逐的表現

1. 污名化

美國社會學家戈夫曼在《日常生活中的自我呈現》中首次提出「污名」一詞。「污名」原本指代身體記號，做這些記號是為了標示攜帶人的道德有不尋常和不光彩之處。這些記號刺入或烙進身體內，向人通告攜帶者是奴隸、罪犯或叛徒。換言之，這些被污名的人有污點，在儀式上受到玷污，應避免與之接觸，尤其是在公共場合。〔註 32〕污名化導致社會公平秩序的失衡，造成不公正的待遇等後果。

在政治選舉中，互為競爭對手的候選人為追求利益最大化、贏得選票，而採用各種手段攻擊對手，相互傾軋，這在臺灣地方選舉中極為常見，如候選人之間相互造謠抹黑、惡意栽贓，或是揭露隱私，等等。競爭對手企圖利用言語及人身攻擊污名化對方，詆毀對方名聲，從而獲得民眾對自己的支持。陳癸淼指出：「在選舉中，政黨及其候選人，多數採取趕盡殺絕的方式攻擊對

〔註 31〕馮連余：《權力失序競逐與村莊治理失敗——以山東省 F 村為例》，碩士學位論文，華中師範大學 2012 年，第 14 頁。
〔註 32〕歐文·戈夫曼：《污名：受損身份管理簡記》，宋立宏譯，商務印書館 2009 年版，第 1 頁。

手。最常見的是各政黨及其候選人利用電視、電臺、報紙、雜誌、文宣資料及造勢活動，以斷章取義、以偏概全……卑劣手段，大有非置對方於死地不可之勢。」〔註33〕

競選候選人在部落發表政見時，除向民眾宣傳自己的執政理念外，有時還通過言語詆毀競爭對手，如大肆宣揚對方依仗錢勢收買民心，或刻意揭露對方的隱私，損害對方形象，等等。據部落居民反映，每逢選舉，部落裏到處「烏煙瘴氣」，平日裏相互來往的人成了競爭對手，為了一己私利，相互揭短、抹黑。族人有時也被搞得暈頭轉向，不知道孰真孰假。甚至有人認為，選舉就是一場遊戲，如果你任由對手謾罵，你肯定輸，所以一定要罵回去。在選舉的關鍵階段，不孝順父母、不照顧家庭等等這些瑣碎小事，都可以用來攻擊對方。當然很多時候，這些描述都是誇大其詞，扭曲事實，候選人誰都不會承認，但這樣才會拉到票。昨天選民的票還是某候選人的，今天可能由於競爭對手說了他的壞話，選票就跑到別的候選人那邊去了。

在選舉動員階段，新聞媒體也成為競爭對手們公開惡鬥的平臺。媒體是形塑候選人形象的重要平臺，因而在選舉中，候選人常借助新聞、網絡等媒體，樹立自身正義、廉政的良好形象，同時也借機污名化競爭對手，抹黑競爭對手的形象。每到選舉，利用媒體散播或渲染未經證實的謠言，造成選舉不公等事件頻傳。雖利用媒體在從事競選活動的每一個環節均有相關規範，但由於責任分別由行為主體（行為人）及被利用的客體（媒體）各自分擔，行政管制無法於第一時間有效到位，所以常導致此類事件層出不窮，違犯者有恃無恐，故非修法難以為治。〔註34〕

由於個體或群體具有某種社會不期望或不名譽的特徵，而降低了其在社會中的地位，污名就是社會對這些個體或群體的貶低性、侮辱性的標籤。被貼上標籤的人（即蒙受污名者）因此就「有」了一些為他所屬的文化不能接受的狀況、屬性、品質、特點或行為，由此導致其受到社會的不公正待遇。〔註35〕在政治選舉中，當某個候選人被對手貼上污名化的標籤，其個人品行、生活作風及行政能力等都會遭到選民的質疑，相應地，其支持度也會隨之下降。

〔註33〕陳癸淼：《論臺灣》，海峽學術出版社2002年版，第59頁。
〔註34〕林靜芬：《利用媒體不正競選行為之規制——以公職人員選舉罷免法為例》，碩士學位論文，臺灣政治大學2006年，第197～200頁。
〔註35〕歐文・戈夫曼：《污名：受損身份管理箚記》，宋立宏譯，第1頁。

2. 賄選

賄選是指在選舉競選過程中，候選人或者其代理人（如椿腳）以金錢或實物換得選民選票的行為。〔註36〕依臺灣「法務部」調查，臺灣最常見的賄選型態有：椿腳買票、搓圓仔湯〔註37〕、流水席宴客、專車遊覽、分段接力買票、拉抬股價、小前金大後謝〔註38〕、六合彩賭盤〔註39〕等。〔註40〕在仁愛鄉，椿腳買票與流水席宴客形式的賄選最為普遍和流行。

在選舉動員過程中，椿腳以錢財作為中介，頻繁地與選民接觸，以達到固票、說服選民改票的目的。椿腳買票在臺灣選舉中極為普遍，候選人及選民對此都習以為常，因而在普通民眾眼裏，「買票」並不被看作是賄選犯罪行為，而被理解成日常人情往來之需。據一些候選人的椿腳反映，送給選民一些禮物是情理之中的事情，有些選民家境確實不好，給予金錢資助也合符合情理。在這樣的心理影響下，椿腳買票越來越流行。

候選人的「政見發表會」更像是一場「政治宴會」。在政見會上，候選人大多圍繞部落道路、水利修建、文化建設或土地開發等議題發表自己的未來規劃。原本這是候選人證明自己為民辦事能力的主要渠道，但多數時候，發表政見已演變成為一種空洞的儀式。當筆者在某場政見會中向在場的原住民詢問「您對這位候選人的政見是否認同」時，得到的答案往往是「我們根本沒聽他們講話」，「這些無非都是空頭支票」。當再問「那您如何決定是否把票投給某候選人」時，人們卻笑而不答。當政見發表會接近尾聲，答謝宴席和節目表演即將開始，此時部落裏的其他民眾陸續趕來，用餐人數一般會遠遠超過聆聽政見的人數。與政見會相比，人們更期待這之後的宴席和表演。候選團隊認為，飯菜的準備是必需的，而且只能多不能少。雖然有些人沒來參加政見發表會，但他們都曉得這飯菜是誰準備的，這便達到了目的。表演節目就是為了活躍氣氛，調動在場民眾的情緒。候選人並

〔註36〕呂亞力：《賄選的探討：一個研究途徑》，《政治學報》1982 年第 10 期。

〔註37〕搓圓仔湯式賄選：指在選舉過程中，候選人利誘對手放棄參選，從而提高自己的當選機會。

〔註38〕小前金大後謝式賄選：選前候選人給予選民小東西作為恩惠，當選後再付以大的款項作為「回報」。

〔註39〕六合彩賭博式賄選：類似六合彩下注的方式，選民事先押注，買某候選人會當選。如押注對象當選，則有大量獎金，賠率極高。

〔註40〕（臺灣）「法務部」：《如何消弭臺灣地區賄選文化研究報告大綱草案》，《中國時報》（臺灣）2007 年 12 月 12 日，第 A6 版。

不奢求政見本身帶來的回報效益，而更多地是期望通過實際的「惠民」方法得到大家的認可，更在乎當地居民是否滿意宴席，以及表演節目的安排。而選民也熱衷於討論候選團隊準備的飯菜是否可口、表演團隊是否足夠優秀等等，對於候選人發表的所謂「政見」，他們一般並不放在心上。這樣的「政治宴會」無疑是一種變相的賄選。袁大為在研究臺灣選舉政治時就指出：「這種與選民博感情的拉票活動，是一筆不可小視的開銷，實質上也是一種賄選。」〔註41〕

　　造成賄選成風的因素有很多，有個人原因，也有制度原因。就候選人本身而言，賄選是提高自身競爭力的一種有效方式。候選人認為在競爭越來越激烈的選舉中，若其他候選人買票而自己不買票則很容易落選，而且買票金額大的一方往往更具有勝算。對於部分選民來說，選票換得的金錢是一種額外的、無成本付出的收益。在這種心態的影響下，選民不會去檢舉競選人的賄選行為，這使得賄選在很多部落裏都是「公開的秘密」。在制度方面，目前臺灣當局對於賄選犯罪行為懲治力度不夠，「刑責輕判，無嚇阻力」。〔註42〕根據臺灣地區的有關規定：對於有投票權之人，行求期約或交付賄賂或其他不正利益，而約其不行使投票權或為一定之行使者，處五年以下有期徒刑，得併科七千元以下罰金。對有能力的候選人或樁腳來說，七千元的罰金絲毫沒有嚇阻力。

　　賄選使候選人失去公平競爭的機會，影響了選舉結果的公平與公正，更導致候選人之間的權力鬥爭加劇。

3. 選舉後的紛爭

　　選舉過後，「幾家歡喜幾家愁」，參選人之間的競爭並沒有停止。落選者忙著搜集對手賄選的證據，對於選舉程序提出種種質疑，不認可選舉結果。因而，當選者還未正式上任，或上任後不久就被舉報、判刑，以致失去任職資格的事情時有發生。仁愛鄉第17屆鄉長選舉中就發生了此類事件。

　　2016年8月6日，仁愛鄉第17屆鄉長補選投票如期舉行，最終泰雅候選人江某在角逐中獲勝。「鄉長補選」在仁愛鄉是第一次，其原因還需追溯至

〔註41〕 袁大為：《臺灣選舉政治的惡質化：表現、成因及危害》，《陝西社會主義學院學報》2012年第2期。

〔註42〕 張世熒：《臺灣公職人員選舉賄選現象之研究》，《中國行政評論》2008年第16期第2卷。

2014 年 11 月的臺灣地方公職人員選舉（又名「九合一選舉」）。是年，仁愛鄉舉行第 17 屆鄉長選舉，江某參選，另一候選人孔某則以無黨籍身份加入選戰。孔某最終在選舉中打敗江某，當選鄉長。但江某認為，孔某在此次選舉中有違法亂紀行為，遂向相關部門提起控告。江某控告孔某在備選期間曾委託兩位競選幹部，分別以 500 元、1000 元向選民買票。案經一審判決，孔某當選無效，於是提出上訴。但「臺灣高等法院臺中分院認為」，那兩位競選幹部與孔某關係密切，張提出的「不知道兩人賄選」證據不可採信，最終於 2016 年 5 月底二審判決孔當選無效，鄉長一職確定補選。

　　檢舉、揭發原本是社會成員的基本權利，但競選候選人之間不斷地進行選舉紛爭，相互檢舉、揭發，由此導致地方社會秩序的動盪不安，各候選人之間的矛盾和恩怨亦越積越深。

（二）權力失序競逐下的族群關係

1. 親族關係的撕裂

　　據瞭解，早年同部落中有叔侄共同參選村長，雙方在選舉動員中互不相讓，明爭暗鬥，終導致親族關係撕裂。在當年的選舉中，叔侄二人表面上是公平競爭，但私下卻暗自較量，通過買票或贈禮等手段拉攏民心，使同部落的親戚與其他村民也因此被分成兩派，原本親密的關係在權力的操縱下變得疏遠。

　　事實上，仁愛鄉原住民村一般只含有一到兩個部落，同一個部落裏又多為親戚關係。即使是有兩個部落的村落，成員間也不免有姻親關係，所以親戚共同參選村長、村民代表的案例極為常見。在一些部落中，耆老們不忍看到族群成員因政治選舉而相互疏離，便動員大家通過部落會議等民主形式，共推一位候選人出來參選。族人參考個人能力、口碑等因素，一同推選出參選者，這樣可有效避免同族人間的你爭我鬥、暗地撕扯。若推選出來的人辦事能力不足，下屆選舉時再換其他人來做。

　　在 2014 年的村長選舉中，力行村便僅有一名候選人，因而可以確定「一票當選」。據當地人講，族人們先前已就候選人的選擇達成基本共識，以避免出現族人相互廝殺的局面。力行村前村長解釋道：

> 以前我們選部落領袖也是這樣推選出來的，現在原住民都被
> 選舉搞得四分五裂、六親不認。所以啊，我認為我們的做法比較

好。〔註43〕

　　力行村的做法得到其他部落原住民的贊同與認可，人們認為，這樣既省錢省力，又可避免族群關係的破裂。在政治選舉面前，部落被分化成不同的利益團體，親族關係變成了謀求政治利益的工具，其聚合功能逐漸減弱。

2. 家族恩怨與族群矛盾的催生

　　上述案例中提到的仁愛鄉孔、江兩家因爭奪政治權力而相互較量，彼此長期不和。如前所述，2014 年，孔某曾因江某的檢舉而失去鄉長的資格。事實上，孔某與江某的胞兄張某〔註44〕早在 2009 年的仁愛鄉鄉長選舉中就有過正面交鋒。當時孔、張兩人同以國民黨籍身份參選，最終孔某敗給了張某，兩家的恩怨由此拉開帷幕。再經歷 2014 年的交戰，孔某、張某兩家的心結越來越深，累積了層層矛盾與衝突。

　　孔家屬於賽德克，張家屬於泰雅，他們所代表的族群利益不同，因而兩個家族之間的恩怨鬥爭能夠在一定程度上反映其所屬族群的互動關係。有耆老擔憂，孔、張兩家在選舉中相互競爭，長此以往，仁愛鄉的泰雅人與賽德克人早晚要決裂。江某在其政見會中曾提出，要籌辦「第一屆全國賽德克運動會」。賽德克部分族人認為，他這樣做的主要目的是為了吸引賽德克人的選票。也有人認為，江某長期在賽德克部落學校服務，對於賽德克人是有感情的。就目前來看，孔、張某兩家的恩怨尚未發酵成為族際之間的矛盾，但如果既有的矛盾得不到化解，日積月累，最終恐將導致兩家族之間的恩怨升級，甚至有可能演變為族際之間的公開鬥爭。

　　相較於賽德克與泰雅之間的權力鬥爭，布農與泰雅、賽德克之間的政治對立更為明顯。2016 年 9 月 5 日，仁愛鄉長江某剛上任半月有餘，就傳出鄉公所人事「大地震」，尤其引起非議的是，公所內所有布農籍的一級主管（包括行政課課長、道路養護隊隊長、建設課課長）全數降調村幹事，不少遭職務異動的公所普通員工多半是布農身份。江某鄉長對鄉公所公職人員的人事調動，引發了布農人的質疑與不滿。原來，在 2016 年 9 月的仁愛鄉長補選中，布農籍候選人吳某張某是江某的強勁對手。吳某在選舉中獲得了布農的大力支持，其在萬豐、武界及中正三個布農部落選區的得票率均超過六成（分

〔註43〕訪談時間及地點：2014 年 11 月 27 日，南投縣埔里鎮。
〔註44〕江某與張某是親兄弟關係，其中一位隨父姓，另一位隨母姓。

別為 87.92%、79.10%與 61.69%）。相對地，江某在仁愛鄉布農部落的得票率均較低。布農人認為，由於江某鄉長在補選選舉中未能夠在中正、法治及萬豐三個布農部落獲得較高的支持率，所以懷恨在心，對布農行政公職人員的調動是一種報復行為。對於由權力爭奪引發的族際紛爭，一位退休的鄉公所工作人員表示：

> 每次到鄉長換屆選舉，仁愛鄉的這三個族就糾纏不清，本來誰有能力就誰來當，哪一族的候選人當選都應該為全鄉的鄉民服務。但現在是哪一族人多、錢多就能當選，族與族之間明槍暗戰，這樣的話，仁愛鄉就變成「賽德克鄉」、「泰雅鄉」或者「布農鄉」了。〔註45〕

為獲得權力而以族群分裂為代價是一種非理性的行為。在失序的權力競爭中，各候選人代表的是不同利益團體，個體之間的鬥爭往往可能會上升或演變為家庭、家族甚至族群之間的利益紛爭，這既不利於地方政治的整合，也有礙於族際社會的和諧與穩定。

三、權力資源寡占與政治分層

在原住民地區的政治權力分配中，存在著大族寡占、族群精英壟斷的傾向，這種傾向既出現在「立法委員」等較高層次的選舉中，也出現在鄉長等基層地方選舉中。

（一）「立法委員」選舉

臺灣「立法委員」選舉屬於「中央層級」的選舉，至今已舉行過 9 屆 14 次。在「立法委員」的選舉制度中，原住民的選區規劃及席位設置曾幾經變動。1980 以前，原住民「立法委員」僅設一席，由當時的「山地山胞」與「平地山胞」共同選出，並無特別的選區規劃。自 1980 年開始，原住民「立法委員」的選區從一個選區劃分為「山地山胞」與「平地山胞」兩個選區。按臺灣地區的有關規定：「立法委員」由生活習慣特殊的「國民」選出者，以山胞為選舉區，並劃分出山地山胞、平地山胞兩個選區。與此同時，原住民「立委」的名額也增加至兩席，山地山胞、平地山胞各占一席。二元選區的設置一直延續至今，且山地原住民（以下簡稱「山原」）與平地原住民（以下簡稱「平

〔註45〕訪談時間及地點：2014 年 11 月 26 日，仁愛鄉公所。

原」）一直保持著對等的席次。目前，原住民「立委」共設 6 席，「山原」與「平原」各 3 三席。無論是一元劃分法，還是二元劃分法，都顯現出政府泛化原住民政治權益的意圖。簡單的二元劃分不僅不能真正體現原住民的民意，反而容易激起族群之間的對立與矛盾。

在政治選舉中獲勝，是原住民各族群在社會競爭中獲得權力、身份、社會地位及財富的有效渠道。「立法委員」掌握有政府的重大權責，在一定程度上，這些人物決定著原住民未來的政治走向，於是「立委」之爭就成為原住民政治生活中的重頭戲。

目前，原住民「立委」選舉採取複數選區相對多數制，即僅設「山原」與「平原」選區，獲得選票前三多數的「立委」候選人當選。原則上，一個政黨可以指派一人以上參選，但選民只能投給一位偏好的候選人。從臺灣歷年「立委」選舉的情況來看，「平原立委」與「山原立委」的選舉大都呈現出大族寡占的特徵，其中「平原立委」主要集中在阿美社會，「山原立委」則主要被泰雅人與排灣人包攬。

具體而言，自 1972 年以來，臺灣共選出 34 席「山原立委」，[註46] 在參選中，初期以排灣最多，1992 年之後泰雅的參選人數逐漸超過排灣人。「山原立委」的席次曾經幾次變動，其中第 4 屆第 9 次至第 6 屆第 11 次（1998～2004）設 4 席，為歷屆次最多。當時除泰雅及排灣積極參選外，布農、太魯閣等其他山地原住民的參選人數也因席次的擴增而有所增加，即便如此，泰雅及排灣仍因人口優勢囊括所有的「立委」之位。如表 5-2 所示，泰雅、排灣兩族群在歷屆次山原「立委」選舉中共佔據 31 席，其中泰雅占 18 席，[註47] 排灣拿了 13 席，另 3 席為賽德克（2 席）、布農（1 席）分占。1980 年，臺灣當局在「立法委員」中首次增加「平原」席次，自此才有阿美參選，並一直寡占至今。在歷屆次的「立委」選舉中，臺灣共設 32 席平原「立委」，僅阿美就佔了 30 席，餘 2 席為卑南所佔。就當選「立委」的族別而言，阿美當選次數最多，泰雅、排灣次之，布農、太魯閣及卑南等族群雖也有族人出來參選，但當選人次卻遠不及阿美、泰雅和排灣。

〔註46〕包括 1972 年、1975 年未分「山原／平原」選區的兩個席次。
〔註47〕其中 9 人屬今賽德克，時屬泰雅亞群。

表 5-2　歷屆次山地與平地原住民「立委」族別分布表（1972～2016）

屆　次	選　區	當選人族別分布	席　次	備　註
1972（第 1 次）	山胞	排灣	1	—
1975（第 2 次）	山胞	排灣	1	—
1980（第 3 次）	山地原住民	排灣	1	—
	平地原住民	阿美	1	—
1983（第 4 次）	山地原住民	排灣	1	
	平地原住民	阿美	1	
1986（第 5 次）	山地原住民	排灣	1	
	平地原住民	阿美	1	
1989 （第 1 屆第 6 次）	山地原住民	排灣	1	—
		泰雅	1	
	平地原住民	阿美	2	—
1992 （第 2 屆第 7 次）	山地原住民	泰雅	2	其中一人屬今賽德克
		排灣	1	—
	平地原住民	阿美	3	—
1995 （第 3 屆第 8 次）	山地原住民	泰雅	2	其中一人屬今賽德克
		布農	1	—
	平地原住民	阿美	3	—
1998 （第 4 屆第 9 次）	山地原住民	排灣	1	—
		泰雅	3	其中兩人屬今賽德克
	平地原住民	阿美	4	—
2001 （第 5 屆第 10 次）	山地原住民	排灣	1	—
		泰雅	3	其中一人屬今賽德克
	平地原住民	阿美	4	—
2004 （第 6 屆第 11 次）	山地原住民	排灣	1	—
		泰雅	3	其中兩人屬今賽德克
	平地原住民	阿美	3	—
		卑南	1	—
2008 （第 7 屆第 12 次）	山地原住民	排灣	1	—
		泰雅	2	其中一人屬今賽德克
	平地原住民	阿美	3	—

2012	山地原住民	排灣	1	—
（第 8 屆第 13 次）		泰雅	1	—
		賽德克	1	—
	平地原住民	阿美	3	—
2016	山地原住民	排灣	1	—
（第 9 屆第 14 次）		泰雅	1	—
		賽德克	1	—
	平地原住民	阿美	2	—
		卑南	1	—

數據來源：臺灣「中央」選委會網站。

備註：「—」表示無相關備註或說明。

（二）鄉長選舉

　　1950 年，臺灣舉行第一次鄉鎮市長選舉，依據臺灣地區的有關規定，第一屆鄉鎮市長任期二年，連選得連任一次，第二屆鄉鎮市長任期修正為三年一任，自第三屆起任期又修正為四年一任，此後成定制。根據相關規定，臺灣各鄉設鄉長一名，山地鄉鄉長必須具備山地原住民的身份，由轄區內的公民經過選舉投票普選選出，得票數最多的候選人當選。在仁愛鄉，賽德克、泰雅與布農的人口規模依序遞減。據筆者考察，賽德克依憑人口優勢，長期佔據仁愛鄉鄉長的席位，其在 17 屆次鄉長選舉中共有 11 人次當選。泰雅至今也有 6 人次當選，而布農因人口處於弱勢等原因，尚未有人在本鄉鄉長選舉中勝出。

　　賽德克人認為，人口並不是選舉勝敗的唯一影響因素，更重要的是候選人的資歷和辦事能力。但據仁愛鄉的布農人反映，候選人的資歷和辦事能力當然也很重要，但現在能出來參選，或者能夠被政黨推選出來的，大家的資質其實都差不多。賽德克人之所以能夠在鄉長選舉中做「常勝將軍」，主要還是因為其在人口上佔有優勢。近幾年，賽德克人與泰雅人在鄉長選舉中的競爭愈來愈激烈。從表 5-3 可知，自第 14 屆鄉長選舉以來，仁愛鄉鄉長的席位一直由泰雅人佔據，賽德克人原有的政治優勢開始受到威脅。據瞭解，自賽德克人發起「正名」運動開始，泰雅人與賽德克人之間的分裂就逐漸加劇。原有族群認同的嬗變使兩族族人漸漸分化成不同的政治利益團體，各族群成員為了自身利益而展開激烈的族群政治競爭。

表 5-3　歷屆次仁愛鄉鄉長的族別分布表（1950～2017）

屆　次	姓　名	族群別	備　註
第 1 屆（1950～1952）	高永清	賽德克	臺灣省實施地方自治後第 1 屆，全面改由公民普選。
第 2 屆（1952～1954）			原鄉鎮市長任期 2 年改為 3 年。
第 3 屆（1955～1957）	桂敏彥	賽德克	因當時法規對重選或補選之任期並無規定，致上屆部分鄉鎮市長於就職後因故重選或補選之任期屆滿時間無法一致，本屆選舉至 1957 年 11 月辦理完竣。
第 4 屆（1959～1960）		賽德克	1959 年 12 月份 3 次選出 305 位鄉鎮市長，其餘（8 位）於 1960 年 3 月前全部辦理完竣。
第 5 屆（1964／1966）	楊明鏡	泰雅	為減少選舉次數，臺灣省 319 鄉鎮市除 7 鄉鎮市因任期未屆，其餘鄉鎮市與第六屆縣市議員選舉同日舉行。
第 6 屆（1968）	洪仁德	賽德克	—
第 7 屆（1973）	高光華	賽德克	—
第 8 屆（1977）	林石樹	泰雅	—
第 9 屆（1982）	林春德	賽德克	—
第 10 屆（1986）			—
第 11 屆（1990）	沈明德	賽德克	—
第 12 屆（1994）			—
第 13 屆（1998）	陳國雄	賽德克	—
第 14 屆（2002）	卓文華	泰雅	—
第 15 屆（2005）	張某	泰雅	—
第 16 屆（2009）			—
第 17 屆（2014）	江某	泰雅	依據臺灣地區的有關規定，鄉鎮市長之任期為 4 年，本應於 2014 年 3 月 1 日任期屆滿之鄉鎮市長，其任期調整至 2014 年 12 月 25 日止。

備註：「—」表示無相關備註或說明。

（三）政治分層與族群利益矛盾

大族對權力資源的寡占加劇了族際政治的分層，明顯不利於族際政治整合，也不利於和諧族際關係的發展。對於一個族群而言，「政治權力是實現其主體成員利益要求的手段，政治權力能否形成及其力量強弱，直接影響到其主體成員利益要求能否實現以及實現程度如何。」〔註 48〕臺灣原住民中人口較少族群在公共權力結構中的弱勢地位使其長期被邊緣化，從而使得他們無法真正參與到政治管理與決策中，嚴重阻礙了其社會流動。權力資源分配的不均衡導致族際政治分層，隨著這種分層的日益明顯與加劇，族際利益矛盾與衝突也將不可避免地發生。

阿美、泰雅與排灣在原住民「立委」選舉中長期保持優勢地位，因而遭致其他原住民的不滿和質疑。人口較少族群普遍認為，「立委」名額太有限，而且長期被幾個大族寡占，根本無法保障其他民族的政治權益。筆者在仁愛鄉布農部落走訪時，能夠強烈地感受到族人對「立委」選舉的種種看法。有人認為，布農人已經把「立委」讓給泰雅人、排灣人十幾年了，沒有自己族群的「立法委員」，自身的很多權益都得不到真正的保障。還有人認為，布農人沒有選出自己的「立委」，布農的文化也無法走出去，等等。布農人口在臺灣僅次於阿美、排灣和泰雅，但依舊無法選出本民族的「立委」，這主要是因為「立委」的名額太少，泰雅人、排灣人都爭破頭了，布農人想要當選就更難了。弱勢族群不僅可能因此長期被邊緣化，有時還會因權力紛爭遭到其他大族的排擠。

前述仁愛鄉長對布農籍公職人員的職務調整，曾引發當地布農人的強烈不滿。有人認為，這是新任鄉長在「秋後算帳」。更有人認為，江某對鄉公所布農籍公職人員的職務調整是一種打擊報復行為，嚴重損害了地方政治公平。而江鄉長對此的回應是：「職務調整，用人唯才是唯一考量，沒有族群之分。」但江鄉長的說辭無法說服鄉內的布農人，前任布農籍鄉公所秘書在採訪中即表示：「新任鄉長做出的人事調整，明顯是選舉後的清算鬥爭，尤其是針對布農人及不支持他的人。」〔註 49〕針對此事引發的族群爭議，臺灣某媒體稱：「仁愛鄉內原住民以泰雅、賽德克、布農為主，而泛泰雅族群（指泰雅與賽

〔註48〕鄭楚宣等編著：《政治學基本理論》，廣東人民出版社 2001 年版，第 59 頁。
〔註49〕「布農主管全降調，J張某X否認秋後算帳」，南投新聞視頻報導，2016 年 9 月 5 日。

德克）選民人數，約為布農四倍有餘，雙方的不合隨著江某（賽德克）、吳某（布農）競選仁愛鄉長而檯面化。」〔註50〕經過此次鄉長補選後，布農人表示，以前仁愛鄉的選舉，布農很少有人出來參選，因而布農人的選票是泰雅與賽德克兩族群選舉勝敗的關鍵。但以後布農將是勝敗的決定者，布農人要團結起來，選出自己的行政長官。

政治是在一定經濟基礎上，圍繞著利益，借助於社會公共權力來規定和實現一定權利的一種社會關係和活動。〔註51〕如若根據選票中簡單多數的政治偏好來分配政治權力和政治產品，那麼在數量上不佔優勢且組織整合程度低的弱勢族群，則會在政治過程中被長期地邊緣化，甚至是面臨邊緣地位制度化的風險。因而，他們在政治選舉、政治結社、議會和政府組建、立法和公共決策等政治過程中，難以通過制度性的政治參與來合理有效地主張、整合和保護本族群的多元權利。〔註52〕政治權力資源的寡占與不均衡分配使政治權力集中在少數族群手中，這加劇了族際間的政治分層，不利於地方族際社會的政治整合，還有可能引發更嚴重的族群權力衝突。

小結

本章以政治領域內的族群互動為主軸，並從鄉村治理與政治選舉兩個具體方面展開討論。

臺灣光復以後，國民黨政府在臺灣原住民部落鄉村建立起新的治理格局。首先，村里組織、社區發展協會與部落會議等多元主體治理的格局逐漸在原住民鄉村形成。多元主體在開展具體工作實踐中，既相互配合，又暗中較量。在村里組織內部，村里長與村里幹事能夠在原有的血緣或姻親關係基礎上，展開友好合作，共同為村里民眾服務。而村里組織與社區發展協會、社區發展協會與部落會議之間，則因角色重疊或領導人不和等原因，經常發生摩擦。此外，部落會議本身的角色與功能也遭到人們的質疑，其是否能夠提升居民

〔註50〕《仁愛鄉長秋後算帳？布農主管貶任村幹事》，《蘋果即時電子報》2016年9月5日，http://www.appledaily.com.tw/realtimenews/article/new/20160905/942775/。
〔註51〕鄭抗生等主編：《社會學概論新修》，中國人民大學出版社2000年版，第297頁。
〔註52〕丁嶺傑：《民主轉型中族際衝突的政治制度原因探析》，《武漢科技大學學報》2016年第5期。

參與公共事務的積極性，凝聚族人的主體共識，還值得進一步考察。

其次，在政治選舉中，同時也存在著族群聚合與族群分化兩種族群互動模式。一方面在選舉前期，競選候選人為贏得選舉，發揮親族動員、政黨動員、族群動員及地緣等關係動員策略，充分將人際關係網絡連結起來，實現了族群內、外部關係的聚合。但另一方面，在選舉過程中，各候選人之間的失序競逐則使得族群關係陷入對立緊張的局面。同時，政治權力資源分配中的壟斷現象，容易導致族際分層與族群矛盾的加劇。

在新的政治生活中，原住民社會原有的政治體系徹底被解構，各族群的權力意識不斷增強。與文化和經濟領域的族群關係相比，仁愛鄉原住民族群在政治領域的矛盾與摩擦較為突顯。但得益於制度的制約和族群精英的調和，目前仁愛鄉尚未出現嚴重的族群對抗或衝突，總體關係仍算穩定。

第六章　族群認同演變中的族群關係

　　1987年，臺灣解除戒嚴，民主化、自由化在臺灣快速發展，臺灣原住民順勢掀起一場以追求族群權益為核心的社會運動。在這場社會運動中，原住民的族群認同不斷得到強化。族群認同的建構是一把雙刃劍，一方面有利於凝聚族群內部的向心力，強化各族群的主體意識，進而促進多元社會文化的發展，但另一方面，也容易催生個體族群主義，進而導致族群間的分化。

第一節　族群認同的演變

　　在臺灣原住民社會運動中，原住民的族群認同意識經歷了一個從泛族群認同到個體族群認同與多元族群認同的發展過程。

一、泛原住民族群認同的形成

　　20世紀90年代，臺灣社會發生了兩件相互關聯的大事，其一是民主化、自由化迅速發展，其二是蔣經國於1987年宣布解除已實施多年的戒嚴令。在此背景下，臺灣原住民掀起了一場以「正名、還我土地與自治」為核心訴求的社會運動。在運動的初期階段，形成了一股泛原住民族群的集體意識，推動著運動向前發展。各族群被權威、精神導師或整體利益所打動，其內聚力被喚起，潛藏在心底的民族神聖感和獻身衝動被激發出來。對整個社會的族群成員來說，「集體的忠誠」已經蠢蠢欲動了。〔註1〕

〔註1〕唐海軍：《從民族意識到民族主義——一種觀念史的考量》，碩士學位論文，西南大學2009年，第29頁。

以梅盧西等人為代表的新社會運動理論家特別強調「集體認同感」在社會運動中的作用。他們認為，由於運動的參與者並不按他們在階級或族群集體中的社會位置來定義他們自己，因此這個問題從本質上來說是成問題的。〔註2〕新社會運動論對「集體認同感」的闡述，恰恰解答了社會運動中「我們是誰」這一重要問題。集體認同感包含三個基本要素：首先，當某些共享特徵變得十分明顯，並且被界定為十分重要時，個體就把他們自己看作群體的一部分。這些共享特徵包括：新的群體理解力、新的自我概念、新的思考方式，以及對新的文化類別的提倡。其次，「意識」是集體認同感的第二個組成要素，它是社會運動的「認知框架」，包括了政治意識和關係網絡，還包括了運動的目標、手段和行為環境等。最後，集體認同感這一概念隱含了對統治秩序的直接反抗。〔註3〕這些要素為社會運動中個體的位置與身份提供了現實解釋，他們基於共享特徵、相似的認知框架，共同抵抗現有的不合理社會政治秩序。

泛原住民族群的集體意識是臺灣原住民在與漢人社會的長期抗爭過程中所形成的，在本質上體現為一種「集體認同」感，這種集體認同感建立在各族群成員對自身社會處境的共同認知基礎上，具體表現為各類集體行動的開展，核心目標則是對集體處境的改善和對集體權益的追求。在臺灣社會中，原住民一直處於弱勢地位，受漢人的集體性歧視和排擠，在政治、經濟和文化領域內均無法獲得和漢人一樣的平等權益，導致其面臨被同化、邊緣化和污名化的困境。共同的文化經歷與社會認知為他們形成族群集體意識創造了條件。臺灣原住民急需在新的語境中團結起來，結為一個暫時性的聯盟，以集體的力量，共同對抗以漢人為主導的主流社會包括現有政府體制的壓迫。在此過程中，他們逐漸形成了一種「泛原住民族群」的集體意識。

這種泛族群意識以實現集體的共同權益權為追求目標。各原住民群希望通過「正名」運動、「還我土地」運動等集體性的行動，一來向臺灣漢人宣示自己作為臺灣「初始住民」的身份，彰顯原住民的主體性，企圖改變原有的弱勢地位；二來希望與漢人一樣，獲得應有的政治、經濟和文化權利，

〔註2〕艾爾東·莫里斯、卡洛爾·麥克拉吉·繆勒主編：《社會運動理論的前沿領域》，
　　　劉能譯，北京大學出版社2002年版，第63～64頁。

〔註3〕艾爾東·莫里斯、卡洛爾·麥克拉吉·繆勒主編：《社會運動理論的前沿領域》，
　　　劉能譯，第129頁。

爭取在臺灣社會中的話語權。孫大川認為，這一系列以爭取政治權益為訴求的社會運動，蔚然成了當代臺灣「族群政治」中最具族群性的「泛原住民意識」運動。〔註4〕這一觀點也得到學術界的廣泛認同。汪明輝將這場不分族別的原住民運動稱為「泛原住民運動」或「泛原住民主義」，〔註5〕並認為，這場運動喚醒了原住民集體的權利意識，有助於泛原住民認同的形成。郝時遠則將這場運動稱為「泛族群運動」，認為它是相對意義上的「族群認同」整合運動。〔註6〕

　　這種泛族群意識的形成，有利於各原住民族群形成一種內聚力，共同發起進行社會抗爭。但另一方面，因為某一個或幾個族群精英的利益傾向就代表了整個族群社會，忽視了個體族群之間差異性的現實需求，所以隨著運動的深入發展，又逐漸發展出重視個別族群利益的個體族群意識來。

二、個體族群認同的發展

　　個體族群認同從泛族群認同衍生而來，或者更準確地說，個體族群認同的發展是臺灣原住民族群對泛族群認同反思的結果。各個族群的實際處境不同，利益訴求有同有異、有多有少，儘管集體權的獲得能夠在一定程度上緩解原住民族群的現實危機，但一味地強調集體權，而忽略個體族群的多元利益，肯定會影響個體族群的社會發展。再者，空洞而抽象的「泛族群意識」的建構，並沒有使個體族群滿足「我是誰」的主體認識。這種「泛原住民族群」的想像掩蓋了為數眾多的個體族群之間的差異與個性，無法充分反映個體族群的主體意識。在原住民社會運動中，當個體族群的權益和主體意識都無法得到保障和滿足時，一些參與者就會通過各種途徑、各種方式，從集體行動中「脫逃」，轉而關注和強調自身族群的特別訴求。

　　要求「正名」是個體族群認同的集中體現。日據時期，針對臺灣原住民，就有六族群、九族群、十二族群等不同分類方法，其內部的族群認同呈現出複雜多樣性。國民黨政府統治臺灣後，長期沿用日據時期占主流的「九族群

〔註4〕孫大川：《夾縫中的族群建構——臺灣原住民的語言、文化與政治》，聯合文學出版社2000年版，第147～149頁。
〔註5〕汪明輝：《臺灣原住民族運動的回顧與展望》，張茂桂、鄭永年主編：《兩岸社會運動分析》，臺北新自然主義2003年版，第95～135頁。
〔註6〕郝時遠：《臺灣的「族群」與「族群政治」析論》，《中國社會科學》2004年第2期。

分類法」，這種簡單化的做法一直飽受臺灣原住民的詬病。由於各族群都還保留著程度不同的傳統文化和歷史記憶，所以隨著社會運動的發展，臺灣原住民發出了重新審視族群分類的聲音，由此導致原住民族群內部出現了分化的勢頭。〔註7〕

　　「族群『正名』促進會」是具體開展「正名」活動的組織，而族群精英（主要包括族群中的文史工作者、耆老以及政府公職人員、企業家等）和基督長老會則是推動族群「正名」的主要力量。族群精英憑藉自身的聲望，極力動員族群成員加入「正名」運動，召集各部落的代表召開說明會，共同探討推動族群「正名」的策略，並製作「正名」陳請書、族群成員聯署信等材料提交「原民會」。基督長老會是臺灣原住民社會的主要基督教派之一，因其「宗派遺留的社會關懷與政治參與的傳統」，〔註8〕也成為族群「正名」運動的背後推手。長老會利用宗教信仰的力量，最大限度地對原住民族群進行動員，並協助「族群『正名』促進會」開展具體活動，鼓勵和支持個體族群通過「正名」提高族群地位，獲得民主權益。此外，一些族群的「正名」還受到政黨或地方派系的干預甚至操控。在政治選舉中，政黨或地方派系為了獲得選票，而與某些原住民族群達成私下的「政治協議」，誘導原住民以選票換取他們成功「正名」的機會。

　　追求「自治」是個體族群意識發展的結果。在運動過程中，臺灣原住民通過與政府的抗爭，獲得了一定的政治權利。隨著運動的深入，他們更進一步提出「自治」的訴求，即由各個族群自身決定自己所有的政治、經濟、社會以及文化事務。期間，各族群倡導通過成立「議會」組織等來實現族群自治，並以此作為個體族群與政府進行直接對話的媒介。族群議會目前已成為各族群踐行自治權的一種組織形式，泰雅、布農、賽夏、賽德克、卑南、魯凱等族群都已成立各自的議會。但在現階段，這些議會組織尚屬「民間團體」的範疇，距離真正意義上的「自治」尚有很大的差距。

　　個體族群認同強化了族群成員對自己所屬個體族群的認知和自覺，這對原住民社會的多元化發展是有一定推動作用的。但不可忽視的是，任由這種

〔註7〕郝時遠：《臺灣的「族群」與「族群政治」析論》，《中國社會科學》2004年第2期。

〔註8〕鄭振清：《臺灣基督長老教會的政治參與》，碩士學位論文，福建師範大學2003年，第10頁。

個體族群認同意識的發展，將不可避免地導致臺灣原住民社會內部分化的勢頭加劇，進而使原住民的整體利益受損。

三、多元族群認同的醞釀

　　個體族群認同的發展強化了族群自覺性，在一定程度上推動了臺灣原住民社會的多元化發展，這為多元族群認同的形塑創造了條件。20 世紀 70 年代以降，臺灣工業化、城市化迅猛發展，原住民部落傳統秩序的穩定與平衡被打破，不斷加劇的社會流動割裂了族群成員與原鄉社會的聯繫紐帶。加之臺灣光復初期國民黨政府實施的高壓同化政策，原住民的傳統文化與部落社會陷入了發展困境。原住民社會運動中發展出來的個體族群認同，促使各族群成員開始關注自我族群的主體認知和自覺，這在一定程度上為原住民回歸部落，發展多元化族群社會，擺脫漢文化的高壓同化提供了內部的動力。與此同時，國際多元主義思潮的傳入，也對國民黨政府的施政方針產生了影響。國民黨政府改變先前的高壓同化策略，轉而推行多元族群政策，從而為原住民的多元化發展提供了外部的政治保障。在內外因素的共同作用下，原住民各族群充分發揮族群的自覺性，投入到發展多元化社會的事業中，從而催生了多元族群認同的形成。

　　多元族群認同是多元族群平等共處、相互尊重、相互依存，並在此基礎上形成的一種相互肯定的情感，它是在發展多元文化的過程中形成的，其核心體現在多元的文化認同。當前，文化復振是臺灣原住民發展多元文化的主要途徑，各族群在政府多元族群政策的支持下，憑藉族群的主體認知和自覺，大力發展多元文化，並逐步建立起多元文化的認同意識。首先，各族群積極配合政府的多元文化發展策略，努力挖掘自身族群的優秀文化特質，通過對族語、傳統祭典等傳統的復興，以及對族群文化的創新，以發展文化產業等方式，實現族群個性的彰顯。其次，各族群在文化復振活動相互交流與合作，並通過網絡媒體等媒介分享經驗，增加了彼此的瞭解，促進了相互的情感，從而減少了之前的族群偏見和歧視。原住民族群通過共同開展文化復振活動，儘管各自在發展速度、發展模式等方面存在一些差異，但各族群間建立起了平等的對話和交流平臺，擱置爭議，求同存異，攜手共進。這種相互尊重、相互依存、相互肯定的情感，最終促成多元文化認同的形成。

　　多元族群認同的形成是一個複雜的過程，各族群需經過長期的接觸、磨

合與適應，才能形成相互的認同。在多族群社會中，多元族群認同對於和諧族群關係的構建與發展具有重要意義，它既能夠為各族群個性的發展提供動力，又能夠為不同族群間的交流搭建起橋樑，這在一定程度上能夠推動多元族群的和諧共生、共存，從而緩解個體族群認同發展帶來的族群分化危機。但同時，在發展多元族群認同的過程中，各族群應把握好一個「度」，以實現多元族群的共同進步為目標，而不是一味地張揚和突顯族群個性，以免滋長個體族群主義，破壞多元族群社會的和諧。

仁愛鄉是臺灣原住民社會縮影的一部分，該區域的原住民族群也經歷了不同階段的族群認同意識演變。泰雅、賽德克及布農等族群曾與其他原住民族群一起參與到社會運動中，當集體運動的勢頭漸漸淡去，原本涵括在泰雅內的太魯閣人、賽德克人彰顯出鮮明的個體族群意識，相繼「正名」成功，從泰雅分離出來，各自成為獨立的一群。受族群主體性自覺和多元文化潮流的影響，仁愛鄉各原住民族群積極投入到文化復振中，期望通過重振與創新傳統文化，重新實現族群的多元融合。

第二節　泰雅人的分化

霍洛維茨將族群的互動分為族群同化與族群分化兩種類型，其中族群同化包含血族融合與聯合兩種情況，族群分化又包括分裂與擴展兩種情況。〔註9〕臺灣原住民個別族群的「正名」運動是族群分化的表現。仁愛鄉的賽德克及花蓮地區的太魯閣原本都涵括在泰雅之內，但隨著太魯閣與賽德克的「正名」與獨立，泰雅被一分為三。

一、太魯閣的建構

自日本學者對臺灣原住民進行分類之初，泰雅就一直被當作獨立的一族存在，而包括德魯固及都達、德固達雅在內的賽德克人，則被作為泰雅的亞支「寄居」其下。今太魯閣即曾經的賽德克亞族之下的德魯固群。

歷史文獻及口述資料顯示，太魯閣人與德固達雅、都達群有十分相似的

〔註9〕Donald Horowit 張某，"Ethnic Identity", N. Gla 張某 er and D. P. Moynihan,eds., in Ethnicity: Theory and Experience, Cambridge:Harvard University Press, 1975, p111~140，轉引自馬戎編著：《民族社會學——社會學的族群關係研究》，第197頁。

社會文化特質，從客觀本質上看屬同根同源。但花蓮的太魯閣卻在新的情境下建構了一個「太魯閣」族群，這是歷史與現實因素交織的結果。

太魯閣人的先民原本居住在仁愛鄉，後因土地匱乏而沿著立霧溪峽谷，徙居到花蓮境內。花蓮在仁愛鄉東面，直線距離並不遠，但彼此間被中央山脈阻隔，中間有一條由立霧溪所形成的峽谷通道。遷居花蓮後，太魯閣人因人口增加，又分成了三個支派：位於立霧溪中、上游的稱內太魯閣群；居於立霧溪下游、三棧溪及和平溪下游者稱外太魯閣群；居木瓜溪流域者稱巴托蘭群。族群的擴張遷移、部落的分化繁衍，形塑出真實的地理空間，〔註10〕這是重新凝聚社會成員向心力的重要客觀空間。與地理空間相比，心理空間認同的凝聚力更為強烈。日據時期，太魯閣人為反對日人的壓迫統治，發起了「太魯閣事件」。以後族人又共同經歷了日人的集團移住，這些都構成了族人共同的歷史記憶與生活經驗。1945年以後，在政府權力的運作下，族人的土地及傳統領域遭到嚴重破壞，被迫成為「邊緣人」。政府先是在太魯閣人傳統領域建設「太魯閣國家公園」，迫使族人從原來的生活區域遷出，繼而「亞洲水泥公司」、「臺灣水泥公司」又紛紛在太魯閣生活區域建設廠房，嚴重侵害當地族人的土地權益，雙方的衝突持續不斷。面對外來的壓迫，族人開始反思自身的族群地位與尊嚴，從而刺激了他們心理空間的認同。地理空間與心理空間在主客觀環境的交替作用之下，讓「太魯閣人認同」的發展產生相加相乘的作用。〔註11〕

就「太魯閣」這一族名來講，其並非是族群內部原生性的認同，而是在與「他者」的互動中形成並逐漸深化的。在新的地理空間中，當花蓮太魯閣人與他族交往時，他們習慣稱自己是「Truku」，而其他族群也都以此名稱呼自己。當「自稱」與「他稱」不謀而合，「Truku」的認同意識便自然形成。長期以來，臺灣原住民一直處在社會底層，而太魯閣人則附屬於泰雅之下，主體認同被忽視，族人有淪為「次邊緣人」之感。在此情境之下，族人只好認同「被宰割」的內在思維及宿命論。〔註12〕儘管花蓮太魯閣人在語言、宗教及風俗習慣上仍與祖居地賽德克人保持著高度相似性，並同樣認同南投縣仁愛

〔註10〕沈俊祥：《空間與認同——太魯閣人認同建構的歷程》，第13頁。
〔註11〕沈俊祥：《空間與認同——太魯閣人認同建構的歷程》，第13頁。
〔註12〕太魯閣族正名促進會編著：《還我族名——「太魯閣族」：爭取臺灣原住民族第12族（太魯閣族）緣起論述及分區部落座談成果報告書》，花蓮縣秀林鄉公所2003年版，第16頁。

鄉合作村的塔羅灣為其祖源地，但客觀的祖源與文化認同並沒有使太魯閣人建構起「賽德克」的認同。現實的族群分布格局自然地將賽德克人劃分為了東、西賽德克兩部分。地理空間的長久分隔，加之基於共同歷史經驗與記憶形塑而成的新的心理空間，使得花蓮地區的太魯閣人漸漸在賽德克的認同中「走失」，取而代之的是族群成員對「太魯閣」的想像認同。

1996 年，臺灣長老教會太魯閣中會舉辦「正名運動」研討會，正式拉開了太魯閣人「正名運動」的帷幕。族人希望脫離泰雅，能夠以「太魯閣」為名，成為臺灣原住民中的獨立一群。同時，花蓮太魯閣人積極拉攏仁愛鄉賽德克人，一起加入「太魯閣」，但遭到賽德克人的極力反對。

太魯閣人單獨「正名」，導致同族情感撕裂，親兄弟因選票分家，這讓仁愛鄉賽德克深感族群分裂之危機。賽德克人曾試圖勸說、阻止，但最終還是無法阻擋「太魯閣」的「正名」進程。2004 年 1 月 14 日，「太魯閣」「正名」成功，成為臺灣的第 12 支原住民族群。

二、賽德克人的「正名」

（一）賽德克人與太魯閣人的爭議

2003 年 6 月，林修澈教授在「原民會」委託的計劃「賽德克＝太魯閣的民族認定」中指出，全臺賽德克總人口數約有 28,874 人，其中，德魯固群占 83.75%，都達群占 7.80%，德固達雅群占 8.45%。〔註13〕就人口規模看，太魯閣群確實遠遠多於其他兩群，但將此作為「賽德克＝太魯閣」的依據之一，卻引起人們的質疑。賽德克本土牧師、賽德克「正名運動促進會」總幹事瓦旦吉洛認為，根據人口規模將「賽德克＝太魯閣」的做法，是十分荒唐錯謬的，無非是蓄意地讓全體賽德克都自然轉化為太魯閣。〔註14〕

仁愛鄉賽德克人對於「賽德克＝太魯閣」的說法極為反對，他們認為，從賽德克自身發展的歷史來看，太魯閣人是從仁愛鄉遷徙到花蓮的，就像是子女離開父母一樣，所屬關係十分明確，應該是「太魯閣〈賽德克」。仁愛鄉賽德克人普遍都認為，他們與花蓮太魯閣人係同根同源，血脈相連。若追溯

〔註13〕林修澈：《賽德克族＝太魯閣族的民族認定》，「原住民族委員會」2003 年版，轉引自郭明正編：《賽德克正名運動》，東華大學原住民民族學院 2008 年版，第 51 頁。

〔註14〕瓦旦吉洛：《賽德克族正名的省思》，郭明正編：《賽德克正名運動》，東華大學原住民民族學院 2008 年版，第 51 頁。

歷史遷徙脈絡，花蓮太魯閣人的祖居地位於仁愛鄉，且從族群歸屬看，太魯閣應屬於賽德克。以「太魯閣」作為族群名，有撕裂賽德克認同之嫌，將導致花蓮與仁愛鄉賽德克從此走向不同的族群認同之路。

2003 年 8 月，在花蓮縣長補選的輔選過程中，為了拉攏原住民選票，有候選人就曾片面宣布，年底之前要讓花蓮地區的太魯閣人成為第 12 個原住民族群。此言一出，便在賽德克族群內部掀起軒然大波，最直接的影響表現在南投縣仁愛鄉「SediqTruku、SediqTkdaya、SediqToda 族名正名促進會」的創立。該促進會的總召集人陳世光認為，上述花蓮縣長某候選人的行為是「悍然以行政干預族群內部事務的最糟例證。我們認為這種做法和過去殖民政府『以番制番』的粗暴手段沒有什麼差別。」〔註 15〕對於仁愛鄉族的指責，太魯閣則表示不以為然。按照太魯閣人的說法，太魯閣自成一群，原先並無背棄賽德克都達、德固達雅群之意。太魯閣在積極推動「正名」時，曾赴南投游說都達、德固達雅群人，希望能夠共同以「太魯閣」為名，自成一支。如「太魯閣族正名促進會」在與仁愛鄉族人溝通的聲明稿中說：「我們主張太魯閣族，是強調三語群（即方言群）地位平等，是一個包容、尊重、平等的主張。我們在花蓮成立『太魯閣族正名促進會』，其組織幹部及會員已兼顧三方言群地位平等……」〔註 16〕太魯閣人的勸說，遭到都達、德固達雅及少數太魯閣群的強烈反對。事實上，族人內部較大的爭議，主要在族名的選擇上。

根據臺灣《自由電子報》的報導，當時的都達與德固達雅人都同意脫離泰雅，但反對以「太魯閣」為族名，而堅持以「賽德克」為族名。其理由是，「太魯閣」只是一個部落名稱，而「賽德克」則含有「人」的意涵，其意思寬廣而有意義。〔註 17〕族名之爭並非僅僅只是形式上的名稱之爭，人們更關切的是名稱背後所反映的主體話語權。賽德克人對自己的身份認同如此掙扎和鬱結，是因為他們感覺到政治話語的模糊，與自身主體性的綁架。仁愛鄉前鄉長沈明德表示，賽德克被涵括在泰雅之內，傳統領域也與太魯閣迭合，族

〔註 15〕陳世光：《南投縣仁愛鄉 SediqTruku、SediqTkdaya、SediqToda 族名正名促進會成立緣起》，《賽德克族正名誓師大會手冊》，賽德克正名運動促進會 2007 年版，第 109～110 頁。

〔註 16〕太魯閣族正名促進會：《與南投族人對話》，2003 年 10 月 13 日聲明稿。

〔註 17〕《族名歧見引爆正名爭議》，《自由時報電子報》2004 年 7 月 22 日，http://old.ltn.com.tw/2004/new/jul/22/today-life4.htm。

群主體性無法建立，傳統領域範圍必然受影響。〔註18〕有族人站在傳統文化理念的角度，譴責太魯閣人的一意孤行，認為太魯閣人想從一個共同 Gaya（或 Waya、Gaza、Gaga）的血緣姻親同盟集團、祭祀集團及攻守同盟集團等集體部落文化意識中分出，等於是硬要把自己從族群文化裏劃出一個系統，而成為一個「太魯閣（德魯固）」的意識形態，這對於整個泰雅社會而言是不和諧的。這種族群間的分裂，無形中成為一個戳傷自己文化，分化族群力量的「Somaneq」（禁忌）事件。〔註19〕

面對太魯閣人的「正名」，賽德克人一面表示心痛與無奈，一面也希望通過為「賽德克」的「正名」，來強化自身的認同感。

（二）賽德克的「正名」

瓦旦吉洛牧師對賽德克與泰雅、太魯閣及賽夏的族群關係有十分生動的描述，他說，四族群的關係就如同一個大家族，就一個家庭或親族的關係來說，賽德族、泰雅及賽夏就如同是兄弟姐妹的關係，是同輩平行的關係。而所謂太魯閣就如同是賽德克的兒女，換句話說，是父母兒女的親子關係。〔註20〕太魯閣人獨自「正名」，帶給賽德克人強烈的刺激，因而在太魯閣人推動「正名」運動時，南投的賽德克人就已成立「南投地區 Tkdaya、Toda、Truku 正名促進會」，著手操作賽德克「正名」一事。2003 年 10 月 2 日，「南投地區 Tkdaya、Toda、Truku 正名促進會」向臺灣有關部門提交了一份 972 人簽名的「聯署書」（參見附錄七），並提出兩項聲明：（1）暫緩花蓮「太魯閣人」片面「正名」為「太魯閣族」；（2）以族人意識為依歸，讓族名回歸（Tkdaya、Toda、Truku）三個方言群自行決定。與此同時，「原民會」在臺北召開「南投縣、花蓮縣地區 Truku、Toda、Tkdaya 族名正名座談會」，希望三個族群能夠達成共識，但結果卻不如人意。

賽德克人認為，賽德克與太魯閣各成一群，不僅會加速泰雅的分崩離析，更是將賽德克四分五裂。作為賽德克人，他們更希望在臺灣原住民社會獲得真正的族群地位與尊嚴，並不認同賽德克的「正名」會完全撕裂族群間

〔註18〕《要求正名維護族群主體性》，《自由時報電子報》2004 年 1 月 23 日，http://news.ltn.com+.tw/news/local/paper/111259。

〔註19〕沈明仁：《未知古，焉知今？—我對「太魯閣族正名運動」的看法》，《賽德克族正名誓師大會手冊》，第 109～110 頁。

〔註20〕瓦旦吉洛：《賽德克族正名的省思》，郭明正編：《賽德克正名運動》，第 55 頁。

的情感。瓦旦吉洛在推動族群「正名」時曾言：「我們主張以賽德克作為我族之民族名稱，藉此喚醒我賽德克乃源自一家。我們有著血濃於水的民族情感；留著同樣的血液；口裏說著同樣的語言；記憶裏流傳著同樣的神話與傳說；唱著同樣古老旋律的歌謠；跳著同樣的舞蹈；我們有同樣的傳統族名；有同樣的生命禮俗、織布、圖騰文化；我們有著同樣的祖先遺訓與固有高尚的道德規範與民族情操——Waya／Gaya／Gaga，」〔註 21〕因而，賽德克「正名」運動不是在製造分裂與爭端，其核心價值就是要凝聚賽德克都達人、德固達雅人及太魯閣人合一的心。〔註 22〕廖守臣在相關研究中同樣表達東、西賽德克本為「一家人」的看法，他指出：「昔時文獻認為將（賽德克中）中央山脈以西者稱為西賽德克群，以東者稱為東賽德克群。不過這只是各群居住位置之被區分而已，事實上，從起源傳說、語言等各方面係屬一個族群，仍稱為賽德克，通常分為德固達雅、都達、德魯固（即 Truku）三群。」〔註 23〕

郭老師、依婉等賽德克本土的文史工作者，他們在推動賽德克人「正名」運動中的立場十分堅定，郭老師曾表示：

> 我們跟泰雅人的文化有些相似的地方，但我們從來都不是一族，我們講的話他們聽不懂，他們講的我們也聽不懂，有時候一起參加會議，還會因為語言不通吵起來。但因為當時我們都代表泰雅，所以在場的人也不知道該聽誰的。我們的長輩認為，我們應該跟泰雅人分開，我們這一代人也這麼認為。花蓮的族人（指今太魯閣族）『正名』後，我們很痛心，我們才是真正的一家人。但事已至此，我們只好站出來為賽德克人「正名」。〔註 24〕

依婉女士來自眉溪部落，她在推動部落文化事業發展上做了很大的貢獻，比如部落生命史的書寫、賽德克族語教學的推動等等。她也同樣堅持認為，賽德克與泰雅屬於兩個不同的系統：

> 我們賽德克人的歷史與泰雅人並不一致，語言、祖先傳說也有差異，日本人將我們劃為一族本身就是有問題的。前些年，我們的

〔註 21〕瓦旦吉洛：《賽德克族正名的省思》，郭明正編：《賽德克正名運動》，第 59～60 頁。

〔註 22〕瓦旦吉洛：《賽德克族正名的省思》，郭明正編：《賽德克正名運動》，第 60 頁。

〔註 23〕廖守臣：《泰雅族的文化——部落遷徙與拓展》，第 7 頁。

〔註 24〕訪談時間和地點：2015 年 7 月 10 日，互助村清流部落。

族人搞「正名」運動，我認為這是一個合理的行為，我們部落的族
人也非常支持。我們清楚地知道，賽德克人不能做泰雅人的亞族，
而應該是獨立的一族。〔註25〕

2006 年 3 月，南投賽德克正式向「原民會」提出以賽德克「正名」訴求，並結合各社團組成「賽德克正名促進會」。2006 年 4 月 7 日，南投縣仁愛鄉連同花蓮縣秀林、萬榮與卓溪鄉的 20 餘名賽德克代表取得千餘人的聯署後，正式向「原民會」提出復名申請。

在推動賽德克「正名」期間，為凝聚族群內部的集體認同，賽德克各方言群族還於 2006 年 12 月 15 日，在仁愛鄉平靜小學舉辦賽德克「殺豬和解儀式」，希望以此彌平因 1930 年的霧社事件造成的內部矛盾與傷痕，進而尋求內部共識與團結，同心協力共商未來大計。2007 年 1 月 2 日，賽德克人舉辦「賽德克正名誓師大會」，重申了德固達雅、德魯固及都達人之間的血脈淵源。在族人的共同努力下，2008 年 4 月 23 日，賽德克終於獲得「正名」，成為臺灣第 14 個原住民族群。賽德克人的「正名」使族人走出「認同的迷思」，獲得了自認合理的民族地位與身份。

太魯閣、賽德克的「正名」運動落下帷幕，兩族群均成為臺灣原住民獨立的一族，泰雅被一分為三。太魯閣與賽德克的成功「正名」留給我們深刻的省思，民族的「正名」究竟是主觀認同意識的驅使，還是客觀文化差異的邊界劃分；族群意識的聚散效應在個別族群爭取主體地位時扮演怎樣的角色，等等。另外，新族群的形成導致區域社會族群結構的改變，資源競爭等新的矛盾隨之而來。

三、族群認同的路徑探討

首先，圍繞族稱產生的爭議反映了不同族群的認同心理。族稱的確立清楚地反映了族群意識與族群認同的起點。族群成員及其他族群往往借助某些與這個族群相關的歷史事實，而形成對某族群的指稱和認知，這些歷史事實之間形成了一條了因果鏈條，形成的指稱與認知將沿著這條鏈條一環一環地傳遞下去。站在這一鏈條另一端的任何人，都可以根據傳遞下來的內容去指稱或認知該族群，而不必去探究其真實性，也沒有誰會覺得應該去探究其真實性，而對這種指稱和認知自然而然地接受。對祖先的追認或儀式性紀念、

〔註25〕訪談時間和地點：2015 年 7 月 10 日，互助村清流部落。

某些象徵性符號的承續，是這個傳遞鏈條上重要的幾環。〔註26〕從這一觀點看，太魯閣人與賽德克人在族稱的選擇上都是合理的，東、西兩區域的族人都圍繞著與本族相關的歷史事實，「編織」出一條因果傳承的鏈條。只是在賽德克人看來，他們的歷史鏈條上包括了太魯閣人的那一段，而太魯閣人只是選擇了其中的某一段歷史，來建構自身的族群傳承鏈條。歷史因果鏈條的斷裂或分化，導致原為一家人的東、西賽德克建構出不同的族群意識。

其次，太魯閣與賽德克的生成，引發了人們對「客觀論」與「主觀論」兩種主要族群認同路徑的再探討。客觀論與主觀論是兩種較為流行的族群認同理論。客觀論（又稱「原生論」）認為，諸如語言、宗教及血緣等構成族群的原生紐帶，原生性族群認同是一種既定的、靜止的及非理性的意識情感。主觀論與客觀論的立場相對，主觀論認為，族群認同是「對特定場景的策略性反應」，〔註27〕是族群成員追逐或獲取現實利益的工具，人們會因為利益需要的傾向性選擇從一群體認同轉到另一群體的認同，因而主觀論也被稱為場景論、工具論。與客觀論相比，主觀論是動態的、相對理性的。在主觀性認同中，人們往往需要選擇某種象徵符號來強調自身的群體特性，以凝聚群體內部成員，並區分「我群」與「他群」。這些象徵符號很多時候是被建構的，比如族稱，這並非是原生性的文化因子，只是人們為了劃清群體界限而擇取的工具或標誌。早期日本殖民背景下的族群分類顯現出對於「原生論」的依賴，引起了學者們及臺灣原住族群內部的質疑，「正名運動」正是對此的回應。

太魯閣人與賽德克人在各自的「正名運動」中都採用了情境性的主觀族群認同路徑，前者以地理空間與心理空間認同凝聚族群成員的向心力，而後者則更側重通過歷史因果鏈條來建構自覺意識，族群成員在族群身份認同中顯示出明顯的主觀性。主觀論的認同路徑得到了族群內部成員及政府的認可，因而逐漸在原住民社會發展起來。馬騰嶽在分析泰雅人建構與分化中指出：「在現實的國家政府治理中，關於族群的話語正迅速地從族群客觀論轉向族群主觀論，」〔註28〕馬騰嶽的觀點道出了當代臺灣原住民社會族群生成的路徑取向。

〔註26〕唐海軍：《從民族意識都民族主義──一種觀念史的考量》，第22頁。
〔註27〕羅柳寧：《族群研究綜述》，《西南民族大學學報》（人文社科版）2004年第4期。
〔註28〕馬騰嶽：《從臺灣泰雅人的建構與分化看民族客觀論與主觀論之差異與發展》，《西南民族大學學報》（人文社會科學版）2016年第6期。

最後，族群生成由客觀論向主觀論的轉向，可能導致族群矛盾的產生。林修澈教授曾表達過這樣的憂慮，他說：「從民族學角度來看，太魯閣的認定過程，僅具備了自我主觀意識，卻有意避開幾個重要的客觀因素，這對於同源的南投仁愛鄉的族人而言，感到『兄弟分家』錯愕的事實，而這樣難解的問題，也延燒到了南投族人以賽德克人『正名』提出認定的問題上。」〔註 29〕1997 年後，賽德克人開始在各種不同場合質疑「太魯閣」認同，並直指太魯閣人背祖忘宗、扭曲歷史。這種來自內部的雜音，直接挑戰認同太魯閣的「主觀條件」，使得「客觀條件」陳述的所有論證頓時無法發揮作用。面對來自仁愛鄉賽德克人的異議，「太魯閣族正名促進會」仍堅持以更主觀的、更本質的以及所謂民主（人數決）的方式推動「正名」運動。〔註 30〕而面對太魯閣人的決絕態度，仁愛鄉的賽德克人亦決定重新建構其主體身份。最終，在主觀意識的推動下，賽德克人被分裂成為賽德克與太魯閣兩部分。

過度強調主觀的族群認同，可能導致族群認定上的片面性，而忽略族群的整體性，因而可能進一步引發族群矛盾或更大範圍的族群分裂。

四、區域族群結構的轉變

從現實層面講，新族群的產生改變了族群社會的結構。自賽德克人「正名」成功後，仁愛鄉的族群生態由布農—泰雅的二元結構，隨即轉變為布農—泰雅—賽德克「三分天下」的局面。

仁愛鄉的泰雅人與布農人對賽德克人的獨立各有其不同的看法。不少泰雅耆老認為，賽德克與太魯閣人的「正名」使得年輕一輩族人陷入認同的迷思。也有族人認為，被政治操弄的族群不會發展得很遠。作為「局外人」的布農人，對於太魯閣、賽德克的「正名」有著不同的看法。部分本地布農人認為，這是族群內部的分裂，對於布農人的影響不大，但對於泰雅自身的影響就比較明顯，太魯閣、賽德克的「正名」不僅使泰雅的人口減少了，在情感上也大不如從前。另一部分布農人認為，「賽德克」與「太魯閣」僅僅是官方的族群稱謂，對於仁愛鄉本地原住民來講，他們仍多以部落的名稱來辨識對方的身份，比如「他是春陽部落的」、「他是紅香部落的」或是「他是馬力巴部落的」。人們很少說「他是賽德克的」、「他是泰雅的」，一般都說他是哪個部落

〔註 29〕林修澈：《賽德克族正名》，「原住民族委員會」2007 年版，第 87 頁。
〔註 30〕沈俊祥：《空間與認同——太魯閣人認同建構的歷程》，第 57 頁。

的。對方一說部落名，人們就知道他的族群身份了。

區域族群結構的轉變使權力與資源的競爭也變得激烈，族群矛盾與衝突也隨之增多。自賽德克「正名」成功後，泰雅人口優勢被削弱，如前所述，泰雅與賽德克在政治選舉中的競爭也逐漸加劇。另據調查，自從賽德克「正名」成功後，政府或鄉公所很多社區發展項目傾向於賽德克，泰雅與布農得到的支持則相對減少。因此，泰雅人與布農人多對此表示不滿，他們認為，鄉公所支持新族群的發展是合理的，但過度地傾斜不利於族際關係的正向發展。例如，自賽德克「正名」成功後，人們對由賽德克掀起的抗日事件——「霧社事件」的關注也逐漸增多，圍繞「霧社事件」開展的文化活動也隨之增多。賽德克人將每年的 10 月 27 日視為霧社事件紀念日，自臺灣光復以來，族人陸續開展了多次紀念活動，雖然這些紀念活動也得到地方政府的支持，但這一紀念日始終未得到官方認可。但自賽德克「正名」成功後，政府對「霧社事件」紀念活動越來越重視。

自 2014 年起，南投縣政府將每年的 10 月 27 日訂為縣定的紀念日，以期擴大賽德克文化的影響力，也試圖通過此建立起賽德克與其他族群對話的橋樑。此外，近年來，與霧社事件有關的藝術表演活動、文學作品也得到政府文化、教育等相關部門的關注與推廣。早在 2003 年，臺灣「文化建設委員會」與「公共電視臺」就以鄧相揚創作的報導文學《風中緋櫻》共同籌拍出同名電視劇。在賽德克「正名」成功後，《風中緋櫻》一書及電視劇再次受到人們的關注。據鄧相揚反映，賽德克成為獨立族群后，人們對賽德克歷史文化發展的興趣有所增加，向他及其他仁愛鄉本土文化研究者進行訪談的新聞媒體、研究者明顯增多。與霧社事件有關，且最為引人關注的文化活動當是 2011 年以敘述霧社事件為主線的電影——《賽德克·巴萊》的上映，這部電影被譽為「臺灣第一部真正史詩般的電影」，一經上映便引起社會各界的關注和熱議。《賽德克·巴萊》的拍攝受到仁愛鄉政府的支持，同時也受到賽德克人的支持，其以藝術的表現形式呈現出霧社事件的發展始末，並將賽德克人主位的文化解釋置於其中，為人們理解霧社事件提供了較為客觀的視角。儘管《賽德克·巴萊》受到的褒貶不一，但毋庸置疑，這一電影使人們對霧社事件及賽德克歷史文化有了更深入的瞭解。《賽德克·巴萊》上映後，南投仁愛鄉公所還特別推出「電影觀光旅遊行程」，引領遊客走訪事件的歷史足跡，使人們親臨歷史現場，加深對賽德克歷史的認識。相較之下，自賽德克人「正名」成

功後，仁愛鄉布農人、泰雅歷史相關文化項目或活動的發展程度、推廣力度均不及賽德克，布農人與泰雅不免產生一些抱怨。而這些族群間不和諧的聲音若得不到及時重視，區域族群關係的穩定將受到一定程度的威脅。

新族群的產生改變了地方社會的族群結構，族群利益矛盾隨之增多，各族群需經過長期的相互適應，才能使社會秩序重歸平衡，並朝著和諧、融合的趨勢發展。

第三節　文化復振與族群共榮

當我們感慨原住民的社會文化受到現代性與個體族群主義衝擊時，卻又發現他們的傳統又以創新性的表現形式重新被建構起來，並在當代社會中找到了自己的合理位置。

一、文化復振的實踐

文化復振是指通過對原有社會的價值觀、行為模式及社會組織等加以重組或改造，使經過重構的文化更能適應現代社會，更富有創新性，同時又不失其傳統的本真。薩林斯說：「文化在我們探尋如何去理解它時隨之消失，接著又會以我們從未想像過的方式重現出來。」〔註31〕

（一）社區營造與民族文化產業的齊步興起

1994 年，臺灣以「文化」為名，發起「社區總體營造」運動，開啟了臺灣原住民族群文化復振、重建部落的腳步。霍布斯鮑姆曾指出：「全新的或是雖然陳舊但也已發生顯著轉變的社會團體、環境和社會背景呼喚新的發明，以確保或是表達社會凝聚力和認同，並建構社會關係。」〔註32〕臺灣的社區總體營造與文化產業發展，正是借助文化之名激發社會新活力的一場新運動。

關於「社區總體營造」的內涵，臺灣「文化建設委員會」曾明確指出：「社區營造是以社區共同體的存在和意識作為前提和目標，借著社區居民積極參與地方公共事務，凝聚社區共識，經由社區的自主能力，配合社區總體營造理念的推動，使各地方社區建立自己的文化特色，也讓社區居民共同經

〔註31〕馬歇爾·薩林斯：《甜蜜的悲哀》，王銘銘、胡宗澤譯，三聯書店 2000 年版，第 141 頁。
〔註32〕E·霍布斯鮑姆、T·蘭格：《傳統的發明》，顧杭、龐冠群譯，譯林出版社 2004 年版，第 338 頁。

營『產業文化化、文化產業化』、『文化事務發展』、『地方文化團體與社區組織運作』、『整體文化空間及重要公共建設的整合』及其他相關的文化活動等。如此因社區民眾的自主與參與，使生活空間獲得美化，生活品質獲得提升，文化產業經濟再行復興，原有的地景、地貌煥然一新，進而促使社區活力再現。如此全面性、整體性的規劃與參與社區經營的創造過程，稱為社區總體營造。」〔註33〕就臺灣原住民社會而言，開展社區總體營造的主要理念就在於整合部落的各種文化資源，建構以傳統文化為核心的共同體意識，讓更多的部落族人參與到部落文化重建、傳承與創新中，從而建立並加強文化認同感。

在推行社區營造計劃的過程中，原住民精英一再堅持回歸部落的主張，認為部落才是孕育傳統文化的土壤。2000年以來，臺灣各原住民社會陸續發起和推動一系列以部落發展為重點的相關活動，這為重組部落文化、發展民族文化產業提供了契機。2004年，「原住民新部落運動」在臺灣拉開帷幕，其內容包括部落社區產業的發展、營造部落社區新風貌以及學習部落與社區。之後，臺灣「原民會」繼續支持以部落為主體的文化復振活動，頒布「原住民族部落永續發展實施計劃」（2006～2009），從產業發展、人文教育、社福醫療、部落安全、環境景觀及環保生態六個方面著手推動原住民部落的整體性發展。從2012年起，臺灣開始推動「原住民族部落活力計劃」，期望透過原住民傳統文化中的共做、共食、共享及共榮的互助方式來凝聚成員力量，維持部落生存的穩定，並促使臺灣原住民部落在資本主義衝擊、社會快速變遷及個人主義興起的背景下，能夠透過自主及集體的互助行動，開展部落重建。

仁愛鄉原住民部落在臺灣當局各項政策與計劃的支持下，積極挖掘部落文化潛力，開展多項活動，並取得了明顯成就。以清流部落為例，自9·21大地震後，清流部落致力於社區總體營造，積極挖掘本社區的民族文化資源，如在地農業特色產品（川中米、樹豆與有機蔬菜等，見圖6-1）與傳統手工編織等，並成立清流部落產業小組，有效整合部落產業資源。為了傳承部落歷史，清流部落以「霧社事件」為主題，建成「餘生紀念館」。館內收藏有與「霧社事件」有關的照片、書籍等，並配備專門的管理和解說人員。「餘生紀念館」（見圖6-2）是清流部落特殊歷史經驗與社區自然環境的結合，借由「餘生紀念館」，人們可以更真實地瞭解清流部落的歷史，也可以提升本部落居民的族

〔註33〕陳其南：《社區總體營與生活學習》，「文化建設委員會」1996年版，第5頁。

群自信心及社區凝聚力。同時，「餘生紀念館」可作為清流部落在地的文化特色產業，為本社區觀光休閒產業永續發展提供契機。〔註34〕

目前，各原住民部落已將社區營造與休閒觀光產業的發展密切聯繫起來。

賽德克新生村、布農中正村等也積極響應政府的社區營造計劃，在鄉公所、社區發展協會等相關部門的協助下，族人在部落建立起傳統祖屋，並以此為依託，逐步發展起部落休閒觀光產業。

圖 6-1　清流部落生產的「川中米」

圖 6-2　清流部落的「餘生紀念館」

〔註34〕張進昌：《賽德克清流部落社區營造策略之研究》，第 116 頁。

在 2013 年度的「原住民部落活力計劃」期末評鑒中，仁愛鄉成績斐然，其中眉溪部落獲得全臺唯一優等佳績，馬力巴部落也獲得甲等的榮譽。眉溪與馬力巴兩部落均以復振部落傳統文化與精神、營造部落美好環境為主旨來推行相關的活力計劃。臺灣《自立晚報》對兩部落活動的開展情況分別作了如下評價：「在承辦南投縣仁愛鄉眉溪部落活力計劃的臺灣原住民部落振興文教基金會積極努力下，該部落發展主軸清楚、內部共識強，並注重內部工作討論，在團結的氛圍下，締造卓著佳績。獲得甲等的力行（馬力巴）社區，則在部落內部共識凝聚經過重整後有了新的發展，透過部落活力計劃組成活力媽媽與活力勇士，部落族人認同度明顯提升，因而在空間營造上有明顯成果，獲得評鑒甲等佳績。」〔註35〕「原住民部落活力計劃」立足於部落，致力於恢復部落傳統文化、發展部落經濟產業及營造部落生活環境，通過相關項目的開展，部落內部的資源得到整合，族群認同和部落內聚力也得到不斷加強。

（二）多元教育的開展

1997 年，臺灣地區相關部門在《原住民教育報告書》中特別提出了「尊重文化差異，發展多元教育型態」、「結合社區資源，開啟文化發展先機的基本方針政策」、「增進溝通瞭解，促進族群合群關係」等多項基本方針和政策。〔註36〕「多元文化教育」主張透過教育的方式，讓族群成員不僅瞭解自己的文化，還能欣賞與尊重其他異文化，從而消弭因文化差異所產生的偏見與歧視。包括仁愛鄉在內的臺灣原住民社會主要通過推動族語教學和建立部落社區大學等形式，踐行多元教育的理念。

1. 族語教學的推動

臺灣原住民將族語教育視為發展多元文化教育的重要一環。原住民族語教學原屬於鄉土教育的範疇，現已正式發展成為一門教學科目。1998 年，臺灣地區規定，各校得彈性選擇語言主題融入「鄉土教學活動」。2001 年 9 月，臺灣開始實施「九年一貫課程」〔註37〕，規定小學生須就閩南、客家及原住民等語言任選一種修習，中學生則依意願自由選習，至此鄉土語言教學發展

〔註35〕《原住民族部落活力計劃眉溪部落獲全國唯一優等》，《自立晚報電子報》（臺灣）2013 年 12 月 18 日，http://59-120-145-210.hinet-ip.hinet.net/news/news_content.php?catid=5&catsid=4&catdid=0&artid=20131218ah003。

〔註36〕「臺灣教育部」：《「中華民國」原住民教育報告書》1997 年版，第 27～32 頁。

〔註37〕九年一貫：指小學六年及初中三年的教育教學。

成為一門教學課程。

　　按照臺灣地區的有關規定，臺灣當局推動原住民族語言教學的基本理念包括：（1）多元文化之理念，尊重各族群語言，實施原住民族語教學，促進相互瞭解，奠定整體社會和諧與發展之基礎。（2）以彈性原則訂立原住民族語教學之實施階段與學習能力指標，提供原住民族語教師與教材編寫者參考。（3）根據原住民族語之實際發展，經過縝密整理、迻譯與詮釋，搭配其他語文，共同建構本省語文課程。（4）妥善運用各種教學環境與教學資源，活化原住民族語教學。（5）重視原住民族語之主體性與現代特色，積極營造適宜的環境，培養學生主動學習族語的興趣，以傳承族語。可見，原住民族語教學以傳播和發展多元文化為首要理念，並強調在尊重各族群族語發展的實際情況基礎上，制定合理的教學課程，最終實現原住民族語的傳承。

圖 6-3　泰雅、賽德克及布農族語教材

　　原住民族語教學的順利開展還需要配備相應的族語教材與師資力量。目前，臺灣原住民族語教學使用的是臺灣政治大學負責編輯的九階族語教材（如圖 6-3 所示），每一原住民族群方言各有九冊教材。政大版的族語九階教材不僅以尊重各民族的主體性為前提，並配合族語的在地性，使各種族語均有機會展呈現其語言活力。族語老師可以按照不同的族及不同的方言，選擇符合本身需求的教材。〔註 38〕原住民族語師資來源有兩類，一是原住民籍的現職教師，經過規定的培訓課程（36 小時）即可擔任族語教師；二是族語認證合格的兼職族語老師。他們不具備專業教師資格的身份，但必須通過「原民會」負責組織的原住民族語能力認證考試。原則上，九年一貫課程實施年段的族語課聘請族語認證合格之兼職老師來擔任，而非實施九年一貫課程的年段若

〔註38〕陳慧美：《原住民族語教師對族語教學的意見——以高雄市為例》，碩士學位
　　　　論文，臺灣東華大學 2008 年，第 17 頁。

要實施族語教學，則一般安排現職的老師來承擔教學任務。

　　目前，仁愛鄉各小學均根據實際情況設有族語課程，並配備相應的族語教師，族語教材以臺灣政治大學編寫的九階族語教材為主。通過對泰雅、賽德克及布農的族語教師的訪談及筆者的親身參與發現，在實際教學中，族語教師會根據學生的學習能力和興趣比較靈活地調整教學內容，有時也特意安排一些戶外教學。比如，在教授本民族的狩獵文化時，族語教師會將學生帶到附近的山上，生動地演示狩獵過程。再如，在學習本民族的植物知識時，族語教師同樣會選擇在合適的時間，將學生帶到部落，讓學生自己根據課本教學內容，現場辨識植物的種類和特徵。靈活的族語教學不僅增加了族語學習的趣味性，寓教於樂，同時也有助於激發學生的學習積極性。

　　為推動族語教學的發展與進步，仁愛鄉定期舉辦「原住民族語增能創新研習」。族語增能創新研習以落實族語教育推展、提升課程內涵、激發學生學習興趣、增進族語認識、普及族語使用及提升教師族語教學能力為主要目標。2015 年 7 月 3 日，仁愛鄉「2015 年度原住民族語增能創新研習」正式開班，相關負責人召集本鄉泰雅、賽德克及布農各部落耆老、教育精英及族語教師，共同參加此次活動。各族群族語教師在活動中共同分享各自的教學經驗，並聽取部落耆老的指導建議和意見，同時還就族語教學的課程設計、教學技能等進行分組討論。雖然各族群說的話不一樣，但教學方法可以是相通的，通過分享各自的教學經驗，能夠發現教學中存在的問題。另外，雖然有些族語教師通過了族語認證考試，但有些詞彙和語法還得向部落耆老請教和討論。通過這種形式的研習，族語教師可以相互交流，並向各族群長輩討教，從而提高自身的教學技能。

　　臺灣學者陳美如認為，語言的多元開放是引導社會邁向多元的主要途徑，原住民語言教育不應只侷限在學校之內，應竭力實現原住民語言教育的社會化，透過多元途徑的轉換，在社會實踐的歷程上達到多元文化的重構。鑑於此，陳美如提出，應透過政府與民間的力量，結合學校、社區、傳播媒體、民間團體或學界共同合作，進一步推動原住民語言教育朝多元文化的社會邁進。〔註39〕筆者在清流部落調查時就發現課外族語教室的存在。清流部落的張女士是賽德克語教育的重要推動者，她在部落開設有族語教學班。張女士希望，

〔註39〕陳美如：《從多元文化教育論臺灣原住民族語言教育的實踐》，《教育研究集刊》2000 年第 45 期。

借由課外的族語教學實踐，讓部落的小孩子有更多的機會接觸賽德克文化，同時也積極鼓勵家長做好族語的傳承工作。

族語教學是踐行多元文化教育理念的具體體現，它以尊重各族群語言、實現多元文化精神為基礎，強調族語對族群文化傳承的重要性。族語教學不僅有助於培養族群成員對族群文化學習的主動性和積極性，也能夠增進族群成員對其他族群語言和文化的瞭解及尊重。

2. 部落社區大學的設立

原住民部落社區大學（以下簡稱「部大」）是原住民社會推動教育改革的延續，是以提升原住民族群整體社會競爭力為遠景的非正式教育機構。臺灣「推動原住民部落社區大學補助要點」（2004年），其中第一條指出：「部大」成立的主要目的在於建構原住民社會終身學習環境，強化原住民部落社區大學組織功能，提供原住民終身學習課程，促進原住民族文化之創新，培育部落社區發展人才及現代化公民。

2001年10月，「臺灣原住民委員會」與「教育部」開始共同探討「推動臺灣原住民部落社區大學」的相關議題，並於次年六月出臺部落社區大學的相關輔導和管理措施。「部大」的設立目的與規劃理念均立足於部落，努力激發部落成員的學習熱情，致力於文化創新與多樣性的發展，這不僅有利於培養族群成員的凝聚力，更能夠推動原住民族文化的復振與傳承。

表6-1　原住民部落社區大學課程領域及內容安排表

課程領域	課程內容
族語及族語文學	溝通、神學文化、民間故事文學、童謠文學、情詩文學、讚頌女性文學、讚頌男性文學、讚頌部落文學、獵人文學、讚頌海洋文學、讚頌神靈文學、祭禱文學、部落民謠文學、事件祭誦文學、追思文學、讚頌生活文學……
傳統生活技能	耕作、漁撈、狩獵、採集、飼養、建築、飲食、衣服、防災、工程、戰爭與武器、運輸與交通、器物製作、醫藥、天文、曆法……
社會組織	部落組織、政治結構、家庭制度、親屬制度、財產制度、繼承制度、婚姻制度、社會團體、祭祀團體、作戰團體、狩獵團體……
藝術與樂舞	紋身、服飾、頭飾、圖騰、工藝美術、配飾、童玩、遊戲、運動、童謠、情歌、樂器、祭祀之舞、慶賀之舞、勇士之舞驅邪之舞……

傳統信仰與祭儀	部落的團體祭儀（年祭、收穫祭、出獵祭、祈雨祭）、家庭的祭儀（播種祭、小米入倉祭、家屋破土祭、落成祭）、個人生命禮俗的祭儀、個人祈福治病的祭儀、天地的起源、人的起源、神的種類、世界觀、祭司、靈媒……
族群關係與部落歷史	族群的分支、與其他原住民族群的互動關係、族群（部落）在歷史上的重大事件、當前族群的重要議題、史觀、部落起源、部落遷徙、傳統領域、家族（氏族）的源流與變遷……
部落倫理與禁忌	人觀、道德觀、人與人的道德倫理、人與部落的道德倫理、人與自然的道德倫理、習慣法、裁判與訴訟、徵兆、占卜、日常生活的禁忌、祭祀的禁忌……
環境生態保育	動物生態、動物應用、動物保育、植物生態、植物應用、植物保育、能源應用、環境辨認、環境禁忌、土地……
現代與傳統	文化融入社會議題、文化融入現代科技、文化與產業關係、文創發展、人才培力……

資料來源：由臺灣嘉義中正大學成人與繼續教育研究所謝麗卿提供

　　在辦學形式上，「部大」主要借助民間非營利組織、政府及社會資源等多方力量來實施，辦學場地多在部落學校，教學設備也多由學校提供，興學資金由市教育局、鄉公所、鄉農會及社區發展協會等多方籌集而來。「部大」的授課老師需獲得講師資格證書，一般由部落耆老、文化工作者或有教學經歷者擔任。教授傳統技藝課程的講師須持有相關證照，如未獲得相關資格證書，且確實具備所需技能，經部落推薦亦可參與授課。「部大」的教學內容極為豐富，如表 6-1 所示，主題涉及族語教育、部落產業、農業生產與族群人文等各個方面。

　　2003 年，臺灣當局輔助和輔導南投、宜蘭及嘉義等縣市成立部落社區大學共 12 所，部落社區大學的計劃初見成效，並在接下來的數年間不斷發展與突破。目前，南投縣設有原住民部落社區大學 1 所，仁愛鄉有 23 間部落教室，均勻地分布在泰雅、賽德克及布農的各個村落。當今，泰雅、賽德克及布農部落的年輕人對本族群的傳統狩獵、編織甚至祖先傳說等傳統知識都知之甚少，因而仁愛鄉各原住民部落教室依託在地部落的人文歷史，立足族群教育發展，通過開展豐富多彩的課程教學，培養族人對本族群文化的創新能力，同時提高族人對不同族群歷史文化的認知，從而推動多元族群社會的和諧發展。

　　部落教室是相對開放的，其開設課程所招收的學員，原則上應以該部落居民為主，但事實上也並不排斥鄰近部落的族人報名參加。如果其他部落的人有興趣，也一樣可以加入進來。2014 年 11 月，「部落大學農產品加工創意烘焙課程」在中原部落教室開班。學員們除了中原部落的居民外，還有來自鄰近清流部落及眉原部落的興趣愛好者。中原部落教室的工作人員並沒有排斥後者，反倒熱情歡迎他們加入一起學習。部落教室不僅為部落成員學習族群文化搭建了平臺，也為各族群間的相互學習和交流提供了機會。

　　推動原住民部落社區大學事實上或是集體部落教育與傳統原住民文化教育的再組合，或是傳統知識和現代生活連結的教育。〔註40〕「部大」以部落再生與文化再現為基本原則，植根族群教育，充分調動部落中掌握傳統知識與技能成員參與建構地方知識體系，挖掘原住民的文化潛力，重建原住民族群尊嚴。

　　自 20 世紀 80 年代以來，臺灣當局對原住民的教育開始由「強制同化」朝「多元尊重」轉型，倡導族群教育機會均等與族群融合的多元文化教育也隨之起步，而推展多元教育又以實現相互尊重的多元社會為最終目標。通過推行族語教學、建立部落社區大學等形式，臺灣原住民社會在多元教育方面取得了一定成就，這對不同族群成員間的融洽相處和交流具有積極意義。一方面各族群成員通過積極參與本族的文化復振，對自身文化的認同逐漸加強，另一方面各族群對異文化的瞭解與認識也在加深，這促使各族群文化在多元教育背景下處於相對平等與和諧的狀態，異文化之間的交流漸趨順暢。

（三）傳統祭典的回歸

　　在文化復振的潮流中，傳統祭典的回歸引人關注，它不再是純粹的部落盛典，有時也承載著整個族群，甚至地方社會的精神凝聚。近年來，泰雅人的感恩祭、賽德克人的收穫祭以及布農人的射耳祭在各地變得活躍起來。臺灣「原民會」為保障各族群能夠充分參與民族祭典的復振活動，特別根據各自祭典傳統，設立相應的「歲時祭儀放假日」。

　　按照相關規定，原住民歲時祭儀為政府法定的民俗節日，凡具有原住民身份者，均可於所屬族群歲時祭儀時放假一日。各原住民的歲時祭儀都有深

〔註40〕孫大川：《原住民部落社區大學的定位與精神》（專題演講記錄稿），臺灣東華大學民族發展研究所主編：《九十三年度原住民部落社區大學實務研討會成果報告書》2004 年，第 24～33 頁。

層的文化內涵，對於維繫民族文化、凝聚集體認同具有重要意義，因此族人將參加祭儀視為重要義務。過去由於祭儀時間未必是假日，造成許多原住民無法參加。從 2011 年開始，原住民可以休假一天，返鄉參加祭儀，這對於原住民文化的傳承有很大幫助。

1. 泰雅：「感恩祭」

泰雅的感恩祭安排在每年八月的最後一個星期五，「臺灣原住民族委員會」將每年的這一天定為泰雅人的「歲時祭儀放假日」。在泰雅社會，「感恩祭」又稱「祖靈祭」，是泰雅一年中最重要的祭典，主要目的是為了感謝祖靈的祝福與庇佑（如圖 6-4 所示）。「感恩祭」是泰雅的核心信仰和精神象徵，儀式中的祈福活動、口簧琴與傳統歌舞表演等，既充分展現出本族文化的特色與內涵，又體現出族群的內部凝聚力。

圖 6-4　2015 年度仁愛鄉泰雅（發祥村）歲時祭儀現場

照片來源：報導人邱建堂提供（拍攝時間：2015 年 8 月 28 日）

仁愛鄉泰雅人對 2013 年的「感恩祭」印象尤為深刻。2013 年 8 月 30 日，仁愛鄉泰雅人的「感恩祭」如期在新生村舉辦。但當時正逢雨季，連日的大雨摧毀了力行、發祥及翠華三個泰雅村落對外聯絡道路（投 89 線力行產業道路），對力行、發祥及翠華村的族人的出行造成了極大不便。但在 8 月 30 日這天，力行、發祥及翠華村的泰雅人還是想盡辦法克服困難，與其他村的族人積聚在新生村，舉行一年一度的「感恩祭」。臺灣《大埔里報》針對此事特別發表了題為「跨越距離的血緣情，泰雅感恩祭冒雨舉行」的新聞報導，報導稱：「（道路的封閉）無法澆滅濃濃的血脈情感，族人排除萬難參加（感恩祭），凝聚泰雅文化的精神。」〔註41〕

目前，仁愛鄉泰雅的「感恩祭」每年在各個部落輪流舉行，其他各個部

〔註41〕《跨越距離的血緣情，泰雅感恩祭冒雨舉行》，《大埔里報電子報》2013 年 8 月 30 日。

落自行派代表參加。

2. 賽德克：「收穫祭」

每年的 12 月 31 日是臺灣賽德克人的「歲時祭儀放假日」，也是賽德克人舉辦「收穫祭」（或稱「收穫節」）的日子。賽德克人的各種祭典都以祖靈為中心，「收穫祭」也不例外。賽德克人舉辦收穫祭典的主要目的是為了慶祝豐收，更重要的是感謝祖靈對族群成員的佑護。

2012 年 12 月 29 日，仁愛鄉首屆賽德克「收穫節」在霧社拉開帷幕。首屆仁愛鄉賽德克「收穫節」由鄉公所主辦，互助村協辦，主題為「仁愛鄉賽德克『母嘎拉斯』〔註42〕歲時收穫季活動——Tgdaya 播種祭暨收穫祭」。由於賽德克德固達雅、都達及德魯固三群的收穫祭典在具體形式和內容存在著不同，所以首屆賽德克「收穫節」以德固達雅群的傳統習俗展演為主。大多數賽德克人並不提倡以某一群的祭典儀式代表全部賽德克。目前，人們認為比較合理的做法是，德固達雅、都達及德魯固的部落每年輪流舉辦（歲時祭儀的）活動。2016 年，仁愛鄉賽德克年祭首次在都達群聚落——平靜部落舉辦。仁愛鄉親愛村等地賽德克德魯固任、南豐村等地賽德克德固達雅與都達人一起，匯聚在平靜部落，參加仁愛鄉第五次賽德克「收穫祭」。族人在儀式活動中重振賽德克精神，協力傳承族群傳統祭典文化。都達村村長在接受臺灣媒體採訪時說：「因為我們部落以前都沒有辦過年祭和播種祭，所以也讓年輕人學習到播種祭的方式，也可以說給下一代傳承下去。」仁愛鄉鄉長在採訪中就本鄉賽德克歲時祭儀的發展也提出了一些規劃，他說：「這一次我們是希望，用比較真正傳統的流程，來展現我們的祭典，透過這樣子一次、二次、三次在不同的部落，在都達，在德魯固，在德固達雅不同的部落來辦，我們希望我們的未來，我們的祭典，能夠慢慢地把遺失的部分找回來。」〔註43〕

對於賽德克人來說，歲時祭典是族群團結與和諧共享的重要儀式活動，族人對於傳統「收穫祭」的回歸充滿了信心與期待。目前，泰雅與賽德克的傳統祭典主要以地方性儀式活動為主，通常是同一鄉鎮內數個部落聯合舉辦。

3. 布農：「射耳祭」

在現代性衝擊下，布農人各項祭典隨著傳統生活方式的轉變而快速消失，傳承至今的射耳祭成為延續布農精神的重要血脈。「射耳祭」主要是通過展現

〔註42〕「母嘎拉斯」為賽德克語，有高興、歡樂的意涵。
〔註43〕「仁愛復振賽德克祭儀逐年各村輪辦」，臺灣原視新聞報導，2016-03-04。

狩獵或射擊技術來肯定男性在部落的地位，族人也通過該儀式來祈求獵獲豐收，家族興旺。自2011年起，臺灣「原民會」將每年五月第二個星期五定為布農人的「歲時祭儀放假日」，布農人在這一天舉辦盛大的「射耳祭」活動。儘管「歲時祭儀放假日」僅有一日，但按照布農人的習俗，「射耳祭」的祭典儀式一般要持續三天左右。

布農人不僅舉辦地方性的儀式活動，也舉辦全臺性質的聯合儀式展演。全臺性質的「射耳祭」由各布農鄉鎮輪流舉辦，其餘各鄉鎮派代表參加。如表6-2所示，自2011至2016年，布農人已舉辦六次全臺性質的「射耳祭」祭典活動。在「射耳祭」儀式中，布農人融入了本族的傳統競技及傳統歌謠等文化內容，充分展現布農文化的精神意涵，並以此來強化各地布農人的集體認同，從而建立融洽的族群關係。

目前，雖然仁愛鄉尚未承辦「全臺布農射耳祭儀活動」，但仁愛鄉布農人堅持在自己的部落舉行傳統祭典活動。2012年5月11日，逢布農人「歲時祭儀放假日」，仁愛鄉中正村布農人在縣政府、鄉公所及部落族人的共同努力下舉行「射耳祭」活動。是日，南投縣內布農五大社群的族人代表齊聚中正村，共同舉辦傳統祭儀。借由祭典活動，各社群彼此間的瞭解進一步加深，從而有利於推動臺灣布農人的團結與融合。

表6-2　「全臺布農射耳祭儀活動」舉辦概況表（2011～2016）

時　　間	地　　點	主要內容
2011年5月6～7日	花蓮縣卓溪鄉	歲時祭儀、傳統競技比賽、傳統歌謠展演、捉豬比賽等
2012年5月17～19日	高雄市那瑪夏區	歲時祭儀、傳統技能競賽、傳統歌謠展演等
2013年5月8～10日	南投縣信義鄉	歲時祭儀、傳統競技比賽、球類比賽等
2014年5月7～10日	臺東縣延平鄉	歲時祭儀、球類競賽，傳統競技比賽，抓豬比賽
2015年5月7～9日	高雄市桃源區	歲時祭儀、傳統技藝競賽、農特產促銷活動等
2016年5月12～14日	臺東縣海端鄉	歲時祭儀、傳統技藝競賽、農特產促銷活動等

　　原住民聚集的都會區地方政府也開始認識到尊重各族群文化差異的意義和重要性。2015 年 5 月 31 日，桃園市政府就第一次為移居桃園地區的布農人舉行傳統射耳祭儀，大力支持原住民文化的傳承。傳統祭典的回歸給族群成員帶來安全感與自豪感，族人在傳統祭典中充分感受到族群的內聚力，而跨部落、跨地域性的聯合活動則更有利於進一步促進各社群間的融合。

　　在多元文化意識的影響下，臺灣各原住民積極推行文化復振，極力發揮傳統文化的潛力，換言之，「不斷的重新發現『原始』已然成為一種常態」，〔註 44〕這有助於提高本族成員對自我文化的認知與認可，也有助於加強各族群成員對異文化的瞭解。總體而言，泰雅、賽德克與布農的文化復振過程呈現出以下特徵：（1）族群文化復振是在政府與族群精英、族群個體的相互配合下實現的。政府制定的相關政策與制度是各族群順利開展文化復振實踐活動的前提和保障，族群精英是推動文化復振運動的實際操作者，而族群個體則是各項文化復振活動的參與者，政府與族群精英、族群個體積極、有效地配合，最終確保了多元文化教育、社區文化產業及傳統祭典等在部落的順利發展與進行。（2）各族群在推動文化復振上的形式上呈現出差異性，這一點主要體現在傳統祭典的舉辦形式上。目前泰雅與賽德克傳統祭典的舉辦形式以鄉鎮內的部落聯合為主，而布農人傳統祭典的舉行則已發展出跨區域的鄉鎮聯合模式。（3）各族群仍在努力全面推動文化復振。除發展多元教育、社區文化產業與傳統祭典外，各族群還在積極推動民族手工藝、民族服飾及民族建築等各方面傳統的回歸與創新。

二、多元文化的共存

　　文化復振對於族群關係的發展具有重要意義。受多元文化思潮的影響，臺灣原住民充分彰顯自身族群文化的內涵、特色與價值，求同存異，從而實現多元族群的和諧共存、發展，避免個體族群主義帶來的族群分裂或同化。

（一）求同存異

　　文化復振是在內外力的共同推動下，族群成員對自身文化從認可到自覺的過程，各原住民族群通過重建族群歷史、發展多元教育與重振傳統祭

〔註 44〕彭兆榮：《重新發現「原始藝術」》，《思想戰線》2017 年第 1 期。

典等方式，來實現對傳統文化的再造與傳承，並以此來強調自我與「他者」的文化區隔。「每一個自我都是在與『他者』的關聯中被界定的」，〔註45〕通過建構差異、肯定自我的過程，各族群成員的多元文化認同得到形塑，並不斷強化。

多元文化認同的意涵主要體現在兩個方面。首先，它是族群成員經過長期共同生活而形成的，集中表現為對本族群基本價值觀的認同。臺灣各原住民族群的語言與風俗文化、宗教信仰等都是族群社會歷史積澱的結果，各族群內部成員共享相同的文化，並形成相似的價值觀、世界觀與宇宙觀。其次，文化認同反映出求同存異的文化意識。求同，是族群成員依據相似或相同的祖先起源、語言及風俗習慣等來強調「同一性」的行為，同時也是有意識地區別異文化的行為。這種「同一性」既形成對「我群」的認知，也衍生出「他者」或「異文化」的身份。文化認同的建構，能夠確保各族群成員之間相互尊重差異，並在此前提下開展友好互動。

當然，「求同」是「辨異」的目的，而「辨異」則是「求同」的必然衍生物。〔註46〕過度地「求同」會產生排他意識，進而可能導致族群衝突，所以各族群推動文化復振之時，都應注意把握好追求「同一性」的度，以避免產生族群中心主義。文化復振就是通過再現族群核心價值觀與求同存異來強化族群的文化認同。族群成員通過參與文化復振，不僅能夠對自身的文化有更系統的認知，還能夠對異文化有全面的正確認識。同時，文化認同實現了族群成員對內與對外的文化身份確認與傳播，使得復振的族群文化更加深入人心，反過來又促進族群文化的創新與再生產。

在現代化進程中，世界的祛魅和理性主體的發現相伴而生，價值世界的多元分殊，工具性價值的事實性統攝，以及與之相關聯的現代人身份的多樣與歸屬的多重，使得人們本質上要求一種「我們感」和「共同性」。〔註47〕在當代臺灣原住民社會，文化認同成為凝聚各族群共同體的精神紐帶，也是延續族群共同體生命的精神基礎，能夠促成「我們感」和「共同性」的形成。

〔註45〕安東尼・史密斯：《民族主義：理論，意識形態，歷史》，葉江譯，世紀出版集團 2006 年版，第 133 頁。

〔註46〕張梅：《新疆多元文化認同教育與民族關係研究》，《新疆社會科學》2012 年第 6 期。

〔註47〕韓震：《全球化時代的公民教育與國家認同及文化認同》，《社會科學戰線》2010 年第 5 期。

（二）多元共榮

各族群對「我們感」和「共同性」的追求，是一個多元文化不斷形成的過程。多元文化中的「多元」是指文化主體在價值取向、價值準則、價值追求和價值目標等方面，均表現出異質性或多樣性的特色，所有的異質文化共同而平等地存在於同一個社會中，構成該互動的文化體即屬多元文化。〔註48〕文化復振實現了多元族群文化的平等發展，雖各族群在發展實踐中的方式與路徑可能不同，但它們都以實現多元文化共識、共存及共榮為最終目標。任何族群文化的消失或倒退都可能影響多元社會的發展與進步，因而各族群需攜手共進，共同進步。

多元文化的發展內容與形式也不是隨文化主體的意向而隨意確定的，多元文化需在規範性的標準下進行。規範性標準為地區內各社群能夠公正地分享彼此的經濟與政治權力提供了保障。〔註49〕在建構多元文化的過程中，各族群共同受政府各項制度政策的制約，同時平等地競爭各種公共資源。各族群在不斷強化文化認同的同時，相互尊重，異中求同，逐漸形成多元共榮的互動格局。

目前，仁愛鄉泰雅、賽德克及布農都在積極開展文化復振運動。經過文化復振，各族群在發展多元教育、區域族群文化產業等方面達成共識，族群間的瞭解不斷加深，各族群團結合作，攜手共進，族群偏見逐步減少。仁愛鄉公所社會課工作人員在接受筆者訪談時曾說：「一個族群的發展不算真正的發展，鄉內所有族群一起進步才算真正的發展。就我們（仁愛鄉）而言，目前泰雅、賽德克及布農，以及鄉里的一些平埔族相互瞭解不斷加深，以前打來打去的局面肯定不會再出現了。現在，各個部落都在想著怎麼合作起來，共同創造財富。」〔註50〕仁愛鄉的一位文史工作者也向筆者反映道：「近些年來，仁愛鄉的泰雅人、賽德克人及布農人團結了許多，有人說這是『文化融合』，也有人說這是『原住民一家親』，其實意思都差不多。這些年的文化復振確實使我們之間的瞭解深入了不少。各地的人類學家來到我們這裡都說，『求同存異』才是原住民族群和諧相處之道，我想我們仁愛鄉的原住民做到了。」〔註51〕

〔註48〕匡促聯：《多元文化的發展與價值觀的自覺》，《雲夢學刊》2010年第31期。
〔註49〕江惠如：《多元文化下臺灣客語之保存與展現：以「行政院」客委會推廣之客語生活學校為例》，碩士學位論文，臺灣淡江大學2008年，第23頁。
〔註50〕訪談時間及地點：2014年10月28日，仁愛鄉公所。
〔註51〕訪談時間及地點：2014年10月28日，仁愛鄉公所。

在文化復振過程中，有時也存在著不和諧的現象，這些不和諧的因素若處理不當，將影響和諧共存族群關係的順利發展。據仁愛鄉原住民反映，在文化復振開展初期，有部分家長反對自己的孩子參加族語學習、戶外教學或族群祭典等實踐活動，他們認為這是在浪費時間，會影響孩子的正常學習。但隨著人們族群文化認同的提高，家長們開始轉變態度，並鼓勵孩子積極參與族群文化教育。其次，在社區總體營造、部落永續發展及部落活力計劃中，以部落作為活動的申請和發起單位，既可加強部落之間的合作，又會導致彼此的競爭。不同部落可能就相似或相同的項目計劃開展經驗交流與合作，但同一個行政村的兩個部落也可能為了爭取有限的項目名額而「你爭我搶」。再者，有研究發現，地方政權、部落行政領導、部落耆老、教會領袖與族群成員相互之間，也可能會因文化的解釋權與話語權而發生摩擦。〔註52〕最後，需指出的是，若在發展多元文化時，未把握好度，使族群社會朝向極端多元認同的方向發展，這不僅不利於族群社會的整合，而且還會為個體族群意識的創造條件，造成族群分化的危機。

總體而言，經過文化復振，仁愛鄉各族群的文化自信心、包容心得到了提升，各族群之間能夠在相互尊重的前提下，共同推動多元文化的發展和進步。儘管少量不和諧的現象不可避免，但各族群對文化復振充滿了信心，他們堅信隨著政策的逐漸完善，溝通平臺的日益增多，矛盾與衝突將越來越少。

小結

族群意識是族群成員對自我族群身份、歸屬感的認同，可表現為族群成員對本族群的自豪感、責任感。作為一種意識形態，族群意識在各族群的相互交往中，同時具有積極與消極的作用。本章通過回溯仁愛鄉原住民的「正名」運動與文化復振運動的發展，來展現族群意識的變化對族群關係的影響，結果發現：

（1）自20世紀80年代以來，臺灣社會的民主化與自由化推動了原住民族群意識的覺醒。原住民族群意識經歷了一個從泛族群意識到個體族群意識與多元族群認同意識的演變過程。在臺灣社會民主化與自由化浪潮的社會大

〔註52〕靳菱菱：《文化論述中的權力：從布農文教基金會的文化復振看布農族的權力觀》，《臺灣人類學刊》2006年第4卷第2期。

背景下，借由個體族群意識與多元族群認同意識的推動，臺灣原住民的個別民族「正名」運動與文化復振運動應運而生。

（2）個體族群意識是對泛族群意識進行反思的結果，它促使諸臺灣原住民開始審視自身的族群主體性，個體族群的「正名」運動隨之而起。太魯閣與賽德克的先後「正名」使昔日的泰雅一分為三，這是族群分化的表現。在臺灣原住民社會，忽視族群文化客觀特徵的「主觀論」對族群認定的影響越來越大，有可能導致更大範圍的族群分裂。

（3）多元文化思潮與個體族群意識的發展共同推動了多元族群認同意識的形成，並遏制了族群中心主義的形成。多元文化認同是多元族群認同的本質體現。通過文化復振運動，臺灣原住民的多元族群認同意識得到了實踐與強化。臺灣原住民的文化復振運動內容主要包括社區總體營造與社區文化產業起步、多元教育推行，以及族群傳統祭典的回歸，這是多元文化共榮的表現。

總之，臺灣原住民族群意識的發展是族群自覺的體現，個體族群意識的發展導致族群的分化，而個體族群意識的過度膨脹則可能導致族群中心主義或族群分裂主義，阻滯不同族群間的共生共存。目前，仁愛鄉原住民社會雖有族群分化的現象，但經過文化復振，各族群逐漸建立起多元文化認同意識，這對於改善族群關係，促進族群融洽相處、共同進步具有極大推動作用。

結　語

　　毋庸諱言，當前學術界關於臺灣原住民族群關係的研究較為有限，以往的研究多關注原住民社會歷史的梳理、文化特質的「深描」以及族群社會發展變遷的考察，而對於區域族群關係的探討甚少留意，僅有零星涉及。對於族群社會歷史、文化及社會變遷的研究固然重要，這些是我們認識族群社會的核心素材，但在多族群地區，對於族群關係的考察無疑同樣具有重要的意義。族群關係的發展狀況既能夠反映一個地方族群社會的秩序，也能夠檢視政府族群政策的實施效應。本研究通過考察臺灣仁愛鄉泰雅、賽德克及布農等族群間的互動關係，將臺灣原住民研究的視野放置在特定區域內，並作如下總結與思考：

一、仁愛鄉族群關係的主要特徵

（一）多維度的互動

　　自日據以來，臺灣原住民社會在日本殖民者的高壓統治下，原先「各自為政」的狀態被打破。進入國民黨政府管理時期，政府繼續加強對原住民社會的干預，並建立起新的政治經濟秩序。政府推行一系列新的管理政策，工業化、城鎮化建設開始起步，市場化經濟也逐漸發展起來，昔日「部落自治」的發展路線已基本行不通。在這樣的社會環境下，臺灣各原住民族群被捲入臺灣整體社會的發展中，族群間的地理界限進一步被打破，族群社會內個體、群體緊密聯繫在一起，人們為了在新的社會秩序中求得生存與發展，不得不對原有的思想觀念、行為模式作出調整。

　　經過不斷調適，仁愛鄉各原住民族群間建立起廣泛的交往網絡，實現了

文化、經濟、政治及意識等多維度的互動，且隨著相互聯繫的緊密度和依賴性的增加，不同族群間的交流往越來越頻繁。仁愛鄉的泰雅、賽德克及布農等族群為了更好地實現共生共存，既在語言、宗教及婚姻等文化層面建立起廣泛的互動，又在農業、觀光產業及部落市集等經濟生活中頻繁地發生聯繫。在政治領域內，多元治理主體在社會治理過程中頻繁互動，各族群成員在政治選舉活動亦相互連接。在意識領域內，各族群同樣在各類族群意識的作用下分化或整合。總之，1945 年以來，仁愛鄉各原住民族群已實現了交往的常態化和交流的立體化，人們在社會各個領域內建立起廣泛、複雜的聯繫。

多維度的頻繁互動，導致各族群間的聯繫日趨增多，彼此間建立起了複雜的社會關係網絡。概括而言，仁愛鄉的原住民族群關係突出表現為兩種關係形式：競爭衝突與和諧共生。

（二）兩種關係形式

自臺灣光復以來，仁愛鄉泰雅、賽德克及布農等族群之間的互動，由簡單的個體交往到複雜的族際互動，由表層的合做到深層的交往，彼此接觸越來越頻繁，往來越來越深入。和諧共生與競爭衝突是仁愛鄉原住民族群關係中存在的兩種突出表現形式。

在族群互動中，我們可以看到在各個領域內都存在一定的矛盾與衝突。利益是產生族群競爭與衝突的根本原因，可以說，多數文化衝突、經濟矛盾、政治對抗與或族群認同歧異，都是圍繞著利益糾紛展開的。在不同的發展階段，族群競爭與衝突的表現形式不同，強度也不一。在傳統部落社會時期，基於基本生存的需求，土地與獵場的爭奪是導致原住民族群衝突的主要因素。臺灣光復後，仁愛鄉各原住民族群間在社會各個領域都存在著矛盾與競爭。由於文化發展脈絡的差異，各族群在某些文化領域存有不和，但族際交流的頻繁和深化促使文化偏見和歧視在逐步縮小和減弱，這對於緩和文化矛盾具有積極意義。隨著商品經濟觀念、權力意識的滲入，各族群在經濟與政治層面的緊張與對立也凸顯起來，但這些多為個體間或階段性的。就目前的情況來看，個體族群意識帶來的族群分化，是當下仁愛鄉乃至整個臺灣原住民社會所面臨的重要問題。太魯閣、賽德克的先後「正名」使泰雅一分為三，這不僅打破了仁愛鄉地區原本穩定的族群結構，還導致資源競爭的加劇。若個體族群意識不斷發展、族群分化持續蔓延，臺灣原住民社會的和諧與穩定將面臨巨大挑戰，各族群間的利益紛爭也將擴大、加劇。

　　但同時，仁愛鄉原住民在交往與交流中還體現出和諧共生的一面。近年來，袁年興及許憲隆等國內學者提出用「民族共生」的理念來思考和諧民族社會的發展。民族共生具體是指多民族社會內各民族通過政治、經濟及文化的密切合作，而建立起來的共同繁榮、共同發展及共同優化的民族發展模式，其基本出發點是民族之間平等與互惠合作，根本目的是各民族政治、經濟、文化和環境等綜合效益的最大化，最終目標是促進民族主體和多民族共同體的同步優化，核心是共存和共贏。〔註1〕從客觀上講，我國多數地區確實處於各民族和諧共生的發展狀態，不同民族在交往、交流過程中已實現民族主體和多民族共同體的同步優化。臺灣仁愛鄉是一個多原住民族群聚居區域，自1945年以來，該區域的族群關係也呈現出和諧共生的一面，這體現在各族群在文化上的相互包容與理解，不同族群成員通過使用族際共同語加深了彼此的瞭解，借助共同的宗教思想實現了歷史矛盾的緩和，又通過建立族際婚姻關係減少了族群間的偏見與歧視，彼此間在文化上的交往與互動漸漸深入。其次，受市場經濟的影響，仁愛鄉各族群在農業生產、觀光產業及部落市集中建立起互惠協作關係，有利於實現利益的最大化。最後，和諧共生還體現在各族群成員在政治上的合作共贏及族群多元認同的發展，前者建立在共同的政治利益基礎上，後者則是順應多元文發展潮流與族群意識覺醒的結果。

　　前述學者研究指出，民族共生根據其自身發展程度，從低到高可分為間歇性共生、連續性共生及一體化共生三種模式。間歇性共生模式是指各民族單位只在一個方面或少數方面相互連接，這種共生關係具有不穩定性和隨機性，一般在民族形成的初期階段表現比較明顯。連續性共生模式是指在特定時空中，民族之間具有連續的、多方面的互惠合作，共生關係比較穩定且具有必然性。這種模式在民族發展的早期繁榮時期表現比較明顯。一體化共生模式是由連續共生甚至間歇共生模式演變而來的，這種共生模式與其他模式的根本差別在於，各共生單元之間形成了一體化的共生媒介和載體，其最大特點是任何一個民族的發展與外部環境的交流必須通過這一共生媒介和載體。例如共享的族群政策、平等開放的經濟合作機制等。經過幾千年的接觸、混雜、聯結和共生而形成的「我中有你，你中有我」而又各具個性的中華民

〔註1〕　袁年興：《民族共生關係邏輯結構及量化評價研究》，《前沿》2009年第4期。

族多元一體格局，就屬於這種類型。〔註2〕就臺灣仁愛鄉地區而言，自1945年以來該區域各原住民已逐步建立起和諧共生的關係，這種共生關係屬於一種連續性共生。各族群成員共處於開放的社會環境中，並在社會多個領域內密切聯繫，形成了相對穩定的互助合作關係。但它距離一體化共生尚有一定的差距。

（三）一種張力

由於多種因素的作用，競爭衝突與和諧共生這兩種相互矛盾的族群關係形式既彼此依賴，又互相排斥，形成一種張力，這一張力使雙方的力量對比處於此消彼長的動態變化之中。和諧共生與競爭衝突任何一方的力量發生改變，都會導致它們的力量對比發生變化，從而引起雙方地位的相互轉化。具體到仁愛鄉原住民社會而言，受內外多種因素的影響，兩種族群關係形式間形成的張力使得其社會秩序搖擺於穩定有序與躁動無序這兩種極端狀態之間，族群關係呈現出動態發展的特徵。歷史因素，族群自身的觀念、意識，與外在的族群政策、社會環境等，是引起這一張力發生變化的主要因素。

1. 歷史因素

族群關係的發展具有歷史延續性。隨著時代的變遷，族群關係的發展軌跡也將發生改變。但無論如何變化，都無法與歷史上的族群交往完全割裂。要想深入瞭解和認識區域社會族群關係的發展現狀並預測其未來走向，就需要從歷時性的角度回溯其族群關係的歷史。

在臺灣光復以前，臺灣原住民社會經歷了部落社會自治時期與日本殖民統治時期，發生在早期族群交往中的一些重大事件，作為一種集體記憶，勢必對族群關係的後續走向造成影響。當這些集體記憶中有利於族群關係和諧發展的部分發揮作用時，將對族群交往產生正面的積極影響；而當集體記憶中的族群紛爭與衝突重新被人們所重視和強調時，族群關係的發展將受到負面的衝擊。

2. 觀念與意識

族群自身的觀念與意識是各族群社會交往思想的體現，其中利益意識與交往態度主導著族群關係的發展走向。

〔註2〕 袁年興：《試論民族關係的概念及內涵——對民族關係理論框架的共生學考察》，《滿族研究》2009年第4期。

利益意識是人們對利益追求的一種心態。在族群交往中，族群成員任何有目的、有意識的活動都是以利益為出發點的行為，人們往往依據自身利益的傾向，選擇與其他族群合作或對立。具體而言，當不同族群之間的利益基本一致時，雙方或多方就有可能選擇互助合作、攜手共進，而當彼此的利益取向不同或相悖時，相互間將無法順利建立起合作機制，有時甚至會形成對立衝突的局面。利益是族群互動的核心內容，且隨著族群交往的增多，圍繞政治、經濟及文化等利益展開的衝突與合作將成為族群關係的最主要內容。

族群交往是族群關係發展的不竭動力，族群交往態度決定了族群交往的廣度與深度。族群交往態度是某一族群在和其他族群交往、交流時所持有的基本態度，其中，不同族群在族群交往中是否持有平等與包容的意識，對於族群交流與互動深入程度的影響尤為顯著。當各族群在交往中均以平等、包容的態度來看待彼此，相互間交往的廣度將不斷擴大、深度亦將逐漸加深。相反，當一族群對其他族群持有偏見、歧視或敵意時，彼此間的互動交往就會受到阻礙，難以實現真正意義上的深入交流。

3. 族群政策

當代族群都是在既有的政治框架中存在與發展的。族群政策從制度的層面規定了社會中各個族群的政治身份、地位與權益。族群政策是判斷族群交往行為是否合法的標準，族群互動的內容與方式也受族群政策的約束。同時，族群政策也是族群在政治、經濟及文化等各個領域順利開展互動的有力支持，不同族群可以在族群政策規定的範圍內開展多形式、多層面的交流，還可以在政策允許的界限內，借助政府機構、社會組織等媒介，搭建起與其他族群互動的橋樑，以實現範圍更廣、層次更深與時間更持久的往來。

族群政策憑藉其強制力深刻影響著族群關係的發展方向，其制定需結合各族群的社會發展實際。忽視族群間的社會文化差異及經濟發展水平，實施一刀切的族群政策，會傷害某些族群的自尊心與自信心，不利於族群關係的整合，導致族群社會朝著失序、動盪的方向發展。只有當族群政策順應社會發展潮流，符合族群整體利益需求，尊重多元文化時，族群社會才會朝著和諧、穩定的方向發展。

4. 社會環境

社會環境是族群關係發展演變的基礎。族群關係作為一種社會現象和社會存在，與社會環境的各個方面和層次都有著廣泛而密切的聯繫，其發展受

到所處社會環境和發展條件的影響、制約。〔註3〕這裡的社會環境包括國際環境及某一國家與地區的社會環境。臺灣原住民是世界原住民族的一部分，國際原住民社會的環境也深刻影響著臺灣原住民族群關係的發展。同時，臺灣原住民也屬於臺灣族群社會的一部分，因而臺灣社會環境的發展情況也影響著原住民族群關係的融洽與否。趨於安定有序、開放和諧的國際與地區社會環境能夠促使不同族群間開展友好的交流與互動，而動盪、高壓的社會環境不僅不利於族群進行深入的交往，甚至還會導致族群間的紛爭。

在這些影響因素中，集體性的歷史記憶、觀念與意識最為牢固，也是影響族群關係最深層的部分，因而可將其視為引起和諧共生與競爭衝突兩種族群關係形式發生力量對比的根本性因素。外在的族群政策與社會環境同樣能夠影響族群關係形式間張力的變化，但需要通過集體記憶與觀念、意識這些內在的根本性因素才能發揮作用。族群政策是政府制定的，並在政府的強制下對特定社會發生作用。政策制定的主體對歷史經驗教訓及多元文化觀念的評價與看法將影響族群政策的性質，進而影響族群關係的發展。當代社會環境的形成不是偶然的，它帶有歷史的必然性，是歷史發展演變的結果。在現實的族群互動中，當多個族群在某些思想觀念上達成一致，並形成一股合力時，將反過來對社會環境產生影響。處在社會環境中的個體與群體對歷史發展規律的態度、對各族群思想觀念發展變化的認知，都將影響社會環境的營造，進而影響到族群關係的發展。

總之，引起和諧共生與競爭衝突間張力發生變化的主要動力來自各族群在歷史上形成的集體記憶與觀念、意識，而外在的族群政策與社會環境等則通過集體記憶、觀念與意識發揮對族群關係的影響作用。

二、仁愛鄉族群關係的主流及未來發展

和諧共生是 1945 年以來仁愛鄉原住民族群關係的主流。1945 年臺灣光復以後，仁愛鄉各族群交往態度日趨成熟，臺灣原住民族群政策不斷完善，社會環境日漸開放，一些舊的族群矛盾與衝突也在各方力量的努力下得到了緩和，這些都使得和諧共生在與競爭衝突的相互牽引中成為族群關係的主導力量。

〔註3〕柳春旭:《民族關係發展規律——民族關係理論研究之六》,《黑龍江民族叢刊》2008 年第 4 期。

首先，自臺灣光復以來，仁愛鄉各原住民族群的共同利益增多，並逐漸形成平等與包容的族群交往意識，這對和諧共生族群關係的發展具有重要的引導作用。

面對日益多元、開放的社會環境，各原住民族群在文化、經濟及政治等各個領域的共同利益增多，人們試圖在文化交往中保持個性的同時，又能夠與其他族群建立共生，實現友好交流，從而增進感情，減少摩擦。同時，人們還期望在市場經濟中實現經濟利益的最大化，在政治上達成合作共贏。基於這些共同的利益訴求，不同族群成員間建立起互助合作、攜手並進的發展機制，這對於促進和諧共生族群關係的發展具有重要推動作用。

族群平等意識是指在族群交往聯繫中，希望交往的族群能平等地對待自己的族群，使雙方或多方處於對等的位置。〔註4〕族群平等意識具體體現為：（1）各族群的族群身份無高低之分。（2）各族群的文化價值無優劣之分。（3）各族群在經濟生產與政治選舉中具有平等競爭的權利，等等。泰雅、賽德克及布農都是強調平權的社會，他們在發展過程中長期保持著平等的意識，彼此互不侵犯，相互尊重。平等的交往互動能夠保障各族群在相互交往中其自尊心不受到侵犯，這為各族群的共同進步奠定了基礎。而臺灣原住民開放包容交往意識的形成經歷了相當長的時期。日據以前，臺灣原住民為了維護自身的生存利益，傾向於固化「我群」與「異己」的邊界，不同的語言和文化心理割斷了各族群間充分理解與溝通的渠道，從而造成跨族群交往的障礙。日據時期，臺灣各原住民族群都處在日本殖民者的高壓統治下，部落的政治、經濟與社會交往受到日本警察的干預與控制，各族群之間無法自由、深入地開展互動。臺灣光復以後，市場經濟迅速發展，信息傳播速度也越來越快，加之後來政治環境較為寬鬆，族群接觸與交流的機會日益增多。泰雅、賽德克及布農等各族群成員在適應新環境的過程中，逐漸形成開放包容的族群交往意識，在社會各個領域的交往越來越頻繁，不僅建立起廣泛而友好的社會交往，相互瞭解和認知也越來越深入。

其次，自1945年以來，臺灣的原住民族群政策經歷了從同化到多元化的轉變，這對於保障原住民權益、促進多元文化發展具有重要意義。接管臺灣之初，國民黨政府在原住民社會推行了一系列以平地化或同化為目的的族群政策，如山地行政、「國語」教育及山地保留地政策等。由於行政當局的錯誤

〔註4〕李靜：《民族交往心理構成要素的心理學分析》，《民族研究》2007年第6期。

決策，到 20 世紀 80 年代，一方面，臺灣原住民各族群的傳統文化已被破壞殆盡，另一方面，注入的新文化元素又有待進一步整合，以致原住民社會的言行、思想都失去導向，由此產生許多失調的現象，例如離婚率升高、酗酒、賣淫、社會整合力衰弱等。〔註5〕面對社會的失序與身份認同的危機，臺灣原住民掀起自覺性的權益抗爭運動，臺灣原住族群政策也隨之出現了重大轉變。自 20 世紀 80 年代以來，臺灣當局一改之前的同化態度，陸續推出一系列以發展多元教育、多元文化產業等為目標的政策和計劃。在多元開放的族群政策下，臺灣各原住民相互尊重，求同存異，建立起平等、團結與互助的族群關係。目前，臺灣原住民社會仍在積極進行文化復振與創新，這與族群政策的改變是密不可分的。

再次，臺灣光復以後，社會環境日漸開放，各族群的生產生活及社會文化逐漸連結成一個整體，封閉的族群地理界線逐漸被打破，這為族群交往的不斷深化提供了有利條件。自 20 世紀 60 年代以來，資本主義市場經濟在臺灣迅速發展起來，臺灣原住民也被捲入到現代化經濟的潮流中。在信息、人口流動頻繁的市場經濟社會中，臺灣原住民各族群在經濟上的依賴性、互補性增強，人們在商品貿易等方面接觸與合作的機會也逐漸增多。20 世紀 80 年代末，臺灣解嚴，政治環境變得相對寬鬆。與此同時，多元文化思潮在國際社會普遍發展起來，並迅速傳入臺灣。受內外部社會環境的共同影響，臺灣原住民社會開始向相對自由、多元的方向發展。目前，臺灣的政治、經濟與文化環境整體上仍處於開放、多元的狀態，這為和諧族群關係的發展奠定了良好基礎。

最後，雖然在族群關係發展的過程中存在著矛盾和衝突，這些矛盾和衝突甚至可能導致族群社會在某些階段面臨失序的危險，或陷入失衡狀態。但是，在政策法規的約束、社會組織的干預以及族群內部力量的共同配合下，這些矛盾和衝突一般都可以得到有效控制，暫時失序的族群關係經過一段時間後，通常又可以恢復到之前的穩定狀態。

臺灣社會頒布實施的各項政策法規，都能夠強有力地對原住民族群進行規範性、組織性的調整。例如，政策法規可以調整在族群經濟交往中以人的行為為紐帶結成的生產、交換、分配與消費的關係，可以把侵權行為造成的利益損害關係擬制為損害賠償的責任關係，並強制加害人對受害人履行相應

〔註5〕李亦園等：《山地行政政策之研究與評估報告書》，第 90 頁。

的賠償責任，從而使得族群關係保持在穩定有序的狀態。

　　在臺灣，各原住民鄉鎮都設有調解委員會，主要為鄉民排難解紛，避免訟爭。鄉鎮調解委員會由鄉鎮內法律知識豐富、具有一定聲望的地方公正人士所組成，其事務範圍包括債務糾紛、產權糾紛、房屋租賃與車禍損害賠償等有關民事事件以及妨害風化、傷害等刑事事件。調解委員會對於排解族群糾紛，維護社會秩序，促進族群和諧與團結，貢獻良多。

　　在原住民社會，耆老或長老等傳統部落領袖是本族群文化的闡釋者，至今在部落中仍具有一定的影響力，因而在處理族群關係中可以起到其他外部力量難以替代的作用。一方面，傳統部落領袖熟知本族群的歷史發展脈絡，瞭解本族群成員的社會心理，因而能夠對某些在其他族群看來難以理解的衝突事件給予合理的詮釋，並提出相應的解決方案；另一方面，憑藉自身的影響力，耆老能夠在部落日常糾紛的解決中有效地發揮調解作用。

　　雖然在臺灣仁愛鄉原住民地區，和諧共生是族群關係發展的主流，而且各族群將在今後的一段時間內繼續深化族群間的和諧共生關係，但是以民族共生理論來審視，目前在臺灣原住民社會，因為個體族群意識的催生帶來了族群分化，且這種分化仍在蔓延，這明顯不利於和諧共生的高級階段——一體化共生的實現，因為族群分化使政府在制定與調整族群政策時面臨更多的挑戰，也對已在政治、經濟、文化等領域建立起來的共享、合作與聯盟機製造成了一定威脅。這意味著，臺灣原住民族群關係從當前的連續性共生，發展過渡到一體化共生，還有一段艱難的路要走。

三、啟示與思考

　　當前，臺灣原住民社會從連續性共生過渡到一體化共生面對的最主要障礙是個體族群意識的蔓延，及隨之而來的族群分化加劇。臺灣光復初期，國民黨政府在原住民社會實施了一系列高壓同化政策，這些政策忽視了族群間的差異性，使得各原住民族群文化的存續遭受沉重打擊，進而也為個體族群意識的滋生埋下了伏筆。20 世紀 80 年代以來，臺灣社會變得日益開放，原住民社會中的個體族群意識抬頭，且今日仍在強化和蔓延，這使得原住民社會面臨嚴重的族群分化危機。費孝通所一貫主張的「中華民族多元一體格局」，是我國一體化共生族群關係的集中體現。為了避免族群分化的繼續加劇，促成臺灣原住民社會從連續性共生向一體化共生的過渡，臺灣

原住民應培養「中華民族多元一體格局」的意識，以此為基礎，妥善處理和發展族群關係。

1988年，費孝通首次提出了「中華民族多元一體格局」理論，這一理論對於認識和理解我國族群關係的歷史、現實和未來都具有重要意義，它是「中華民族內部族群關係的總體性引導」〔註6〕。其中，「多元一體」這一核心概念「在認識中華民族構成格局方面是有力的工具和鑰匙」。〔註7〕「中華民族多元一體格局」理論是建立在包容性基礎上的族群關係理論，「多元一體格局」下的族群關係呈現出來的核心特徵是高度、長久的和諧，而這正是中國乃至世界其他民族國家和地區共同追求的目標。

費孝通指出，所謂「多元一體」，即「中華民族是一體」，「它所包括的50多個民族單位是多元」。在「多元一體格局」下，中華民族「由許許多多孤立分散存在的民族單位，經過接觸、混雜、聯結和融合，同時也有分裂和消亡，形成一個你來我去，我來你去，你中有我，我中有你，而又各具個性的多元統一體。」〔註8〕1997年，費孝通對「中華民族」這一概念及其內涵作了更為詳細的闡述。他指出：「中華民族是包括中國境內56個民族的民族實體，並不是把56個民族加在一起的總稱，因為這些加在一起的56個民族已結合成相互依存的、統一而不能分割的整體，在這個民族實體裏所有歸屬的成分都已具有高一層次的民族認同意識，即共休戚、共存亡、共榮辱、共命運的感情和道義。」〔註9〕

在「中華民族多元一體格局」理論中，費孝通強調中華各民族的整體性、統一性和不可分割性，並以此來闡釋中華各民族在形成和發展過程中逐漸建立起來的不斷鞏固的彼此關聯、互為補充、互相依存的親密關係，從而說明我國各民族經過長期發展和歷史積澱，已經融合成為一個整體。「中華民族多元一體格局」的形成是一個漫長的過程。從我國民族歷史發展的總體規律看，往往是先有地區性的局部統一，然後才逐步向中華民族的多元一體過渡。費孝通認為，在我國，先是各地區分別有它的凝聚中心，各自形成初級的統一

〔註6〕趙旭東：《一體多元的族群關係論要——基於費孝通「多元文化一體格局」構想的再思考》，《社會科學》2012年第4期。

〔註7〕林耀華：《認識中華民族結構全局的鑰匙》，費孝通主編：《中華民族研究新探索》，中國社會科學出版社1991年版，第9頁。

〔註8〕費孝通主編：《中華民族的多元一體格局》，第3～4頁。

〔註9〕費孝通：《簡述我的民族研究經歷和思考》，《北京大學學報》1997年第2期。

體，在此基礎上再進一步形成中華民族的統一整體。〔註10〕在「多元一體格局」下，中華各民族既有自己相對獨特的民族文化傳統與民族文化認同，又在實踐中不斷地發展著彼此之間血濃於水而不可分割的一體聯繫。

「多元一體」中的「多元」是多層次的多元。具體而言，有些民族實體的構成也是多元的，單一民族之下又可以分為若干個分支或亞群。與多元民族實體相比，這些分支或亞群的存在是一種較低層次的多元體現。「中華民族多元一體格局」既強調多元民族間的整體性、統一性和不可分割性，又重視各民族內部的整合。從中華民族的形成過程看，她是在漫長的歷史過程中由許多相對獨立存在的民族、各民族內部及各族群之間，通過各個歷史時期的接觸、交流、分化與融合，建立起日益密切的政治交往、經濟互動、文化交流等，逐步形成「你來我去，我來你去，你中有我，我中有你，而又各具個性的多元統一體」。

目前，臺灣原住民社會正面臨著族群分化的危機，而站在「中華民族多元一體格局」的思想高度來處理原住民族群關係，就能夠有效地避免這一現象。費孝通在闡釋「多元一體格局」時，應該尚未將臺灣地區的原住民族群涵括在內，而僅考慮到居住在大陸的臺灣原住民，也即我們常說的「高山族」。臺灣原住民也是中華民族不可分割的一個組成部分，所以，他們中的各個族群也應朝著「多元統一體」的方向發展，重視族群社會的整合和統一，而不是在族群分化的道路上越陷越深。

〔註10〕費孝通主編：《中華民族多元一體格局》，第35頁。

參考文獻

一、中文專著、譯著

1. E・霍布斯鮑姆、T・蘭格：《傳統的發明》，顧杭、龐冠群譯，譯林出版社，2004 年。

2. YabuSyat、許世楷、施正鋒主編：《霧社事件——臺灣人的集體記憶》，前衛出版社，2001 年。

3. 艾爾東・莫里斯、卡洛爾・麥克拉吉・繆勒主編：《社會運動理論的前沿領域》，劉能譯，北京大學出版社，2002 年。

4. 愛彌爾・涂爾幹：《宗教生活的基本形式》，渠東、汲喆譯，上海人民出版社，1999 年。

5. 安東尼・史密斯：《民族主義：理論，意識形態，歷史》，葉江譯，世紀出版集團，2006 年。

6. 陳癸淼：《論臺灣》，海峽學術出版社，2002 年。

7. 陳國強、林佳煌：《高山族文化》，學林出版社，1988 年。

8. 陳建樾：《臺灣「原住民」歷史與政策研究》，社會科學文獻出版，2009 年。

9. 陳建樾、周竟紅主編：《族際政治在多民族國家的理論與實踐》，社會科學文獻出版，2010 年。

10. 陳其南：《社區總體營與生活學習》，「文化建設委員會」，1996 年。

11. 陳紹馨等：《瑞岩民族學初步調查報告》，文獻專刊（第 2 號），臺北文獻

委員會，1950 年。

12. 陳小沖：《臺灣殖民統治五十年》，社會科學文獻出版社，2005 年。

13. 陳昭南等編：《社會科學整合論文集》，「中央研究院」三民主義研究所，
   1982 年。

14. 鄧相揚：《霧社事件》，玉山出版社，1998 年。

15. 鄧相揚：《風中緋櫻》，玉山出版社，2000 年。

16. 東海大學東亞社會經濟研究中心主編：《地方社會》，聯經出版社，1997
   年。

17. 杜贊奇：《文化、權力與國家——1900～1942 的華北農村》，王福明譯，
   江蘇人民出版社，1996 年。

18. 費孝通：《費孝通文集》，群言出版社，1999 年。

19. 費孝通：《鄉土中國》，人民出版社，2008 年。

20. 費孝通主編：《中華民族的多元一體格局》，中央民族大學出版社，1999
   年。

21. 高山族簡史編寫組，高山族簡史修訂本編寫組：《高山族簡史》，民族出
   版社，2009 年。

22. 葛伯納：《小龍村——蛻變中的臺灣農村》，蘇兆堂譯，聯經出版社，1980
   年。

23. 姑目·荅芭絲：《部落記憶——霧社事件的口述歷史》（I、II），翰蘆圖書
   出版社，2004 年。

24. 郭明正：《又見真相：賽德克族與霧社事件》，遠流出版社，2012 年。

25. 郭明正主編：《賽德克正名運動》，東華大學原住民民族學院，2008 年。

26. 郝時遠，陳建樾主編：《臺灣民族問題：從「番」到「原住民」》，社會科
   學文獻出版社，2012 年。

27. 郝時遠：《類族辨物：「民族」與「族群」概念之中西對話》，中國社會科
   學出版社，2013 年。

28. 郝時遠：《中國特色解決民族問題之路》，中國社會科學出版社，2016 年。

29. 海樹兒·犮剌拉菲：《布農族：部落起源及部落遷移史》，「原住民族委員
   會」；臺灣文獻館，2006 年。

30. 何聯奎、衛惠林：《臺灣風土志》（上、下），中華書局，1956 年。

31. 何明主編:《走向市場的民族藝術》,社會科學文獻出版社,2011 年。

32. 黑帶巴彥:《泰雅人的生活形態探源——一個泰雅人的現身說法》,新竹縣文化局,2002 年。

33. 胡傳:《臺灣日記與稟啟》,《臺灣文獻史料叢刊》第 9 輯(181),臺灣大通書局,1987 年。

34. 黃樹民、章英華主編:《臺灣原住民政策變遷與社會發展》,「中央研究院」民族學研究所,2010 年。

35. 黃樹民:《全球化與臺灣原住民基本政策之變遷與現況》,張茂桂等:《族群關係與國家認同》,業強出版社,1993 年。

36. 黃應貴:《東埔社布農人的社會生活》,「中央研究院」民族學研究所,1992 年。

37. 黃應貴:《時間、歷史與記憶》,「中央研究院」民族學研究所,1999 年。

38. 黃應貴:《文明之路》(三卷),「中央研究院」民族學研究所,2012 年。

39. 黃應貴編:《臺灣土著社會文化研究論文集》,聯經出版社,1986 年。

40. 霍斯陸曼・伐伐:《中央山脈的守護者——布農族》,高雄縣政府,1996 年。

41. 金炳鎬:《民族關係理論通論》,中央民族大學出版社,2007 年。

42. 簡鴻模、伊婉・貝林:《中原部落生命史》,臺灣原住民同舟協會,2003 年。

43. 簡鴻模、依婉・貝林、郭明正:《清流部落生命史》,永望文化,2002 年。

44. 簡鴻模、依婉・貝林:《眉溪部落生命史》,永望文化,2002 年。

45. 簡鴻模、依婉・貝林:《中原部落生命史》,永望文化,2003 年。

46. 簡鴻模:《從杜魯灣東遷花蓮 Tgdaya 部落生命史》,永望文化,2005 年。

47. 柯恩・M:《語言——語言的結構的發展》,雙明譯,科學出版社,1959 年。

48. 賴澤涵、劉阿榮:《多元文化與族群關係:臺灣的抉擇》,劉阿榮主編:《多元文化與族群關係》,揚智出版社,2006 年。

49. 李濟:《中國民族的形成》,江蘇教育出版社,2005 年。

50. 李壬癸:《臺灣南島民族的族群與遷徙》,常民文化事業股份有限公司,1997 年。

51. 李壬癸：《臺灣原住民史》（語言篇），臺灣文獻館，1999 年。

52. 李亦園：《臺灣土著民族的社會與文化》，聯經出版社，1982 年。

53. 李亦園、喬健合編：《中國的民族、社會與文化》，食貨出版社，1981 年

54. 李亦園：《山地行政政策之研究與評估報告》，「中央研究院」民族學研究所，1983 年。

55. 李亦園等：《南澳的泰雅人——民族學田野調查與研究》（上、下），「中央研究院」民族學研究所，1963～1964 年。

56. 廖守臣：《泰雅族的社會組織》，私立慈濟醫學人文社會學院原住民健康研究室專刊，1998 年。

57. 廖守臣：《泰雅族的文化：部落遷徙與拓展》，世界新聞專科學校觀光倡導科，1984 年。

58. 林修澈：《賽德克族正名》，「原住民族委員會」，2007 年。

59. 林耀華：《民族學通論》，中央民族大學出版社，1997 年。

60. 林耀華：《金翼》，莊孔韶、林宗成譯，三聯書店，2008 年。

61. 馬戎、周星：《中華民族凝聚力的形成》，北京大學出版社，1999 年。

62. 馬戎編著：《民族社會學——社會學的族群關係研究》，北京大學出版社，2004 年。

63. 馬歇爾·薩林斯：《甜蜜的悲哀》，王銘銘、胡宗澤譯，三聯書店，2000 年。

64. 馬淵東一：《臺灣原住民族移動與分布》，楊南郡譯注，「原住民族委員會」；臺灣文獻館，2014 年。

65. 邁克爾·休斯，卡羅琳·克雷勒：《社會學導論》，周揚、邱文平譯，上海社會科學院出版社，2011 年。

66. 納日碧力戈：《現代背景下的族群建構》，雲南教育出版社，2000 年。

67. 歐文·戈夫曼：《污名：受損身份管理箚記》，宋立宏譯，商務印書館，2009 年。

68. 潘英：《臺灣原住民族的歷史源流》，臺原出版社，1998 年。

69. 喬建等主編：《文化、族群與社會的反思》，北京大學出版社，2005 年。

70. 喬納森·特納：《社會宏觀動力學——探求人類組織的理論》，林聚任、葛忠明等譯，北京大學出版社，2006 年。

71. 丘其謙：《布農族卡社群的社會組織》，《中央研究院民族學研究所專刊》，「中央研究院」民族學研究所，1966 年。

72. 酋卡爾主編：《臺灣基督長老教會原住民族宣教史》，臺灣基督長老教會總會原住民宣道委員會，1998 年。

73. 阮昌銳：《臺灣的原住民——古越文化的泰雅傳人》，臺灣省立博物館，1996 年。

74. 沈俊祥：《空間與認同——太魯閣人認同建構的歷程》，東華大學原住民民族學院，2008 年。

75. 沈明仁：《仁愛鄉志》，南投仁愛鄉公所，2008 年。

76. 斯蒂文・郝瑞：《田野中的族群關係與民族認同》，巴莫阿依、曲木鐵西譯，廣西人民出版社，2000 年。

77. 施正鋒：《族群與民族主義——集體認同的政治分析》，前衛出版社，2001 年。

78. 施正鋒編：《族群政治與政策》，前衛出版社，1997 年。

79. 孫大川：《夾縫中的族群建構——臺灣原住民的語言、文化與政治》，聯合文學出版社，2000 年。

80. 臺北帝國大學土俗・人種學研究室調查：《臺灣原住民族系統所屬之研究》（第 1 冊本文篇），楊南郡譯注，「原住民族委員會」、南天書局，2011 年。

81. 臺灣基督長老教會總會歷史委員會編：《臺灣基督長老教會百年史》，臺灣基督長老教會，2013 年。

82. 臺灣省文獻委員會編：《臺灣省通志》卷八《同冑志》，臺灣省文獻委員會，1972 年。

83. 「臺灣原住民族委員會」：《原住民族語言調查研究三年實施計劃 16 族綜合比較報告》，2016 年。

84. 臺灣總督府臨時臺灣舊慣調查會：《番族慣習調查報告書第一卷（泰雅族）》，「中央研究院」民族學研究所編譯，「中央研究院」民族學研究所，1996 年。

85. 臺灣總督府臨時臺灣舊慣調查會：《蕃族調查報告書第六冊（布農族前篇）》，「中央研究院」民族學研究所編譯，「中央研究院」民族學研究所，

2008 年。

86. 臺灣總督府臨時臺灣舊慣調查會：《蕃族調查報告書第七冊（泰雅族後篇）》，「中央研究院」民族學研究所，2012 年。

87. 臺灣總督府臨時臺灣舊慣調查會：《蕃族調查報告書第四冊（賽德克族與太魯閣族）》，「中央研究院」民族學研究所，2011 年。

88. 臺灣總督府臨時臺灣舊慣調查會：《蕃族調查報告書第五冊（泰雅族前篇）》，「中央研究院」民族學研究所，2012 年。

89. 臺灣總督府警務局理蕃課：《高砂族調查書·蕃社概況》，「中央研究院」民族學研究所編譯，「中央研究院」民族學研究所，2011 年。

90. 田哲益：《臺灣古代布農族的社會與文化》（上、下），南投縣立文化中心，1996 年。

91. 王笛：《跨出封閉的世界：長江上游地區社會研究（1644～1911）》，中華書局，2001 年。

92. 王建民：《臺灣的「黑金政治」》，鷺江出版社，2000 年。

93. 王建民：《臺灣地方派系與權力結構》，九州出版社，2003 年。

94. 王銘銘：《西學「中國化」的歷史困境》，廣西師範大學出版社，2005 年。

95. 威廉·A·哈維蘭：《文化人類學》（第 10 版），翟鐵鵬、張鈺譯，上海社會科學院出版社，2006 年。

96. 溫吉編譯：《臺灣番政志》（二），臺灣省文獻委員會，1999 年。

97. 吳文藻：《吳文藻人類學社會學研究文集》，民族出版社，1990 年。

98. 喜安幸夫：《日本統治臺灣秘史：霧社事件至抗日全貌》，武陵出版社，1983 年。

99. 小泉鐵：《臺灣土俗志》，黃廷嫥、何佩儀譯，「原住民族委員會」，2014 年。

100. 徐傑舜：《從多元走向一體：中華民族論》，廣西師範大學出版社，2008 年。

101. 許木柱：《太魯閣群泰雅人的文化與習俗》，「內政部營建署」，1989 年。

102. 閻雲翔：《禮物的流動——一個中國村莊中的互惠原則與社會網絡》，李放春、劉瑜譯，上海人民出版社，2000 年。

103. 姚偉鈞主編：《從文化資源到文化產業——歷史文化資源的保護和開

發》，華中師範大學出版社，2012 年。

104. 葉家寧：《臺灣原住民史》（布農族史篇），臺灣文獻館，2002 年。

105. 夷將・拔路兒等編著：《臺灣原住民族社會運動史料彙編》，「原住民族委員會」；臺灣文獻館，2008 年。

106. 余光弘、李莉文主編：《臺灣少數民族》，福建人民出版社，2012 年。

107. 余光弘：《臺灣原住民史》（泰雅族史篇），臺灣文獻館，2002 年。

108. 俞可平主編：《治理與善治》，社會科學文獻出版社，2000 年。

109. 郁永河：《裨海紀遊》，《臺灣文獻叢刊》第 44 種，臺灣銀行，1959 年。

110. 張崇根：《臺灣歷史與高山族文化》，青海人民出版社，1992 年。

111. 張茂桂、鄭永年主編：《兩岸社會運動分析》，臺北新自然主義，2003 年。

112. 張茂桂等：《省籍、族群與國家認同》，業強出版社，1993 年。

113. 張松：《臺灣山地行政要論》，正中書局，1953 年。

114. 真耶穌教會臺灣總會編著：《真耶穌教會臺灣傳教五十週年紀念刊》，真耶穌教會臺灣書報社，1976 年。

115. 鄭楚宣等編著：《政治學基本理論》，廣東人民出版社，2001 年。

116. 鄭抗生等主編：《社會學概論新修》，中國人民大學出版社，2000 年。

117. 周大鳴：《中國的族群與族群關係》，廣西民族出版社，2002 年。

118. 周大鳴、何興亮主編：《文化多樣性與當代世界》，民族出版社，2008 年。

119. 周大鳴：《多元與共融：族群研究的理論與實踐》，商務印書館，2011 年。

120. 周典恩：《臺灣的族群關係與族群政治》，花木蘭文化出版社，2014 年。

121. 周鍾瑄：《諸羅縣志》，《臺灣文獻史料叢刊》第 1 輯（12），臺灣大通書局，1984 年。

二、期刊論文

1. 包正豪：《國民黨的原住民選舉動員：一個社會文化互動途徑的初探分析》，《臺灣原住民族研究季刊》2013 年第 6 卷第 2 期。

2. 薄慶玖：《社區組織與村里組織可否合併之研究》，《中國行政》1985 年第 43 期。

3. 曾思奇：《臺灣南島語民族的分類沿革》，《中央民族大學學報》（哲學社會科學版）2005 年第 3 期。

4. 陳剛：《多民族地區旅遊發展對當地族群關係的影響——以川滇瀘沽湖地區為例》，《旅遊學刊》2012 年第 5 期。

5. 陳國強：《高山族來源的探討》，《廈門大學學報》（社會科學版）1961 年第 2 期。

6. 陳建樾：《統一「國語」與建構國族——臺灣光復初山地「國語」運動的思考脈絡》，《西北師大學報》（社會科學版）2014 年第 3 期。

7. 陳建樾：《走向民粹化的族群政治——20 世紀 80 代以來的臺灣原住民運動與原住民政策研究》，《民族研究》2004 年第 1 期。

8. 陳茂泰：《從旱田到果園：道澤群與卡母界農業經濟變遷的調試》，《中央研究院民族學研究所集刊》1973 年第 36 期。

9. 陳美如：《從多元文化教育論臺灣原住民族語言教育的實踐》，《教育研究集刊》2000 年第 45 期。

10. 陳文超：《實踐親屬：鄉村集市場域中的交換關係》，《中共福建省委黨校學報》2010 年第 4 期。

11. 陳文德：《臺灣南島社會文化研究的里程碑：〈「文明之路」〉的評論》，（臺灣大學）《考古人類學刊》2013 年第 78 期。

12. 陳星：《臺灣選舉文化論略》，《北京聯合大學學報》（人文社會科學版）2006 第 4 卷第 4 期。

13. 德沙：《談談族際共同語》，《中國民族》1989 年第 11 期。

14. 丁嶺傑：《民主轉型中族際衝突的政治制度原因探析》，《武漢科技大學學報》2016 年第 5 期。

15. 董建輝：《清代高山族「野番」辨析》，《福建民族》1998 年第 4 期。

16. 董建輝、鄭偉斌：《文化「理番」：日本對臺灣原住民族的殖民統治》，《廈門大學學報》（哲學社會科學版）2017 年第 1 期。

17. 官大偉、林益仁：《什麼傳統？誰的領域？：從泰雅族馬里光流域傳統領域調查經驗談空間知識的轉譯》，（臺灣大學）《考古人類學刊》2008 年第 69 期。

18. 郭志超：《清代高山族的劃分及其社會經濟形態》，《思想戰線》1986 年第 5 期。

19. 韓震：《全球化時代的公民教育與國家認同及文化認同》，《社會科學戰

線》2010 年第 5 期。

20. 郝時遠：《21 世紀世界民族問題的基本走向》,《國外社會科學》2001 年第 1 期。

21. 郝時遠：《偽造的證言——所謂原住民「血統祖先論」剖析》,《臺灣研究集刊》2003 年第 1 期。

22. 郝時遠：《當代臺灣的「原住民」與民族問題》,《民族研究》2003 年第 3 期。

23. 郝時遠：《臺灣「原住民」教育問題述論》,《中央民族大學學報》2003 年第 5 期。

24. 郝時遠：《堅持馬克思主義民族理論的指導地位》,《民族研究》2004 年第 3 期。

25. 郝時遠：《臺灣的「族群」與「族群政治」析論》,《中國社會科學》2004 年第 2 期。

26. 郝時遠：《構建社會主義和諧社會與民族關係》,《民族研究》2005 年第 3 期。

27. 郝時遠：《社會主義和諧社會的重要觀念：尊重差異、包容多樣》,《民族研究》2007 年第 1 期。

28. 何生海：《青年族際離婚的現狀、特點及發展趨勢研究——以阿拉善左旗為例》,《西北民族研究》2016 年第 1 期。

29. 黃師樵：《本省山地人民生活改進成果》,《臺灣文獻》1966 年第 17 卷第 1 期。

30. 黃應貴：《東埔社的宗教變遷：一個布農族聚落的個案研究》,《中央研究院民族學研究所集刊》1983 年第 53 期。

31. 黃應貴：《東埔社土地制度之演變：一個臺灣中部布農族聚落的研究》,《中央研究院民族學研究所集刊》1982 年第 52 期。

32. 黃應貴：《共享與經濟：東埔社與梅山的例子》,（臺灣大學）《考古人類學刊》1989 年第 46 期。

33. 黃應貴：《經濟適應與發展：一個臺灣中部高山族聚落的研究》,《中央研究院民族學研究所集刊》1975 年第 36 期。

34. 黃應貴：《作物、經濟與社會：東埔社布農人的例子》,《中央研究院民族

學研究所集刊》1993 年第 75 期。

35. 黃長興：《東賽德克群的狩獵文化》，《民族學研究所資料彙編》2000 年第 15 期。

36. 靳菱菱：《文化論述中的權力：從布農文教基金會的文化復振看布農族的權力觀》，《臺灣人類學刊》2006 年第 4 卷第 2 期。

37. 金炳鎬：《「民族」新證》，《西南民族大學學報》（人文社會科學版）2007 年第 1 期。

38. 金炳鎬、青覺：《論民族關係理論體系》，《中南民族學院學報》（人文社會科學版）2011 年第 5 期。

39. 匡促聯：《多元文化的發展與價值觀的自覺》，《雲夢學刊》2010 年第 31 期。

40. 廖守臣：《泰雅族東賽德克群的部落遷徙與分布》上冊，《中央研究院民族學研究所集刊》1977 年第 44 期。

41. 廖守臣：《泰雅族東賽德克群的部落遷徙與分布》下冊，《中央研究院民族學研究所集刊》1978 年第 45 期。

42. 廖揚：《臺灣族群文化分析》，《貴州民族研究》2000 年第 4 期。

43. 林麗芬：《臺灣的「樁腳」及其「樁腳文化」》，《現代臺灣研究》2007 年第 5 期。

44. 林英彥：《臺灣先住民之農業經營》，《臺灣銀行季刊》1969 年第 20 卷第 4 期。

45. 林約道：《原住民教會對原住民社會與政治變遷的倫理反省》，《玉山神學院學報》2007 年第 14 期。

46. 羅柳寧：《族群研究綜述》，《西南民族大學學報》（人文社科版）2004 年第 4 期。

47. 呂亞力：《賄選的探討：一個研究途徑》，《政治學報》1982 年第 10 期。

48. 麻國慶：《明確的民族與曖昧的族群——以中國大陸民族學、人類學的研究實踐為例》，《清華大學學報》（哲學社會科學版）2017 年第 3 期。

49. 馬戎：《族群關係變遷影響因素的分析》（民族社會學連載之二），《西北民族研究》2003 年第 4 期。

50. 馬騰嶽：《從臺灣泰雅人的建構與分化看民族客觀論與主觀論之差異與

發展》,《西南民族大學學報》（人文社會科學版）2016 年第 6 期。

51. 那莫赫‧逸辛:《基督宗教對原住民的影響》,《新使者》2015 年第 2 期。

52. 喬健:《民族多元與多元文化》,《廣西民族學院學報》（哲學社會科學版）,
1999 年第 4 期。

53. 丘其謙:《布農族卡社群的巫術》,《中央研究院民族學研究所集刊》1964
年第 17 期。

54. 瞿明安:《跨文化視野中的聘禮——關於中國少數民族婚姻聘禮的比較
研究》,《民族研究》2003 年第 6 期。

55. 任豔妮:《鄉村治理主體圍繞治理資源多元化合作路徑探析》,《農村經
濟》2011 年第 6 期。

56. 芮逸夫:《瑞岩泰耶魯族的親屬制初探》,《臺灣文化》1950 年第 6 卷第
3╱4 期（合刊）。

57. 申保嘉:《論旅遊是市場經濟發展產物》,《旅遊學刊》2008 年第 8 期。

58. 施聯朱:《高山族族源考略》,《民族研究》1982 年第 3 期。

59. 施正鋒:《都市原住民政策初探》,《法政學報》2008 年第 21 期。

60. 思奇:《高山族人類始祖神話初探》,《民族文學研究》1986 年第 4 期。

61. 宋廣鋒:《臺灣光復後的國語運動》,《臺灣研究》2003 年第 1 期。

62. 宋龍生:《南澳泰雅人的部落組織》,《中央研究院民族學研究所集刊》
1963 年第 15 期。

63. 孫大川:《被迫讓渡的身體——高砂義勇隊所反映的意識構造》（上）,《當
代》2015 年第 212 期。

64. 孫九霞、陳浩:《旅遊對目的地社區族群關係的影響——以海南三亞回族
為例》,《思想戰線》2011 年第 6 期。

65. 王聰聰:《農村現代化的本土資源——集市在當前新農村建設中的作
用》,《攀枝花學院學報》2016 年第 33 卷第 6 期。

66. 王希恩:《民族認同與民族意識》,《民族研究》1995 年第 6 期。

67. 王亞欣:《對臺灣原住民部落觀光營造的思考》,《旅遊學刊》2006 年第
4 期。

68. 衛惠林:《臺灣土著社會的部落組織與權威制度》,（臺灣大學）《考古人
類學刊》1965 年第 25╱26 期（合刊）。

69. 衛惠林：《臺灣土著社會的世系制度》，《中央研究院民族學研究所集刊》1958 年第 5 期。

70. 衛惠林：《泰雅族的部落制度》，《臺灣文獻》1958 年第 9 卷第 3 期。

71. 衛惠林：《泰雅族的父系世系群與雙系血親群》，《臺灣文獻》1963 年第 14 卷第 3 期。

72. 吳春明：《跨文化視野下臺灣原住民的族群認知與「族稱」》，《臺灣研究集刊》2009 年第 4 期。

73. 蕭耀松，鄭榮洲：《南投原住民信仰天主教之歷程》，《臺灣人文生態研究》2004 年第 6 卷第 2 期。

74. 徐紅霞：《略論宗教的族群認同和族際排斥功能》，《前沿》2005 年第 9 期。

75. 徐火炎：《認知動員、選舉動員類型與選民投票行為：第二屆國民大會代表選舉的分析》，《社會科學論叢》1994 年第 42 期。

76. 徐傑舜：《結構與過程：再論中華民族從多元走向一體》，《西北民族大學學報》（哲學社會科學版）2008 年第 1 期。

77. 徐傑舜：《中華民族從多元走向一體論綱》，《中國農業大學學報》2008 年第 4 期。

78. 徐傑舜：《中國民族關係發展大趨勢論》，《學術探索》2011 年第 5 期。

79. 許雅惠：《語言政策與臺灣社會》，《網絡社會學通訊期刊》2009 第 77 期。

80. 嚴慶：《族群動員：一個化族裔認同為工具的族際政治理論》，《廣西民族研究》2010 年第 3 期。

81. 楊森富：《臺灣真耶穌教會史略及發展原因分析》，《臺灣文獻》2001 年第 52 期。

82. 楊善華、侯紅蕊：《血緣、姻緣、親情與利益》，《寧夏社會科學》1999 年第 6 期。

83. 楊淑媛：《臺灣高地的政治體系初探：以布農人的研究為例》，《臺灣人類學刊》2005 年第 3 期第 1 卷。

84. 楊元麗：《從族際通婚看少數民族關係——以月亮河流域布依族為例》，《民族論壇》2015 年第 6 期。

85. 楊築慧：《當代侗族擇偶習俗的變遷》，《中央民族大學學報》2005 年第

1 期。

86. 葉高華：《分而治之：1931～1945 年布農族與泛泰雅族群的社會網絡與集團移住》，《臺灣史研究》2016 年第 23 期第 4 卷。

87. 葉高華：《日本時代集團移住對原住民社會網絡的影響：新高郡的案例》，《臺灣文獻》2013 年第 64 期第 1 卷。

88. 余光弘：《東賽德克泰雅人的兩性關係》，《中央研究院民族學研究所集刊》1979 年第 48 期。

89. 余光弘：《泰雅族東賽德克的部落組織》，《中央研究院民族學研究所集刊》1980 年第 50 期。

90. 袁大為：《臺灣選舉政治的惡質化：表現、成因及危害》，《陝西社會主義學院學報》2012 年第 2 期。

91. 袁年興：《民族共生發展的形成理路及運作機制》，《學術探索》2009 年第 2 期。

92. 袁年興：《民族共生關係邏輯結構及量化評價研究》，《前沿》2009 年第 4 期。

93. 袁年興：《民族共生理論（方法論）的構建——基於社會生物學的學術共鳴》，《東疆學刊》2009 年第 4 期。

94. 袁年興：《試論民族關係的概念及內涵》，《滿族研究》2009 年第 4 期。

95. 張冠梓：《禁忌：類同於法律屬性的初級社會控制形態》，《中央民族大學學報》（哲學社會科學版）2002 年第 4 期。

96. 張梅：《新疆多元文化認同教育與民族關係研究》，《新疆社會科學》2012 年第 6 期。

97. 張世熒：《臺灣公職人員選舉賄選現象之研究》，《中國行政評論》2008 年第 16 期第 2 卷。

98. 周平：《關注西部大開發中的民族關係變動》，《今日民族》2002 年第 10 期。

99. 莊世恒：《論現代化進程中影響族際通婚的因素》，《內蒙古社會科學》（漢文版）2006 年第 4 期。

100. 周典恩：《臺灣原住民的類別與族稱述論》，《華南農業大學學報》（哲學社會科學版）2010 年第 2 期.

101. 周典恩：《從文獻資料看臺灣原住民的傳統生活方式》，《華南農業大學學

報》（哲學社會科學版）2011 年第 4 期。

102. 周典恩：《臺灣族群政治的特徵分析》，《臺灣研究》2013 年第 5 期。

103. 周典恩：《臺灣原住民運動的訴求與困境》，《重慶社會主義學院學報》
2013 年第 6 期。

三、學位論文

1. 陳慧美：《原住民族語教師對族語教學的意見——以高雄市為例》，碩士
學位論文，臺灣東華大學，2008 年。

2. 陳陸輝：《臺灣選民政黨認同穩定度的分析》，碩士學位論文，臺灣政治
大學，2009 年。

3. 陳彥宇：《地方部落會議問題之研究——以慕谷慕魚自然人文生態景觀
區為例》，碩士學位論文，臺灣東華大學，2013 年。

4. 韃虎·伊斯瑪哈單·伊斯立端：《高雄縣那瑪夏鄉布農族親屬與文化之研
究》，碩士學位論文，臺灣臺南大學，2009 年。

5. 馮連余：《權力失序競逐與村莊治理失敗——以山東省 F 村為例》，碩士
學位論文，華中師範大學，2012 年。

6. 郭文般：《臺灣光復後基督宗教在山地社會之發展》，碩士學位論文，臺
灣大學，1985 年。

7. 胡曉俠：《日據時期理蕃事業下的原住民集團移住之研究》，碩士學位論
文，臺灣中原大學，1996 年。

8. 黃昭弘：《臺灣基督長老教會政教關係之研究》，博士學位論文，臺灣東
吳大學，2008 年。

9. 江惠如：《多元文化下臺灣客語之保存與展現：以「行政院」客委會推廣
之客語生活學校為例》，碩士學位論文，臺灣淡江大學，2008 年。

10. 李敏慧：《日治時期臺灣山地部落的集團移住與社會重建：以卑南溪流域
布農族為例》，碩士學位論文，臺灣師範大學，1997 年。

11. 李睿：《臺灣選舉中的派系研究》，博士學位論文，華中師範大學，2012
年。

12. 李志芬：《貴州省望謨縣油邁村瑤族語言使用調查研究》，碩士學位論文，
中央民族大學，2011 年。

13. 梁煒智：《百年來臺灣原住民族土地分配制度的變遷與國家法令》，碩士

學位論文，臺灣大學，2000 年。

14. 林靜芬：《利用媒體不正競選行為之規制——以公職人員選舉罷免法為例》，碩士學位論文，臺灣政治大學，2007 年。

15. 林銘溢：《從同化主義到多元文化主義：制度轉型與原住民族自治》，碩士學位論文，臺灣大學，2004 年。

16. 林淑惠：《社區發展與地方政治——以臺中縣為例》，碩士學位論文，臺灣東海大學，2003 年。

17. 林文德：《霧社事件影響三群族群關係研究》，碩士學位論文，臺灣政治大學，2008 年。

18. 林澤富：《日治時期南投地區布農族的集團移住》，碩士學位論文，臺灣成功大學，1998 年。

19. 劉得興：《基督宗教與原住民文化——天主教在賽德克族眉溪部落的本地化》，碩士學位論文，臺灣輔仁大學，2003 年。

20. 路憲民：《社會文化變遷中的西部民族關係》，博士學位論文，蘭州大學，2005 年。

21. 馬騰嶽：《分裂的民族與破碎的臉：「泰雅族」民族認同的建構與分裂》，碩士學位論文，臺灣清華大學，2003 年。

22. 潘春義：《原住民的身份與選區劃分之研究》，碩士學位論文，臺灣「中山大學」，2001 年。

23. 邱國民：《鄒族傳統的地權結構與轉化過程——以阿里山達邦社的發展為中心》，碩士學位論文，臺灣政治大學，1995 年。

24. 唐海軍：《從民族意識都民族主義——一種觀念史的考量》，碩士學位論文，西南大學，2009 年。

25. 夏妍：《村落中的民族關係研究——以天堂村為例》，博士學位論文，蘭州大學，2010 年。

26. 熊南京：《二戰後臺灣的語言政策研究》（1945～2006），博士學位論文，中央民族大學，2007 年。

27. 許雅如：《從南投縣 Toda（都達）母語實踐與傳承探討賽德克族的族群認同》，碩士學位論文，臺灣清華大學，2012 年。

28. 楊曉恩：《泰雅族西賽德克群傳統歌謠之研究》，碩士學位論文，臺北藝

術大學，2002 年。

29. 張進昌：《賽德克清流部落社區營造策略之研究》，碩士學位論文，臺灣
暨南大學，2011 年。

30. 張宜珍：《日治時期烏來地區經濟社會的變遷》，碩士學位論文，臺灣師
範大學，2003 年。

31. 張藝鴻：《Utux、Gaya 與真耶穌教會：可樂部落太魯閣人的「宗教生活」》，
碩士學位論文，臺灣大學，2001 年。

四、報刊

1. 《村里與社區體制廢存之考量》，《中央日報》（臺灣）2002 年 8 月 19 日，
第 3 版。

2. （臺灣）法務部：《如何消弭臺灣地區賄選文化研究報告大綱草案》，《中
國時報》（臺灣）2007 年 12 月 12 日，第 A6 版。

3. 《玉山神學院，守護部落的忠僕》，《臺灣教會公報》（臺灣）2016 年 4 月
25 日～5 月 1 日第 33248 期。

五、中文調查報告等

1. 《賽德克族「正名」誓師大會手冊》，賽德克族「正名」運動促進會，2007
年。

2. 《原住民族傳統領域土地調查〈第五年研究報告〉》，「原住民族委員會」，
2007 年。

3. 林一宏：《日治時期臺灣山地「駐在所」建築之初步研究》，《臺灣博物館
自行研究計劃》，2009 年。

4. 孫大川：《原住民部落社區大學的定位與精神》（專題演講記錄稿），臺灣
「教育部」、「原住民族委員會」主辦、臺灣東華大學民族發展研究所主
編：《九十三年度原住民部落社區大學實務研討會成果報告書》，2004 年。

5. 臺灣「教育部」：《「中華民國」原住民教育報告書》，1997 年。

6. 太魯閣族正名促進會：《與南投族人對話》，2003 年 10 月 13 日聲明稿。

7. 太魯閣族正名促進會編著：《還我族名——「太魯閣族」：爭取臺灣原住
民族第 12 族（太魯閣族）緣起論述及分區部落座談成果報告書》，花蓮
縣秀林鄉公所，2003 年。

六、網絡資源

1. 《大埔里報電子報》（臺灣）。
2. 《蘋果即時電子報》（臺灣）。
3. 《臺灣原住民族圖書信息中心電子報》（臺灣）。
4. 《自立晚報電子報》（臺灣）。
5. 《自由時報電子報》（臺灣）。

七、英文參考文獻

1. Abner Cohen, Two Dimensional Man: An Essay on the Anthropology of Power and Symbolism in Complex Society, London: Rout-ledge & Kegan Paul, 1974.

2. Alden Speare, Jr., "Urbanization and Migration in Taiwan," *Economic Development and Cultural Change*, Vol. 22, No. 2 (Jan., 1974).

3. Barth Fredrik, Ethnic Groups and Boundaries:The Social Organization of Culture Difference, Boston MA: Little Brown, 1969.

4. Bernal, Martha E. and George P. Knight, Ethnic Identity: Formation and Transmission among Hispanics and Other Minorities, Albany: State University of New York Press, 1993.

5. Cho-Yee To, "Education of the Aborigines in Taiwan: An Illustration of How Certain Traditional Beliefs of a Majority People Determine the Education of a Disadvantaged Minority,"*The Journal of Negro Education*, Vol. 41, No.3, (Summer, 1972).

6. Clarence C. Gravlee, Elizabeth Sweet, "Race, Ethnicity, and Racism in Medical Anthropology, 1977~2002," *Medical Anthropology Quarterly,* New Series, Vol. 22, No. 1 (Mar., 2008).

7. Cohen, Anthony P., The Symbolic Construction of Community, New York: Tavistock Publications, 1985.

8. Daniel P. Moynihan Corinne, Saposs Schelling, eds., Ethnicity: theory and experience, Cambridge, Mass.: Harvard University Press.

9. Donald L. Horowitz, Ethnic Groups in Conflict, Updated Edition With a New Preface, London: University of California Press, 2000.

10. Edward M. Bruner, "Cultural Transmission and Cultural Change," *Southwestern Journal of Anthropology*, Vol. 12, No. 2 (Summer, 1956).

11. Ernest Gellner, Culture, Identity, and Politics, Cambridge: Cambridge University Press, 1987.

12. Franz Boas, Anthropology and Modern Life, Westport, Conn.: Greenwood Press, 1984.

13. G. Carter Bentley, " Ethnicity and Practice," *Comparative Studies in Society and History*, Vol. 29, No. 1 (Jan., 1987).

14. George Braybrooke, " Ethnology in China,"*Current Anthropology,* Vol. 21, No. 2 (Apr., 1980).

15. Gillian Cowlishaw, Colour, "Culture and the Aboriginalists,"*Man*, New Series, Vol. 22, No. 2 (Jun., 1987).

16. Gordon, Milton Myron, Assimilation in American life: the role of race, religion, and national origins, New York: Oxford University Press, 1964.

17. Howard F. Stein, "Ethnicity, Identity, and Ideology," *The School Review,* Vol. 83, No. 2 (Feb., 1975).

18. J.C. Mitchel, The Kalela Dance: Aspects of Social Relationships among Urban Africans of northern Rhodesia, Manchester: Manchester University Press, 1956.

19. Madeline Kwok, "Dance and Cultural Identity among the Paiwan Tribe of Pingtung County, Taiwan," *Dance Research Journal*, Vol. 11, No. 1/2 (1978 ～1979).

20. Melissa J. Brown, "Reconstructing Ethnicity: Recorded and Remembered Identity in Taiwan," *Ethnology,* Vol. 40, No. 2 (Spring, 2001).

21. Melissa J. Brown, "The Cultural Impact of Gendered Social Roles and Ethnicity: Changing Religious Practices in Taiwan," *Journal of Anthropological Research*, Vol. 59, No. 1 (Spring, 2003).

22. Michael Banton, Racial and Ethnic Competition, Cambridge: Cambridge University Press, 1983.

23. Michael Banton, Race Relations, New York: Basic Books, 1967.

24. Paul R.Brass, Ethnicity and Nationalism: Theory and Comparison, New Delhi: Sage Publications, 1991.

25. R. Ruggles Gates, "The Australian Aborigines in a New Setting," *Man*, Vol. 60 (Apr., 1960).

26. Randy R. Grant, Kandice L. Kleiber, Charles E. McAllister, " Should Australian Aborigines Succumb to Capitalism? ," *Journal of Economic Issues*, Vol. 39, No. 2 (Jun., 2005).

27. Raymond H. C. Teske, Jr., Bardin H. Nelson, " Acculturation and Assimilation: A Clarification," *American Ethnologist,* Vol. 1, No. 2 (May, 1974).

28. Robert L. Canfield, "The Ecology of Rural Ethnic Groups and the Spatial Dimensions of Power," *American Anthropologist,* New Series, Vol. 75, No. 5 (Oct., 1973).

29. Rogers Brubaker, Mara Loveman, Peter Stamatov, "Ethnicity as Cognition," *Theory and Society*, Vol. 33, No. 1 (Feb., 2004).

30. Thomas Hylland Eriksen, "The Cultural Contexts of Ethnic Differences," *Man, New Series,* Vol. 26, No. 1 (Mar., 1991).

31. Tu Weiming, "Cultural Identity and the Politics of Recognition in Contemporary Taiwan," *The China Quarterly*, No. 148, Special Issue: Contemporary Taiwan (Dec., 1996).

附　錄

附錄一：泰雅盟會會議之功能

1. 攻守同盟之義務，規定加盟之一社，受敵人侵襲時，有共起聲援之義務；

2. 對其他部落或同盟之戰鬥，決定守中立或參加某一方作戰；

3. 在同盟各社間，有土地或人事糾紛從事調解，判定其地界或賠償辦法；

4. 本同盟在戰敗或因劣勢被迫割讓土地時，作共同的決定；

5. 一社之土地被侵，各社有收容鄰社社民並貸與土地之共同義務；

6. 決定婚姻聘財之限額；

7. 共同維持習慣之規定；

8. 盟長之推選與繼任。

資料來源：臺灣省文獻委員會編：《臺灣省通志》卷八《同胄志（中）第五冊》，臺灣省文獻委員會 1972 年版，第 20 頁。

附錄二：日據時期臺中州能高郡各蕃社狀況及內、外關係概況表

蕃社名	現存情況	與其他社的關係 ——支配或仇敵	因姓氏、血緣而保有 親密關係
卡莫司耶社	又稱馬力巴，部分遷至今紅香部落	本社有一名頭目，支配大洋社及莫卡布布社； 與花蓮港廳研海支廳可巴洋、巴多諾夫社及克拉寶社因仇敵不和。	與東勢郡環山及斯拉茂社因血緣往來密切。 與大洋、莫古波波、莫卡布布、塔羅灣及盧西塔亞社亦很親近。
大洋社	溪門、慈峰、望洋及牙門等地	本社有一名頭目，負責統轄社內；但遇到重大事件則由卡莫司耶社頭目支配。 與花蓮港廳研海支廳可巴洋、巴多諾夫及克拉寶社因仇敵不和。	同上
莫古波波社	翠巒部落	本社有一名頭目。若有祭祀事宜，可支配莫古里汗社及莫古塔塔社。 與花蓮港廳研海支廳可巴洋、巴多諾夫及克拉寶社因仇敵不和。	同上
莫古里汗社	已廢，族人遷至翠巒部落	本社有一名頭目。若有祭祀事宜，由莫古波波社支配。 與花蓮港廳研海支廳可巴洋、巴多諾夫及克拉寶社因仇敵不和。	與東勢郡環山、斯拉茂及卡瑤社因血緣往來密切。

莫古塔塔社	已廢，族人遷至翠巒部落	本社有一名頭目。對他社無支配與被支配關係。 與川中島社是仇敵不和。	與邁西多邦、貼里茗，東勢郡久良棲社及斯拉茂社等因血緣往來密切。
貼里茗社	今發祥，於1969年併入瑞岩部落	本社有一名頭目，負責統轄社內，但亦受邁西多邦社頭目支配。 雖分頭目和有勢力者兩派，但無對立。 與川中島社是仇敵不和。又昔日屢遭東勢郡斯拉茂社、卡瑤社襲擊，亦不和。	與邁西多邦、馬卡納奇、東勢郡烏來社及久良棲有血緣關係。 另外，與玻拉瑤、盧西塔亞、索多、玻希卡及塔羅灣社亦很親近。
邁西多邦社	瑞岩部落	本社設頭目一名，亦支配貼里茂社。 社內有同頭目、有勢力者及親族關係者等派別，但無對立。 與川中島社是仇敵不和。又昔日屢遭東勢郡斯拉茂社與卡瑤社襲擊，亦不和。	與貼里茂、馬卡納奇、眉原、萬大、塔羅灣、玻拉瑤、盧西塔亞、索多、玻希卡，東勢郡烏來、久良棲及臺北州羅東郡埤亞南社有血緣關係。
松林社	松林部落	有頭目、副頭目及勢力者。頭目更因親屬眾多，最具勢力，各勢力雖處對立狀態，但無鬥爭、爭論情況。	與索多、玻希卡、玻拉瑤、塔羅灣及盧西塔亞社有血緣關係； 因萬大社曾分讓獵場及耕地，遂與之親近。
巴蘭社	原位於大同村，霧社事件後分遷眉溪部落、中原部落	本社有一名頭目，亦支配卡茲克、土岡、塔卡南及西袍社。 與索多、玻拉瑤、盧西塔亞、奇卡、波奇彭、洛沙、頓巴拉哈、魯給塔雅及干卓萬社，東勢郡久良棲、烏來、卡瑤及斯拉茂社，因是仇敵而不和。	與卡茲克、塔卡南、東眼、川中島及西袍社有血緣關係。
塔卡南社	原社廢，族人遷入中原部落	有一頭目，遇到祭祀，受巴蘭社支配。 與索多、玻拉瑤、盧西塔亞、奇卡、波奇彭、洛沙、頓巴拉哈、魯給塔雅及干卓萬，東勢郡久良棲、烏來、卡瑤及斯拉茂社，因是仇敵而不和。	與卡茲克社、巴蘭社及川中島社有血緣關係。

卡茲克社	天主堂部落	有一頭目，遇到祭祀，受巴蘭社支配； 另外，與萬大社亦不具好感。	與西袍、巴蘭及川中島社有血緣關係。
西袍社	天主堂部落	同上	與土岡、巴蘭及川中島社有血緣關係。
川中島社	清流部落	有一名頭目，無支配與被支配關係。 與馬卡齊納、貼里茂、萬大、玻拉瑤、盧西塔亞、奇卡、波奇彭、洛沙、頓巴拉哈、魯給塔雅及索多社，因是仇敵而不和。	與巴蘭、塔卡南、卡茲克、土岡及西袍社有血緣關係。 與眉原社，因鄰近關係亦很親近。
萬大社	萬大部落	為方便指導，分成六團體，由頭目及有勢力者六名擔任監督，各類事項亦有各組執行，無勢力對立。遇到外事，一致承擔。 另因小社奧魯擅長咒術，社眾較為忌諱，與之感情較不融合。 與川中島、干卓萬、新高郡卡、阿魯散、卡里姆安、拉夫蘭、加年端及帖鹿桑等社，因仇敵不和。	與邁西多邦社有血緣關係。 因鄰近松林，有分讓耕地，因而親近。
眉原社	眉原部落	無記錄	與邁西多邦社，東勢郡環山、久良棲社、里冷社、南勢社及斯拉茂社有血緣關係。 與川中島社因鄰近而親近。
過坑社	過坑／卡度部落	與霧社蕃是仇敵。	與武界、干卓萬、帕那帕南、易拉發及阿桑來戛社，新高郡塔馬羅灣社、迪包恩社有血緣關係。
武界社	武界部落	昔日與萬大、巴蘭等社是仇敵。	與過坑、干卓萬、易拉發及阿桑來戛等社，新高郡迪包恩社有血緣關係。
干卓萬社	曲冰部落	由於是三社合併而成，原來各自有頭目，但合併後僅有一名，無支配與被支配關係。 與萬大、巴蘭、卡茲克、塔卡其南、土岡及西袍等社不和。	與過坑、武界、易拉發、阿桑來戛及帕那帕南等社有血緣關係。

莫卡布布社	翠巒部落	有頭目一名，雖統轄社內，但亦受卡莫司耶社支配。 與花蓮港廳研海支廳可巴洋、巴多諾夫及克拉寶社仇敵。	與東勢郡環山與斯拉茂社是姻親關係。 另外與卡莫司耶、大洋、莫古波波、塔羅灣及盧西塔亞社亦親近。
玻拉瑤社	族人分遷精英村盧山部落、盧山溫泉及親愛村松林部落	與川中島、塔卡南、卡茲克、巴蘭、西袍及土岡等社為仇敵。 又昔日屢遭花蓮港廳木瓜蕃、太魯閣蕃襲擊，亦與之不和。	與松林、邁西多邦社有血緣關係。 另與貼里茂、魯給塔雅、洛沙、波奇彭、奇卡及頓巴拉哈等社親近。
盧西塔亞社	靜觀上部落	同上	與松林社、邁西多邦社有血緣關係。 另與貼里茂、魯給塔雅、洛沙、波奇彭、奇卡、頓巴拉哈、大洋、卡莫司耶及莫古波波等社親近。
奇卡社	平靜部落	頭目一名，但受都達總頭目，即波奇彭社頭目指揮。 有頭目、勢力者兩派，無對立。 與川中島、卡其南、卡茲克、巴蘭、西袍及土岡等社為仇敵。 昔日屢遭東勢郡斯拉茂社，花蓮港廳木瓜蕃、太魯閣蕃襲擊，亦與之不和。	與洛沙、波奇彭、頓巴哈拉及魯給塔雅社有血緣關係。 此外與玻拉瑤、索多、玻希卡及塔羅灣社親近。
波奇彭社	都達群在都達臺地所建四個部落之一，其餘分別是頓巴拉哈、奇卡、洛沙社	頭目一名，但受都達總頭目，即波奇彭社頭目指揮魯給塔雅、洛沙、奇卡及頓巴拉哈等社。 與川中島、塔其南、卡茲克、土岡、巴蘭級西袍社等為仇敵。 昔日屢遭東勢郡斯拉茂社，花蓮港廳木瓜蕃、太魯閣蕃襲擊，亦與之不和。	與魯給塔雅、洛沙、奇卡、頓巴拉哈社有血緣關係。 另與玻拉瑤、盧西塔亞、索多、玻希卡及塔羅灣等社親近。

洛沙社	平靜部落之一	與川中島、塔其南、卡茲克、土岡、巴蘭及西袍社為仇敵。昔日屢遭東勢郡斯拉茂社，花蓮港廳木瓜蕃、太魯閣蕃襲擊，亦與之不和。	與魯給塔雅、奇卡、波奇彭社、頓巴拉哈社有血緣關係。另與玻拉瑤、盧西塔亞、索多、玻西卡及塔羅灣社親近。
頓巴拉哈社	平靜部落之一，部分遷至春陽	由於頭目擔任警手之官職，由此有勢力者盡力輔佐頭目，彼此融合，無對立。與川中島、塔其南、卡茲克、土岡、巴蘭及西袍社為仇敵。昔日屢遭花蓮港廳木瓜蕃、太魯閣蕃襲擊，亦與之不和。	與洛沙、魯給塔雅、奇卡有血緣關係。另與玻拉瑤社、盧西塔亞、索多、玻西卡及塔羅灣社親近。
魯給塔雅社	平和上、下部落，部分遷至春陽和碧湖	與川中島、塔其南、卡茲克、土岡、巴蘭及西袍社為仇敵。昔日屢遭花蓮港廳木瓜蕃、太魯閣蕃襲擊，亦與之不和。	與洛沙、奇卡、波奇彭社及頓巴拉哈社有血緣關係。另與玻拉瑤社、盧西塔亞、索多、玻西卡、塔羅灣社親近。
索多社	靜觀下部落	與川中島、塔其南、卡茲克、土岡、巴蘭及西袍社為仇敵。昔日屢遭花蓮港廳木瓜蕃、太魯閣蕃襲擊，亦與之不和。	與松林、邁西多邦社有血緣關係。亦與貼里茂社、魯給塔雅、洛沙、波奇彭、奇卡及頓巴拉哈社親近。
玻希卡社	靜觀中部落	無記錄	同上
塔羅灣社	平生部落	無記錄	與松林、邁西多邦社有血緣關係。亦與貼里茂社、魯給塔雅、洛沙、波奇彭、奇卡、頓巴拉哈、莫古波波、卡莫司耶、莫卡布布及大洋社親近。
帕那帕南社	武界部落	無頭目，接受阿桑來戞社頭目指揮。	與過坑、武界、干卓萬及新高郡迪包恩社有血緣關係。
易拉發社	武界部落	無頭目，接受阿桑來戞社頭目指揮。	與過坑、武界及干卓萬社有血緣關係。
阿桑來戞社	曲冰部落	有頭目，支配帕那帕南社、易拉發社	與過坑、干卓萬社有血緣關係。

資料來源：臺灣總督府臨時臺灣舊慣調查會：《高砂族調查書・蕃社概況》，「中央研究院」民族學研究所編譯，「中央研究院」民族學研究所2011年版，第137～173頁。

附錄三：仁愛鄉各原住民村落教會設置情況表

村落名	所建教會、機構名稱
翠華	基督長老教翠巒教會
	真耶穌教翠巒教會
發祥	基督長老教紅香教會
	基督長老教梅村教會
	基督長老教柄史布淦教會
	真耶穌教紅香教會
	真耶穌教慈峰教會
	發祥天主堂（（由春陽中華殉道聖人堂監管））
力行	基督長老教馬烈霸教會
	真耶穌教力行教會
新生	基督長老會眉原教會
	真耶穌教新生教會
互助	基督長老教德克達雅教會
	基督長老教谷路邦教會
	基督復臨安息日會中原分校
	中原天主堂（互助耶穌聖心堂）
合作	基督長老教德鹿谷教會
	基督長老教德鹿灣教會
	基督長老教莎都教會
	靜觀天主堂（由春陽中華殉道聖人堂監管）

都達	基督長老教都達教會
	真耶穌教精英教會
	平靜天主堂（（由春陽中華殉道聖人堂監管））
大同	基督長老教鹿谷達雅教會
	基督長老教臺中中會霧社教會
	霧社天主堂
	霧社神召會
精英	基督長老教廬山教會
	真耶穌教廬山教會
	廬山天主堂（（由春陽中華殉道聖人堂監管））
春陽	基督長老教史努櫻教會
	春陽天主堂（中華殉道聖人堂）
	真耶穌教春陽教會
眉溪	基督長老教南豐教會
	基督長老教會賜得磊安教會
	天主教山地聖母堂
	晨光園教會
親愛	基督長老教萬大教會
	基督長老教布魯那萬教會
	基督長老教布蘭教會
	萬大天主堂
	真耶穌教親愛教會
	松林神召會
	基督復臨安息日會松林佈道所
萬豐	基督長老教喜瑪恩教會
	萬豐法蒂瑪聖母堂
法治	基督長老教會武界教會
	法治（武界）聖神堂
	真耶穌武界祈禱所
中正	基督長老教卡度教會
	中正耶穌君王堂
	基督復臨安息日會中正教會

附錄四：仁愛鄉社區及社區發展協會設置情況表

社區名稱	社區設立時間	社區發展協會建立時間
新生	1968 年	1995 年
春陽	1970 年	1995 年
中正	1971 年	1993 年
親愛	1972 年	2001 年
南豐	1974 年	1995 年
力行	1977 年	1996 年
武界	1978 年	1997 年
萬豐	1979 年	1997 年
平靜、中原	1980 年	平靜：1997 年
		中原：1993 年
合作、發祥、清境	1981 年	合作：1993 年
		發祥：1996 年
		清境：2002 年
清流	1992 年	1992 年
華岡	1996 年	1996 年
翠巒	1997 年	1997 年
廬山	1999 年	2001 年
榮興	2000 年	1999 年
松林、紅香	2001 年	2001 年
霧社	2003 年	2003 年
楓林	2004 年	2004 年

附錄五：仁愛鄉南豐社區發展協會章程

第一條　本協會名稱為「南投縣仁愛鄉南豐村社區發展協會」以下簡稱本會。

第二條　以復振 GayaSeedig 的先祖文化，找回互助共享的部落核心價值，發展社區共存共榮的願景為本會宗旨。

第三條　本會為法人團體，以南投地方法院為登記機關。

第四條　本會以南投縣仁愛鄉南豐村眉溪部落為組織區域。

第五條　本會會址設於南豐村村辦公室。

第六條　本會任務；

1. 建置部落社區人文史地及部落社區資源等數據。
2. 執行部落會議建議相關事項。
3. 主協辦社區營造事項。
4. 推動相關社福事項。
5. 訂定社區發展年度計劃及編定年度經費預算。
6. 統帳管理社區公共財務。
7. 符合本會宗旨其他事項。

第七條　本會會員分為個人會員、團體會員、贊助會員。

1. 凡認同本會宗旨年滿 20 歲的社區居民得申請入會，經理事會會議通並繳納會費者為個人會員。

2. 凡本社區內機關、機構及團體得申請為團體會員，經理事會
會議通過並繳納會費者為團體會員。

3. 非社區內的個人、機關、機構及團體，贊同本會宗旨，並對本
會有所贊助者，得經理事會會議通過為贊助會員。

第八條　　會員有違背章程規定或不遵守會議決議者，提請部落會議紀律
委員調處仍然不聽從規勸者，得經理事會會議於以警告、停權或
除名之處分。

第九條　　退會 1.喪失會員資格，（含死亡）2.經會員大會除名 3.書面聲明
退會報准。

第十條　　會員有遵守本會的章程規定及繳納會費的義務。會員有表決權、
選舉權、罷免權及被選舉與被　罷免權。會員一人一票，但，贊
助會員無上項權利。

第十一條　會員代表大會是最高權力機構，休會期間由理事會代行職權；監
事會是監察機構。

第十二條　會員大會之職權

1. 訂定與變更章程。

2. 選舉或罷免理、監事。

3. 議決入會費、常年費、事業費等費用支收取數額及方式。

4. 議決年度工作計劃、預算及決算。

5. 議決會員除名處分。

6. 議決財產之處分。

7. 議決團體之解散。

8. 議決其他重大事項。

第十三條　本會置理事 15 人候補理事 5 人，監事 5 人候補監事 1 人，由會
員代表大會選舉之，分別成立理事會、監事會；遇理、監事出缺
時，由候補理、監事得依序分別替補之。

第十四條　理事會之職權；

1. 召開會員大會及執行其決議事項。

2. 審定會員入會之申請。

3. 選舉或罷免理事長。

4. 議決理事、理事長之離職案。

5. 聘免工作人員。

6. 擬定年度工作計劃及編定預、決算呈會員大會議決。

7. 訂定各項業務計劃或推動業務相關辦法或準則。

8. 其他應執行事項。

第十五條　理事會置理事長 1 人，由理事互選之。理事長對內綜理會務，對外代表本會，並擔任會員大會主席。理事長因故不能執行職務時，可指定理事一人代理之。理事長不能指定時，由理事互推一人代理之。理事長出缺時，應於一個月補選。

第十六條　監事會之職權；

1. 相關各項業務計劃之 推動向理事會提出建言並監察協會一般業務。

2. 審核年度工作計劃及預、決算。

3. 監事主席之選舉及罷免。

4. 議決監事、監事主席的離職案.

5. 其他應監察之事項。

第十七條　監事會置監事主席一人、由監事互選之，監察日常業務外並擔任監事主席。監事主席不能執行職務時，得指定監事一人代理之，不能指定時由監事互推一人代理之。監事主席出缺時應於一個月補選之。

第十八條　理事、監事均為無給職，任期四年連選得連任。理事長之連任，以一次為限。理事、監事之 任期自召開當屆第一次理事會、監事會之日起算。

第十九條　理事、監事有下列情事之一者應即解任。

1. 喪失會員資格者。

2. 因故辭職，經理事會、監事會決議通過者。

3. 被罷免或撤銷資格者。

4. 受停權處分期期間任期二分之一者。

第二十條　本會置總幹事一人，並得置社會工作員及其他工作人員若干人，由理事長提名經理事會通過或聘免之，並報請主管機關備查。總

幹事之解聘應先報主管機關備查。前項工作人員不得由選任成員擔任。

第二十一條　會員大會每年召開一次，由理事長召集，召集時限除緊急之臨時會議外，應於十五日前書面通知。

第二二條　　會員不能親自出席會員大會時，得以書面委託其他會員代理出席，每一會員以代理一人為限。

第二三條　　會員大會之決議，以會員過半數之出席，出席人數中較多數贊成為同意行使之決議；但下列事項之決議以出席人數三分之二以上為同意行使之。

1. 章程之訂定與變更。

2. 會員之除名。

3. 理事、監事之罷免。

4. 財產之處分。

5. 團體之解散。

6. 其他與會員權利義務有關之重大事項。

第二四條　　理事會、監事會每個月召開一次，前項會議除臨時會議外，應於七日前以書面通知，會議之決議各以理事、監事過半數之出席，出席人數中較多數贊成為同意行使之決議。

第二五條　　理事、監事應親自出席會議，連續兩次無故缺席理事會，監事會者，視同辭職。

第二六條　　本會經費來源：

1. 入會費；（1）個人會員 200 元。（2）團體會員 200 元

2. 常年會費；（1）個人會員 0 元。（2）團體會員 0 元。

3. 社區事業生產收益。

4. 政府機關之補助。

5. 捐助收入。

6. 基金孳息。

7. 其他收入。

第二七條　　本會會計年度配合政府會計年度為準。

第二八條　　本會會計年度預、決算等表，應提經會員大會通過，報請主管機

關核備。

第二九條　本會於解散後，剩餘財產歸屬所在地的主管機關或主管機關指定之機關團體所有。

第三〇條　本章程未規定事項，應依有關之法令規定辦理。

附錄六：仁愛鄉眉溪部落公約

壹、總則

第一條　眉溪部落為推動及保障部落居民於傳統領域內永續發展為宗旨訂定之。

第二條　本公約適用於眉溪部落居民，保障部落居民之權益及合理規範部落居民生活秩序。

第三條　部落居民係指：出生及設籍於眉溪部落者，或受相關規定認可之婚姻關係設籍居住在眉溪部落。若出生於眉溪部落但是戶籍已遷離，後再回眉溪部落者，須接受、認同與遵守眉溪部落所訂定之公約，成為部落居民。

第四條　部落內各機關、學校、社團組織等，為協商部落相關事務之處理，應經由部落會議凝聚共識，並依部落會議議決事項作為部落各項政策之依據。

貳、土地管理

第五條　本公約所指之土地係為眉溪部落傳統領域內之部落遺址、耕墾地、狩獵區、聖山及山川等，部落居民有責任、義務善於管理、使用、以保永續發展。

第六條　為維持部落傳統領域之土地權益及部落環境之安全，均應遵守相關法規的規範。

第七條　為顧及部落傳統領域之土地（公有或私有）環境安全性，如經部落

議會向專家學者提出諮詢，認為可能會發生土石流或坍崩等災害之發生時，其開挖或變動規模應經部落會議討論。

第八條　他人或政府興辦事業計劃涉及部落傳統領域或保留地之管理及使用，循「原住民族基本法」相關規定辦理。並函請鄉公所於政府機關為一般撥用申請時，函知本部落會議。

第九條　部落居民利用個人土地前，務必確認界線或申請鑒界避免發生糾紛，遇有糾紛時得經部落會議協調之。

參、部落生活及文化規範

第十條　部落居民有接受部落傳統文化習俗學習之義務，部落居民以復振傳統文化為最高榮譽。

第十一條　傳統領域內相關自然資源之經營管理須考慮生態保育立場，透過祖先的生態智慧及現代的生態科學知識經部落會議研提方案或規範，制定自然資源自治規則，以為部落居民遵守的依據。

第十二條　部落居民於傳統領域內使用、採集、狩獵，應合法合理，並遵守自然資源自治規則。

第十三條　水資源為世代子孫共有，部落會議得責成部落成立水資源管理委員會，制定水資源及供水計劃合理利用方案，且水權登記予部落所有。

第十四條　住家附近禁止畜養豬、羊或其他牲畜、家禽等，對有礙環境衛生之（情）事業，須遠離水源 100 公尺及住家範圍，且排放物以不污染土地、水源為原則。違規者移送相關單位處置。

第十五條　住家、民宿或各行業等應設置過濾池或化糞池，排放水之排放需符合規定，不得影響部落環境衛生，以避免遭致主管機關之處罰。

第十六條　部落禁止高分貝聲響，平日如須播放不得影響他人安寧，並尊重宗禮拜及聚會禮拜時間，晚間十時停止播放。

第十七條　如有節慶（婚、喜），晚上十一點後，勿過度喧嘩維護安寧。

第十八條　部落住家飼養寵物，務必拴好，不得任意釋放，任意尿糞。

第十九條　部落居民空氣污染，農業用之噴藥工具及車輛清洗後，才可駛進部落。

第二十條　部落居民發生急難或發現部落公共事務有危機時，請立即告知村

　　　　　　長、社區理事長或部落會議主席協助處理，居民並得自動協助解決。

第二十一條 住戶周邊之清潔每日至少清掃一次，每月配合鄉公所環境考核作為部落清潔日，務請住戶將周邊環境整理清除，防止病媒蚊孳生。

第二二條　為避免病媒蚊孳生及登革熱發生，務請住戶每週清除水容器。

第二三條　不隨便丟棄垃圾，並確實做好垃圾分類及資回收工作。

第二四條　本部落公約經部落會議同意後，須公告一個月即可實施。如有異議須經部落住戶三分之一聯署，並提出有異議條文之修正案，再經部落會議議決再實施。修訂程序亦同。

附錄七：Tkdaya、Toda、Truku 族名正名聯署書（2003）

　　關於此次「行政院」決定在今年年底成立「太魯閣族」一事，我們覺得在族群的稱呼上，還是應該回歸到各族群內部，讓族人自己來決定稱呼，才是真正的解決之道。目前在族人尚未達成共識之前，族群內部的意見也還不一致；而且「太魯閣族」的命名方式，是以「地區」名稱作為族群稱呼，其實與其他各族群以對「人」的稱呼是有所不同的，所以關於 Tkdaya、Toda、Truku 三個方言群的族名應該如何決定，應該由本族自行決定。

　　因此，我們強烈要求政府：

一、暫緩花蓮「太魯閣人」片面正名為「太魯閣族」。

二、以族人意識為依歸，讓族名回歸三個方言群自行決定。

後　記

　　本書是以 2017 年我向廈門大學提交的博士論文為基礎修改而成的。2013
年，我帶著夢想與追求來到了鷺島，走進了廈門大學。在這裡，遇到了業師
董建輝教授、師母徐雅芬教授。我的臺灣原住民研究之路也從這裡起步。是
時，由董老師主持的「臺灣原住民族群關係研究」一課題正處於調研階段，
我有幸參與其中。一日，我與董老師在廈大南光餐廳用餐，老師問，「你對你
的博士研究方向有何想法」，我答，「沒有」。（現在想想我讀博士是草率了些，
當時對於「研究計劃」一類的事宜也確實沒有成熟的想法）老師聽此，淡淡
地說，「對做臺灣研究感興趣不，想不想去臺灣做調查」。我當時的第一反應
是，「臺灣？在哪？是什麼樣的地方？怎麼過去？」，雖如此多疑問，但卻鬼
使神差地回答道一句，「感興趣」，大概是對未知充滿了好奇和期待吧。這就
是確定我博士研究選題的過程。之後便緊鑼密鼓地安排具體研究計劃的撰寫、
赴臺手續的辦理、相關文獻的搜集整理等等工作。

　　何其有幸，五次赴臺，我遇到了可敬的臺灣學人，也逢著了可愛可親的
原住民朋友，在他們的幫助下，我的田野調查極為順利。2014 年 6 月我第
一次踏上了寶島臺灣的土地，時光荏苒，距離我第一次赴臺調研已七年有
餘。我常常憶起在臺灣的點點滴滴，那一段調研經歷必定是我學術生涯中
最寶貴的財富。在臺灣調查期間，本人有幸跟隨臺灣人類學、民族學及歷史
學界的諸位前輩學習，受益匪淺。感謝臺灣政治大學的張中復老師、何德隆
助教、臺灣「中央研究院」臺史所的詹素娟老師、臺灣「中央研究院」民族
所的陳文德、黃宣衛、臺灣「中央研究院」文哲所的王鵬惠、臺東大學的林

清財及臺灣暨南大學的鄧相揚等多位前輩的悉心指導。本人在臺調查期間，承蒙各位老師的照顧，尤其是在科研上給予的耐心指導，使我順利地完成了論文的構思。

當本人懷著忐忑又好奇的心走進調查點——南投縣仁愛鄉時，各部落原住民朋友的熱情招待與貼心照顧讓我甚是感激。卡度部落的辜木水一家、王秀鳳等布農朋友視為我親人，他們給予我家人般的溫暖，打消了我在調查之初的許多顧慮。清流部落的邱建堂、郭明正、桂進德、梁心虹、溫義光等，中原部落的吳珍花、張大偉、邱和英等，春陽部落的廖明志夫妻、孫明德等，盧山部落的孔明德等，眉溪部落的伊婉·貝林、林香蘭、瑞岩部落的劉文凱一家，馬力巴部落的林巴尚等諸位原住民朋友，是我瞭解當地原住民歷史文化的導師。在田野調查中，我還遇到了許多好心的漢人朋友，感謝吳素貞、蔡英、刑玉玫等人的照顧，感謝仁愛鄉公所諸工作人員為調查提供的便利。同時，感謝桃園施瀚星一家、臺北的蔡昀庭等在我遇到困難時給予的安慰和鼓勵。

博士論文的最後完成必須要感謝廈門大學的眾位師友。業師為我的博士調研提供了全程的經費資助，使我在調研開支上無過多憂慮。老師悉心指導我調整論文提綱、又一字一句幫我修改文稿，其本人深厚的學術造詣、嚴謹的治學精神令我受益無窮，我雖學猶不及，但經過四年的指導和鼓勵下，學業終有所進步。今日再讀此文之時，特再感謝吾師之辛勞付出。師母在生活上的關心和照顧，給了我極大的鼓舞和力量。同時，我學術上的進步離不開廈門大學諸位良師的諄諄教誨，特別感謝余光弘、石奕龍、鄧曉華、彭兆榮、宋平、張先清、藍達居、杜樹海等諸位老師的言傳身教。

在博士論文撰寫期間，我的碩士指導老師謝重光教授及何師母，同樣給予我極大的鼓勵，這些鼓勵是促使我不斷奮鬥和進步的動力。在這四年的博士學習當中，本人在專業學習上還有幸得到雲南大學陳慶德、馬騰嶽教授，中國社科院陳建樾教授等前輩的指導，在此特別表示感謝。同窗好友、同門兄弟姐妹在學習與生活上給予的鼓勵，我同樣銘記於心。

本書的出版，還有感謝花木蘭文化事業有限公司主編及各位編輯付出的辛勤勞動，他們對拙著提出了寶貴的修改建議和意見。

回首過往，家人的照顧、支持和體諒是我完成學業的堅實保障，感謝父

母，哥嫂和姐姐、姐夫。謹以此書作為禮物獻給他們！

由於個人學識和調研能力有限，本書為免有不足之處，懇望各位方家批評指正！

周慧慧

2022 年 4 月書於三峽大學